Lorem ipsum dolor sit amet, consectetur adipiscing elit. Integer venenatis ipsum a nibh pulvinar, faucibus eleifend metus semper. Etiam pulvinar massa ut diam luctus, consectetur feugiat enim facilisis. Cras ultrices lobortis turpis. Vivamus vel rhoncus mi, a ultricies massa. Pellentesque magna lectus, faucibus a iaculis et, sollicitudin vitae tortor. Ut vel dui at mauris volutpat varius eget vel orci. Interdum et malesuada fames ac ante ipsum primis in faucibus.

Nunc mattis nunc laoreet, maximus nisi sed, fermentum nulla. Integer eu vestibulum purus. In libero diam, faucibus id magna ut, pellentesque laoreet tortor. Quisque ultricies turpis bibendum mi fermentum laoreet. Duis feugiat gravida mi, in condimentum tortor tincidunt sit amet. Etiam ipsum erat, consequat id neque vitae, mollis venenatis ante. Sed cursus purus non risus accumsan, ut volutpat diam consectetur. Vivamus ornare odio nec dignissim auctor. Aenean elit mi, scelerisque et scelerisque eu, tincidunt in lacus. Phasellus laoreet ornare tortor, id euismod neque sodales sagittis. Etiam scelerisque maximus enim, quis placerat metus facilisis ac. Suspendisse condimentum, sapien ut rhoncus faucibus, risus nibh convallis augue, vel posuere tellus lorem sit amet sem. Pellentesque non pretium arcu.

Fusce nec vestibulum diam. Etiam ut maximus orci. Aliquam feugiat tellus justo. Morbi vel dolor justo. Proin finibus vitae ex ut tempor. Nam vitae porttitor tellus. Vivamus lacinia, sem non pellentesque sagittis, risus orci accumsan eros, vitae finibus purus mi eu magna. Cras mollis ut nunc id mollis. Nulla volutpat mi et leo dapibus vulputate. Donec venenatis cursus porta. Fusce tincidunt, dui vel rhoncus tincidunt, odio est imperdiet libero, vel porta ipsum purus eget nibh. Etiam a pharetra libero. Fusce sed orci non est aliquam feugiat et ut lorem. Cras tempus dapibus pretium. Aliquam semper, urna et dignissim pretium, justo quam ullamcorper ante, cursus vestibulum velit ipsum id dui.

Vestibulum finibus aliquam dignissim. Vestibulum id lectus mollis, consectetur nisl ac, commodo lorem. Nulla id nisi mauris. Sed non elementum risus. Morbi risus mauris, semper a auctor aliquam, vestibulum vel quam. Vivamus ullamcorper erat faucibus, rutrum odio vel, congue ligula. Nam ultricies ex eu sapien efficitur porttitor. Etiam vehicula viverra lobortis. Nulla dapibus turpis ut eleifend tempor.

Integer pellentesque turpis ac nulla varius, a semper ex iaculis. Suspendisse in massa ac odio fermentum gravida. Vestibulum ante ipsum primis in faucibus orci luctus et ultrices posuere cubilia Curae; Nunc id arcu eu sem varius facilisis viverra egestas arcu. Nam vel pretium orci, vitae auctor mi. In molestie maximus leo, et lacinia dui fringilla id. Duis tristique lorem at ornare ornare. Aenean scelerisque tincidunt arcu, ac tempor quam tempor congue. In porta ligula accumsan dolor interdum sagittis. Aenean pharetra quam ut cursus aliquam. Sed iaculis metus sit amet elit tristique, id malesuada nulla bibendum. Ut suscipit tempus ligula et pharetra. Vestibulum tempor vel neque vitae lobortis.

Etiam vitae dolor porttitor, vulputate nunc id, imperdiet erat. Integer porta elit eros, non mollis turpis maximus vel. Donec vitae nisi eu nisl fringilla cursus. Donec facilisis pharetra risus a vulputate. Aliquam cursus elementum laoreet. Maecenas justo mi, porta at quam in, volutpat scelerisque purus. Nam eget nulla mauris. Ut tincidunt iaculis velit id ornare. Quisque pharetra ante nisl, quis sollicitudin felis ultricies sit amet.

Duis a varius ante, in consequat dolor. Cras sapien diam, consequat a nibh sed, hendrerit vehicula felis. Etiam lorem quam, fermentum ut ligula ut, venenatis tincidunt velit. Praesent vestibulum urna ut dolor pulvinar, eu congue dui tempus. Donec condimentum, turpis sed semper pretium, nisl eros mattis urna, vitae consequat ipsum est eget felis. Curabitur non interdum quam. Fusce maximus pretium massa non fringilla. Nunc viverra tortor erat, at varius urna efficitur in.

In nulla dolor, tincidunt eget finibus id, commodo eget tellus. Donec iaculis, libero vitae pulvinar imperdiet, lacus augue faucibus arcu, non commodo arcu massa a justo. Fusce dolor erat, ultricies vel lacus at, varius semper ligula. Donec ornare at mi eu pellentesque. Sed ligula mauris, hendrerit quis semper non, ultricies non velit. Integer at ornare urna, id tincidunt arcu. Vestibulum et ipsum sit amet leo gravida hendrerit. Mauris tincidunt congue nisl nec porttitor. Nulla eleifend nisi et ornare feugiat. Nunc efficitur sit amet velit et varius. Orci varius natoque penatibus et magnis dis parturient montes, nascetur ridiculus mus. Quisque aliquam, ex id facilisis efficitur, tellus quam lacinia enim, vel placerat ipsum urna posuere mi.

Suspendisse volutpat nisl a finibus malesuada. Fusce rhoncus ipsum ut turpis congue, sit amet sollicitudin nibh porta. Integer quis est accumsan, blandit odio vel, rhoncus enim. Aliquam gravida tortor augue, a aliquet justo dapibus vitae. Quisque et suscipit purus. Duis porttitor molestie suscipit. Vivamus rhoncus ligula sed eros aliquam, eu imperdiet sem mattis. Curabitur vel magna sit amet turpis luctus feugiat ut et arcu. Mauris euismod orci ac elit mollis, eu commodo massa iaculis. Sed non ullamcorper eros. Vivamus sed metus ac risus finibus elementum. Vivamus commodo massa tincidunt ornare feugiat.

Nullam porta interdum nisl, ultrices scelerisque lectus elementum ut. Aenean hendrerit ex quis erat sollicitudin, vitae dictum sem suscipit. Vivamus vel faucibus augue, ac maximus lectus. Mauris dapibus condimentum ipsum, molestie viverra tellus tempor eget. Donec malesuada, tellus vitae efficitur aliquet, lorem enim placerat ipsum, ut viverra sapien erat sed velit. Suspendisse fringilla odio pellentesque, elementum diam non, rhoncus tellus. Vestibulum eu erat sit amet elit facilisis sagittis. Proin sed ligula nec leo varius porttitor. Praesent maximus ac ex nec sagittis. Praesent at sapien lorem. Integer elementum mollis urna, ac dignissim enim sollicitudin vel.

Integer ullamcorper leo non lectus fringilla consequat a sed erat. Donec ac pharetra turpis. Phasellus ut venenatis nibh. Ut eu ultricies augue. Nulla vulputate commodo massa, a faucibus est tempor in. Aliquam neque sem, laoreet et nunc eleifend, eleifend rutrum orci. Suspendisse interdum lacinia elit, quis bibendum mi semper non. Duis at condimentum leo. Pellentesque arcu dui, tempus eget rhoncus sit amet, ultrices in purus. Maecenas a mattis tellus.

Praesent at orci a sapien pellentesque condimentum. Quisque scelerisque vehicula tellus. Integer lacinia condimentum dapibus. Nunc a convallis leo, in ultrices enim. Vestibulum vestibulum finibus posuere. Pellentesque sit amet dui finibus, venenatis nunc eu, bibendum quam. Duis commodo, urna in pulvinar tincidunt, tellus turpis faucibus augue, non consequat sem risus et justo. Phasellus sit amet est vitae turpis commodo tempor nec vitae massa.

Proin vel quam dui. Sed bibendum libero quis dignissim mattis. Nunc dictum mi felis. Nam faucibus velit facilisis euismod vulputate. Mauris eleifend iaculis nibh in blandit. Aliquam erat volutpat. Ut sit amet sem purus. Donec ultrices, dui ac porta auctor, sem justo venenatis ligula, ut lobortis augue est ut justo.

In tincidunt egestas neque. Vivamus aliquam hendrerit tortor, sed suscipit nulla maximus ut. Nulla nec enim faucibus, tristique dui non, vulputate ligula. Maecenas suscipit, mauris nec condimentum euismod, felis quam pulvinar nisl, a finibus neque leo a est. Aenean et erat maximus felis sollicitudin rhoncus. Mauris non hendrerit est, vitae semper felis. Suspendisse egestas tristique augue, quis convallis ex finibus ut. Cras ut dignissim mi. Quisque vitae feugiat justo. Curabitur eget tincidunt nisl. Sed accumsan mauris et justo condimentum, nec ultricies nisi mollis. Cras maximus dignissim pretium. Mauris id eros ac diam mattis vulputate sed non libero.

Pellentesque ornare lectus in augue pulvinar, eu mattis diam tincidunt. Mauris euismod sed ipsum tempor viverra. Vestibulum ante ipsum primis in faucibus orci luctus et ultrices posuere cubilia Curae; Maecenas lobortis lobortis magna, ut varius eros. Ut pharetra, tellus eu pretium ultrices, urna risus dignissim velit, maximus rutrum purus augue a nisl. Vivamus ut placerat elit. Praesent a aliquam elit. Integer pharetra lectus in mauris tincidunt, eget facilisis nunc ullamcorper. Maecenas mollis, massa sed fringilla pretium, ipsum velit gravida ligula, a pellentesque erat dui quis magna. Mauris eleifend non quam sed laoreet. Suspendisse pellentesque, enim sed posuere eleifend, erat mi ornare metus, eget tincidunt ligula risus vitae dui. Quisque quis facilisis sem. Nunc facilisis ligula dui, vel malesuada mauris ornare et. Aliquam porttitor felis sit amet interdum tempus.

Nulla vitae sodales libero. Quisque vel dui a nisl finibus interdum. Mauris vulputate dolor sed odio mattis placerat. Etiam pretium facilisis felis, ut venenatis sem elementum id. Curabitur pellentesque nulla vel mi placerat tempor. Sed posuere est nec erat venenatis congue. Aliquam at quam eu ante ultricies interdum. Etiam non vehicula purus, at dapibus libero. Maecenas mattis urna vel eros consequat congue. Donec volutpat sem ex, non lacinia urna congue at. Pellentesque pulvinar, nulla nec efficitur sodales, dolor velit posuere lorem, ac eleifend dui erat at sem. In convallis ex in magna aliquet, vel placerat nunc varius. Quisque et enim sed nulla imperdiet bibendum. Proin vel erat vulputate neque lacinia tincidunt. Orci varius natoque penatibus et magnis dis parturient montes, nascetur ridiculus mus. Nunc scelerisque, lectus a volutpat fringilla, sapien lacus pellentesque massa, nec eleifend nunc justo vel erat.

Nulla mattis fermentum augue, id sagittis enim pharetra quis. Quisque pellentesque ante efficitur ligula ornare, eget pellentesque felis luctus. Pellentesque commodo dui id tortor consectetur, vel scelerisque turpis dignissim. Suspendisse vel pulvinar enim, vel tristique arcu. Suspendisse quis tempus metus, ac ultrices tortor. Orci varius natoque penatibus et magnis dis parturient montes, nascetur ridiculus mus. Donec ac nulla vitae turpis efficitur feugiat. Nunc facilisis finibus nisl at dignissim. In enim diam, hendrerit pharetra nibh nec, feugiat tincidunt lorem. Aenean ac erat cursus, molestie nibh a, semper lorem. Praesent laoreet gravida tortor, eget laoreet eros dignissim ac. Ut posuere justo vitae lacinia egestas. Suspendisse ullamcorper nisi risus, convallis elementum urna fringilla id.

Class aptent taciti sociosqu ad litora torquent per conubia nostra, per inceptos himenaeos. Curabitur sapien ante, vulputate id erat at, dictum euismod nisl. Maecenas ut consectetur dolor. Phasellus fringilla suscipit urna, quis commodo sem dignissim eget. Aenean sapien nibh, venenatis id magna in, iaculis auctor est. Etiam egestas tortor lacinia finibus facilisis. Etiam turpis mauris, euismod nec ultrices ut, iaculis eget massa. Ut ut finibus risus. Curabitur eleifend vestibulum commodo. Morbi laoreet, lacus ultricies dignissim feugiat, felis dui placerat nisi, a molestie ipsum turpis sit amet metus. Vivamus venenatis ante eget tellus ultrices pretium. Duis condimentum quam sed ante rhoncus, et blandit mi suscipit. Sed egestas ante odio, eu faucibus orci facilisis non. Suspendisse et ex vel ligula hendrerit consectetur at eu tellus. Nunc neque eros, rhoncus ac consequat eget, convallis nec velit.

Pellentesque vel nulla metus. Nulla id pulvinar ipsum. Vestibulum in mi elementum, placerat ipsum ac, sodales massa. Sed aliquet, nunc ac placerat sollicitudin, leo est consequat lacus, eu vehicula ipsum ante vel leo. Ut vitae consectetur erat, vel tempor sem. Sed pharetra porta nibh in ullamcorper. Praesent sodales placerat magna, vitae dictum nisl auctor eu. Donec viverra leo at elit mattis molestie. Donec tempor nunc orci, auctor elementum enim faucibus at. Cras rhoncus posuere nisl sit amet pulvinar. Quisque volutpat enim in porta ultrices. Donec feugiat eget nibh et mollis. Proin condimentum felis nisi, id rhoncus turpis tempor id.

Nulla vel tincidunt ex. Sed laoreet luctus sapien, non aliquet sapien pretium in. Vestibulum ante ipsum primis in faucibus orci luctus et ultrices posuere cubilia Curae; Vivamus nec tortor pharetra, porta lorem ut, blandit ipsum. Pellentesque in dolor eget ipsum lobortis fringilla. Nulla quis sodales turpis. Suspendisse venenatis scelerisque nisi ac aliquam. Phasellus scelerisque vitae erat non convallis. Fusce ac magna id lectus mattis rhoncus. Nunc vulputate ut enim suscipit dictum. Curabitur eleifend velit in tellus vulputate congue. Sed at nulla fermentum, gravida lorem ut, viverra magna. Sed tortor erat, mattis vel odio nec, sollicitudin commodo justo.

Duis quis justo non massa sollicitudin feugiat sagittis sed metus. Proin vel urna diam. Cras sed nulla ut est consectetur varius. Donec arcu leo, vehicula eu commodo et, blandit in metus. Sed dolor magna, convallis at fermentum a, maximus volutpat risus. Aenean in aliquam nunc. Morbi fringilla id quam ac ultrices. Fusce tortor nunc, suscipit quis lacinia et, euismod consectetur sem. Nam a fringilla metus. Donec tortor ante, eleifend non ex a, ultrices pretium lectus. Nullam venenatis nunc nulla, non lobortis nisl scelerisque eget. Maecenas dignissim lectus in eros maximus, id interdum nibh sollicitudin. Vivamus sit amet ex nec ligula iaculis aliquam.

Donec porttitor faucibus nunc vitae euismod. Duis in convallis metus, ac interdum eros. Quisque hendrerit arcu sed est suscipit commodo. Nulla efficitur eros condimentum, molestie ligula at, dapibus tortor. Interdum et malesuada fames ac ante ipsum primis in faucibus. Nulla sed mi leo. Etiam pellentesque sollicitudin elit in tincidunt. Praesent accumsan nulla in nulla tempor, sed pretium enim tincidunt. Phasellus placerat erat vel arcu mattis, non tincidunt orci lacinia. Curabitur vel turpis purus. In vestibulum consequat elit tempus tincidunt. Orci varius natoque penatibus et magnis dis parturient montes, nascetur ridiculus mus. Donec ultricies porta scelerisque. Nulla finibus condimentum pharetra. Aliquam iaculis fringilla risus et interdum. Duis vitae mauris a arcu eleifend pretium pharetra eget lacus.

Morbi vitae maximus ligula. Nunc neque metus, placerat id mi nec, luctus sagittis purus. Donec et feugiat mi. Cras facilisis consequat sem, nec tristique ante ultricies id. Integer blandit, eros nec scelerisque ullamcorper, erat lacus eleifend urna, sit amet porta augue magna ut eros. Proin fermentum tempus urna.

Duis lobortis diam ac porta porta. Aliquam eu sapien at erat aliquet commodo in vitae urna.

Praesent vitae odio hendrerit, gravida neque id, ultricies sem. Sed id libero sapien. Donec volutpat metus eget quam auctor tempus. Integer eros leo, imperdiet in laoreet vel, dignissim vel libero. Praesent sed ante libero. Nam quis elit faucibus, blandit nisi congue, euismod sapien. Mauris sed purus dictum, suscipit eros nec, sagittis nisl. Mauris a est lacus. Nam tincidunt tellus tristique tellus mattis convallis convallis nec enim.

Cras convallis molestie odio vitae elementum. Vestibulum laoreet, lectus eget condimentum ultricies, leo felis iaculis felis, quis mattis dolor arcu vitae elit. Etiam et purus suscipit, venenatis lacus quis, malesuada ex. Duis aliquet ornare ultrices. Praesent molestie mi ex, eu accumsan ipsum finibus quis. Nam non enim nec libero consectetur aliquet vitae ut magna. Nulla vestibulum non nunc eu porttitor. Vestibulum nec accumsan tortor, eget consequat turpis. Cras vel urna sed dui vulputate dapibus. Quisque tincidunt venenatis hendrerit. In consequat, turpis et lobortis dignissim, sapien dolor gravida ex, vel molestie nunc ipsum vel ante. Fusce sed auctor nunc.

Suspendisse eu pulvinar justo, nec aliquet justo. Etiam ac fringilla nibh, at mollis sapien. Praesent id elit pellentesque, porta nisi eu, malesuada erat. In mauris sapien, lacinia sed mauris quis, tempor ultrices eros. Integer quis enim a felis blandit venenatis. In pretium, mauris sed volutpat rutrum, urna odio convallis enim, in varius nibh quam accumsan orci. Sed a pulvinar leo, ac luctus diam. Phasellus finibus diam non risus pellentesque, id efficitur elit tempor. Nullam nec justo in ligula eleifend laoreet non ut mi. Fusce eu dolor arcu. Pellentesque pellentesque sit amet turpis at vestibulum.

Suspendisse sed lacus maximus, efficitur velit eu, imperdiet risus. Phasellus a dictum massa. Proin massa magna, pulvinar convallis libero eget, sodales feugiat justo. Nullam vel tempus turpis. Pellentesque aliquet porttitor vestibulum. Sed bibendum eros id massa egestas sagittis. Nam sodales nisi purus, eget venenatis lorem interdum maximus. Integer porta ut nunc nec maximus. Sed congue diam vitae elit efficitur dictum. Ut suscipit tortor ex, sed posuere nulla sodales quis.

Fusce viverra neque at sem gravida, ac auctor erat auctor. Integer vehicula nibh metus, ac commodo eros varius eu. Donec ut elit gravida, gravida odio eu, iaculis felis. Etiam ut fermentum velit. Aliquam blandit quis nisl vel eleifend. Donec euismod ante in elit semper, quis egestas dui molestie. Sed egestas ex lectus, sit amet pretium est aliquet eget. Nam ultrices, nisl ut commodo ultricies, velit lacus consectetur dui, sit amet bibendum lorem tellus eu leo. Sed eu neque ut nulla vestibulum pellentesque ac vitae justo. Sed molestie eros nisl, in placerat nibh varius et. In viverra vitae felis eu vulputate. Ut pretium tellus eget ex pretium dictum. Suspendisse ut vehicula odio.

In tortor lectus, tincidunt at elit quis, facilisis convallis diam. Proin porttitor malesuada vehicula. Nunc viverra nisi nec diam pulvinar, nec lobortis nisi placerat. Cras in lorem nec risus condimentum varius et sed neque. Sed in blandit turpis, in euismod orci. Mauris sodales augue tellus, mollis lacinia risus lobortis at. Integer libero lacus, eleifend sit amet libero sit amet, feugiat tincidunt eros. Vivamus volutpat feugiat leo, at suscipit sem lacinia vitae. Sed eu risus faucibus, iaculis leo et, scelerisque felis. Quisque eget nulla eu metus sagittis euismod.

Sed et lorem ac risus posuere malesuada. Class aptent taciti sociosqu ad litora torquent per conubia nostra, per inceptos himenaeos. Suspendisse eu pretium nulla. Suspendisse purus nulla, posuere id sodales sit amet, vestibulum sit amet tortor. Phasellus nisi ante, luctus vel leo ac, bibendum eleifend sem. Maecenas vitae lectus dolor. Integer pellentesque, nisi id gravida convallis, massa massa cursus sem, et venenatis purus lacus eget ex. Praesent lacinia, ex vel dapibus cursus, velit quam varius magna, et egestas lectus neque eget sem. Vivamus dictum lorem et orci viverra, a sollicitudin magna laoreet. In mollis elementum maximus. Aenean non risus eget ante ultricies accumsan non rhoncus magna. Nunc eu tortor tincidunt, ultricies felis et, sollicitudin tellus. Nam id urna dolor. Integer tempor tellus vitae risus ultricies, nec viverra eros accumsan.

Nam sollicitudin ac ligula eu feugiat. Nulla diam enim, porttitor sit amet condimentum in, vehicula eget ligula. Proin venenatis, est ac tincidunt fermentum, augue libero elementum nisi, lobortis consequat quam mauris vitae neque. Morbi feugiat ex ac molestie pellentesque. Duis ornare blandit ligula sed fermentum. Pellentesque habitant morbi tristique senectus et netus et malesuada fames ac turpis egestas. Duis ultrices ante et orci tempor sodales. Pellentesque habitant morbi tristique senectus et netus et malesuada fames ac turpis egestas. Nunc rhoncus nunc leo, ac tincidunt urna condimentum et. Proin hendrerit velit id lacinia pulvinar. Morbi sed tincidunt lorem. Vivamus non orci accumsan, maximus leo nec, imperdiet mi. Sed non augue non neque pretium dictum. Curabitur molestie nisl eleifend tellus consequat gravida. Nulla ut nisi fermentum, consectetur neque vel, tristique dui. Phasellus dapibus congue orci id mattis.

Aenean auctor, orci vel convallis posuere, leo nisi facilisis diam, nec accumsan risus justo sed urna. Sed a diam volutpat, eleifend lorem non, tristique leo. Donec molestie eleifend metus, sed faucibus dolor finibus a. Proin at eros ac lacus porta consectetur pulvinar at felis. Aliquam commodo enim at vehicula vestibulum. Aenean non orci sollicitudin, imperdiet lorem sit amet, pulvinar massa. In pulvinar neque id finibus blandit. Aliquam ut magna efficitur, tincidunt neque a, egestas turpis. Mauris tincidunt faucibus nibh, ac dignissim est. Aliquam ultricies rutrum sem ac pretium. Vivamus tincidunt semper dui ac gravida. Duis ullamcorper suscipit nulla in aliquet. In hac habitasse platea dictumst. Morbi aliquam bibendum ligula ut varius. Sed libero velit, sodales sit amet eleifend euismod, dapibus non augue. Cras quis urna nisi.

Aenean dignissim ultrices sollicitudin. Donec convallis leo nec risus imperdiet, vitae commodo massa auctor. Fusce rutrum sapien nunc. Curabitur in pretium libero, sit amet luctus est. Duis elementum, mauris a aliquet ornare, purus nisi ultrices ligula, sit amet eleifend dolor libero id elit. Donec venenatis cursus ante at fermentum. Vivamus interdum hendrerit mollis. Pellentesque gravida velit elit, quis fringilla erat elementum sed.

Mauris mattis sagittis dui, ac maximus eros volutpat quis. Donec dapibus pharetra nunc, at interdum tellus accumsan non. Quisque rutrum cursus blandit. Ut aliquam nibh vitae felis iaculis, eu tempus elit luctus. Praesent finibus magna non mauris tempor dapibus. Nunc mattis at lacus et sagittis. Pellentesque quis odio sagittis, gravida justo eget, auctor est. Suspendisse tempor in magna non ornare. Nullam non bibendum purus. Class aptent taciti sociosqu ad litora torquent per conubia nostra, per inceptos himenaeos. Vivamus ornare sed elit at tempor. Praesent pretium ipsum non sem placerat, ut semper arcu viverra.

Ut massa dolor, ultricies id rhoncus eu, rutrum ac sem. Suspendisse imperdiet tempus massa pretium ullamcorper. Nullam id ante sed quam tempor pellentesque. Aenean quam nisi, tempus sit amet urna sit amet, commodo euismod purus. Aenean sagittis lorem sed purus dictum elementum quis et arcu. Duis aliquam nunc blandit, finibus leo sed, porta orci. Donec feugiat eleifend pulvinar. Cras pulvinar odio egestas lorem commodo, id efficitur orci tincidunt. Nulla tempor iaculis quam et maximus. Pellentesque vitae velit sed nisi commodo iaculis. Nunc dignissim elit at nulla gravida, non condimentum tellus posuere. Ut laoreet turpis quam, eget placerat ante venenatis at. Nulla porttitor, tortor at rhoncus ullamcorper, orci sapien tincidunt ipsum, nec accumsan erat mi et augue. Nam urna est, euismod eget cursus sit amet, mattis id felis.

Nulla id mi in orci posuere aliquam. Nulla ut ipsum libero. Maecenas nec enim vel orci pellentesque porttitor. Nunc dapibus ipsum nisi, ullamcorper maximus enim auctor non. Aliquam posuere pretium diam eget euismod. In augue ex, euismod id finibus sit amet, imperdiet sed urna. Phasellus fermentum nisl ut tellus tincidunt ornare. Quisque dapibus eros justo. Mauris vestibulum egestas auctor. Vivamus gravida, odio eu venenatis tincidunt, ligula justo efficitur tellus, vel varius lectus leo ut sapien. Fusce velit arcu, fringilla at mi nec, viverra feugiat elit. Aenean vel consectetur tellus. Sed condimentum risus ex, sed congue massa placerat et. Aenean interdum, nunc eu bibendum mattis, nisi dolor faucibus ligula, sed porta odio massa et tortor. Vestibulum ante ipsum primis in faucibus orci luctus et ultrices posuere cubilia Curae; Maecenas ante arcu, ullamcorper sed magna vitae, elementum imperdiet ante.

Integer vitae augue sem. Integer eu nisl turpis. Fusce nibh magna, tempus ac euismod eget, sagittis ut tortor. Duis in sodales nisi, et pulvinar magna. Aliquam lobortis efficitur pharetra. Maecenas finibus volutpat consequat. Duis in justo dui. Fusce purus lacus, dictum mollis scelerisque in, feugiat quis lorem. In consectetur nulla sit amet faucibus semper. Curabitur sodales varius orci quis ornare. Proin iaculis sollicitudin sem eget mattis.

Nam mauris est, porttitor et mauris ut, elementum venenatis leo. Sed hendrerit malesuada ante, tristique imperdiet urna bibendum et. Integer in tortor sapien. Integer non consequat tortor. Aliquam suscipit quam justo. Quisque sed nisi non lorem pretium tristique eget in eros. In a congue dui, nec posuere urna. Cras sollicitudin velit ut elementum sagittis. Morbi vel leo non erat efficitur volutpat. Morbi in urna in turpis dignissim lobortis ut id massa. Interdum et malesuada fames ac ante ipsum primis in faucibus. Phasellus libero justo, blandit sed finibus ac, iaculis vitae nibh. Vestibulum a augue vitae velit tincidunt consequat a id diam.

Nunc in dapibus lorem, id suscipit tortor. Cras viverra laoreet semper. Cras ultricies cursus enim, a porttitor tellus tempus eu. Maecenas finibus dapibus diam. Morbi ut felis magna. Phasellus cursus eros nulla, eu dapibus sem dignissim eget. Pellentesque bibendum, diam nec scelerisque ullamcorper, urna velit viverra tortor, vitae consequat velit ante ut urna. Nam vestibulum blandit leo id fringilla. Nunc tristique, tellus ac ultricies molestie, massa turpis ullamcorper risus, in ullamcorper est mauris nec sem. Mauris auctor ultricies sem, in varius erat sagittis dictum. Fusce dignissim hendrerit mollis.

Etiam non enim elementum, laoreet massa et, posuere quam. Quisque dictum lorem ut tortor vehicula scelerisque. Pellentesque accumsan dui tellus. Morbi ultrices quam dictum tempor efficitur. Integer euismod posuere purus, a fringilla mi condimentum eget. Vestibulum ante ipsum primis in faucibus orci luctus et ultrices posuere cubilia Curae; Vestibulum libero tellus, egestas ac diam at, rutrum ultricies nibh. Nulla ac elementum mi. Fusce mattis fermentum mauris, ac convallis nisi auctor eu. Vestibulum maximus lorem ac nisi vulputate finibus. Phasellus vitae efficitur magna. Maecenas condimentum ac libero eu egestas. Praesent malesuada eros orci, id fermentum felis malesuada vitae. Proin egestas nisi lacus, eget pharetra magna molestie at. Nullam euismod consequat lobortis. Phasellus porta dapibus nunc, sit amet gravida eros luctus et.

Vestibulum id risus rhoncus, congue nulla vitae, feugiat augue. Aliquam quis enim nec libero tincidunt volutpat. Duis tempus, massa ac lobortis efficitur, odio arcu venenatis magna, quis hendrerit urna augue posuere sapien. Aenean feugiat augue diam, eu mattis nisl pellentesque quis. Nulla dapibus malesuada libero, et mollis dolor gravida non. Sed eget augue eget odio laoreet tincidunt quis molestie ante. Curabitur interdum pellentesque massa id venenatis.

Donec viverra, lectus sed tempor pellentesque, libero sem posuere erat, sed feugiat turpis turpis sed erat. Nunc in diam odio. Quisque interdum diam odio, efficitur ullamcorper erat condimentum et. Nulla facilisi. In id tortor a ante ultricies fermentum. Proin a quam a augue euismod venenatis. Cras venenatis efficitur venenatis. Morbi bibendum risus sed ultricies condimentum. In egestas a ex ac finibus. Proin sed dui ultricies, volutpat purus id, molestie est. Praesent volutpat sem in elementum sodales. Sed blandit luctus purus, gravida bibendum sem pretium mattis.

Nam vulputate tempus lorem in tincidunt. Vivamus condimentum pulvinar mattis. Vestibulum ante ipsum primis in faucibus orci luctus et ultrices posuere cubilia Curae; Pellentesque quis ullamcorper mauris, et ornare est. Proin eget lacus vel justo consectetur gravida luctus quis orci. Pellentesque id sem rutrum, accumsan odio eget, sagittis dolor. Etiam efficitur, sapien congue consequat ultricies, magna lectus scelerisque arcu, quis laoreet arcu metus vel orci. Etiam tincidunt augue vitae gravida ultricies. Nam egestas, lorem in cursus dapibus, turpis lorem scelerisque nibh, vitae iaculis dolor sapien id purus. Aliquam bibendum ipsum eget nibh suscipit, quis molestie dolor mollis. Vestibulum eget sagittis dolor, eget euismod nunc. Ut accumsan elit nec cursus fermentum. Maecenas tempus, mauris et semper maximus, odio est tempor turpis, aliquam faucibus justo lectus id est. Integer ut tellus ullamcorper, tempus nunc sed, placerat lacus. Praesent at felis ut metus aliquam pellentesque consequat ut arcu.

Etiam aliquam euismod lorem a consectetur. Etiam eleifend non felis ut accumsan. Praesent at libero et erat tincidunt ultricies in pellentesque justo. Duis laoreet tellus non nisl pharetra varius. In tellus nulla, consequat eu sagittis in, laoreet id ante. Etiam diam magna, tincidunt at vehicula quis, pellentesque sed massa. Morbi tempus imperdiet libero in tristique. Phasellus maximus semper felis, at vestibulum diam dapibus quis. Phasellus vitae est porta, volutpat dolor ut, pharetra est. Integer tempus urna velit, in luctus diam vestibulum rutrum. Mauris et tincidunt arcu. Duis sit amet sagittis nisi. Nulla facilisi. Nunc quam risus, ultricies vel urna ac, malesuada accumsan erat. Praesent condimentum urna suscipit sagittis hendrerit.

Praesent eget gravida tellus, non tempor est. Nullam ultricies elementum mi, nec porttitor lectus dictum sit amet. Fusce ultricies turpis erat, eu interdum nisi sagittis ac. Ut elementum lectus vel velit porta, quis porttitor massa dictum. Nulla pretium tristique mauris. Aliquam in mattis leo. Nunc at purus et risus cursus pretium nec non libero. Praesent vitae fermentum magna, sed luctus purus. Vestibulum ultricies vel ante fermentum laoreet. Nam cursus tortor at dui cursus ultricies. Integer mollis ullamcorper ante, sit amet eleifend nisl tristique volutpat. Nulla facilisi. Morbi condimentum faucibus nulla, id luctus metus lobortis ut. Aliquam vel commodo turpis.

Fusce in erat bibendum, pretium metus sed, interdum arcu. Vestibulum ac consectetur sem. Suspendisse lobortis tempor risus quis tincidunt. Ut at magna fringilla, mollis ligula posuere, lobortis dolor. Quisque vestibulum massa ac lectus porta lobortis eget eget dui. Donec sed bibendum purus. Duis at elementum felis. Aliquam erat volutpat. Maecenas ultrices sit amet tellus sed maximus. Integer quis condimentum purus. Mauris quis quam ut sem suscipit congue eu vel risus. Integer gravida rhoncus dolor, vel vestibulum velit fermentum quis. Curabitur ultricies ullamcorper facilisis. Integer consequat mollis justo, quis aliquet ex lobortis non.

Phasellus commodo consequat nisi sit amet faucibus. Pellentesque tincidunt viverra magna, at egestas quam dictum nec. Donec et sapien pellentesque, aliquam eros tincidunt, imperdiet neque. Donec in urna mi. Aenean eu felis dui. Mauris ullamcorper nisi fermentum laoreet mollis. Nunc consequat pharetra nibh, ut posuere leo hendrerit sit amet. Etiam vel dolor enim. Phasellus quis dui orci. Maecenas blandit, lorem at pretium cursus, sapien mi efficitur orci, ut aliquet urna mi non felis. Sed sit amet enim nulla. Vivamus non orci orci. Nam lacinia risus sapien, vel accumsan erat vulputate vel.

Maecenas tristique nisl vitae est pulvinar, et mollis risus molestie. Aenean consequat, nisi sed feugiat molestie, diam metus scelerisque mauris, id posuere ligula sem non nibh. Class aptent taciti sociosqu ad litora torquent per conubia nostra, per inceptos himenaeos. Mauris ac consequat risus. Duis nec euismod turpis. Phasellus ullamcorper purus eu felis efficitur, in scelerisque urna rhoncus. Nulla ut eros a nisl egestas tincidunt.

Curabitur pharetra ornare nunc finibus porttitor. Etiam vel turpis semper, porttitor ipsum non, iaculis arcu. Sed quis velit erat. Aenean quis ligula ut justo dignissim pellentesque. Quisque vulputate eleifend nunc vel pellentesque. Nullam rutrum dui vel blandit facilisis. Suspendisse potenti. Curabitur non lectus neque. Suspendisse laoreet mi gravida, tincidunt libero ut, luctus neque. Quisque sed vehicula quam. Praesent commodo magna sed eleifend malesuada. Cras tincidunt dictum mauris, et feugiat enim feugiat at.

Donec gravida id odio ac rhoncus. Suspendisse sit amet tellus ac quam ullamcorper auctor et ut est. Cras suscipit risus ligula, non rutrum quam semper pharetra. Etiam id nisi et felis consectetur aliquam. Proin porta feugiat nisi, ut semper eros tempus in. In suscipit vulputate commodo. Suspendisse sagittis dui nisl, non rutrum nisl euismod eu.

Aenean quis felis a mauris vulputate tincidunt in non neque. Aliquam dolor urna, venenatis a tempor posuere, molestie vitae eros. Sed rhoncus leo massa. Curabitur eget massa quis elit eleifend mollis ac nec eros. Nulla interdum vel diam sed feugiat. Cras sed tincidunt orci. Nunc condimentum fermentum ex, ut bibendum felis cursus vel. Proin at pretium massa, vel ultrices tellus. Nullam vitae metus arcu. Donec eu pretium elit. Quisque pretium tincidunt nisi sed aliquam.

Mauris aliquam lorem lorem, luctus vestibulum metus sollicitudin vitae. Donec rhoncus condimentum enim, non finibus libero fringilla sed. Quisque nec orci in quam aliquet auctor consectetur ut lectus. Etiam ornare vestibulum tempus. Nunc rutrum nunc ex, at sollicitudin tellus aliquam egestas. Proin venenatis rhoncus feugiat. Duis congue varius mollis. Maecenas gravida purus vitae risus semper, id maximus purus eleifend. Curabitur consequat urna id aliquam accumsan.

Integer tincidunt urna nec ante imperdiet efficitur. Suspendisse feugiat congue porta. Nulla interdum vehicula condimentum. Fusce in ex quis urna rutrum rhoncus consequat in erat. Sed et blandit justo. Duis vel dolor sed enim imperdiet rhoncus et a sem. Cras non malesuada sapien, non suscipit lorem. Praesent vestibulum varius nisl, interdum ullamcorper nulla scelerisque eu. Vestibulum vel ipsum eu est gravida finibus eget a purus. Suspendisse iaculis erat nec dolor porta, quis consectetur leo efficitur. Vivamus eu ornare lorem, a maximus velit. Vestibulum eu nunc volutpat, lobortis turpis ac, maximus mauris. Nunc sed posuere dui, quis volutpat nibh. Sed ultricies molestie nibh, vitae convallis eros consectetur ut. Fusce a justo lobortis, pharetra quam sed, condimentum ipsum.

Nullam eget dapibus tortor. Etiam aliquam eros at enim facilisis dignissim. Aliquam euismod tristique libero sed gravida. Mauris nec finibus ligula. Cras tempor diam ex, at volutpat metus mattis nec. Curabitur at imperdiet nisl, nec dapibus dolor. Ut sollicitudin vulputate ex in porttitor. Vestibulum eu tellus in metus interdum aliquet. Lorem ipsum dolor sit amet, consectetur adipiscing elit. Nullam dolor metus, sagittis quis purus at, ultrices vehicula mauris. Integer ac mauris tellus. Curabitur vulputate tortor at purus bibendum luctus.

Ut sit amet arcu volutpat, ultricies augue scelerisque, mollis nibh. Nam condimentum ut tellus nec blandit. Ut lobortis quam sed justo cursus, ut fringilla augue sollicitudin. Aliquam id aliquet quam, non faucibus velit. Mauris ac hendrerit velit. Nunc in luctus ex. Fusce convallis lorem tellus, ut blandit mauris imperdiet sed. Aenean venenatis magna libero, imperdiet feugiat purus rutrum eget. Etiam ut ex iaculis, suscipit velit non, finibus massa.

Sed dignissim efficitur urna id auctor. Donec vitae nibh tellus. Suspendisse egestas porttitor ullamcorper. Mauris vitae elementum arcu. Nunc nec pretium risus, eu rhoncus nibh. Mauris non libero pellentesque, sollicitudin risus non, fringilla eros. Etiam convallis lectus vel tristique ultricies. Praesent rhoncus metus vitae enim iaculis luctus. Maecenas vel porttitor sem, sit amet facilisis ligula. Morbi rhoncus odio est, quis ullamcorper orci volutpat et. Nulla quis aliquam ante. Cras vestibulum massa at nulla ultrices aliquet. Mauris ut luctus nisl. Pellentesque eu venenatis odio, vel lobortis nisl. In lacinia sem vel convallis aliquam.

Aliquam erat volutpat. Integer dapibus lorem sed nibh sagittis volutpat. Vivamus vestibulum ac risus a ornare. Praesent non diam quis dui maximus maximus. Duis consectetur, nisl vel sagittis fringilla, metus metus pellentesque leo, nec fringilla quam arcu vehicula tellus. Fusce quis varius orci. Integer congue efficitur justo in blandit. Curabitur gravida tristique magna, nec rhoncus ante vulputate quis. Donec ultricies tortor dolor, vitae elementum tortor tempus ac. Sed facilisis turpis ligula, et maximus sapien euismod sed. Donec augue dui, interdum ut ante eget, porta blandit tortor. Aliquam vel est at orci molestie convallis quis et enim. Suspendisse vehicula tincidunt mi, in gravida ante ornare ut.

Aenean mollis massa vel lorem semper rutrum. Etiam ac lacus et nulla tincidunt rhoncus. Fusce ex erat, pretium eget lacinia id, vehicula vitae nisl. Donec quis nunc euismod, congue felis non, sollicitudin lectus. Vivamus non maximus risus, non rhoncus leo.

Integer placerat urna augue, ut tincidunt ante rutrum at. Maecenas quis ornare elit. Aliquam vel nisl consequat erat facilisis viverra.

Morbi feugiat erat arcu, at pulvinar est accumsan ut. Pellentesque habitant morbi tristique senectus et netus et malesuada fames ac turpis egestas. Nam accumsan metus at massa ultrices hendrerit. Praesent aliquam viverra ligula, consequat pellentesque libero tristique vel. Nulla sagittis, ex cursus volutpat vestibulum, ipsum dolor molestie odio, a imperdiet sapien lectus sed eros. Nunc elementum molestie lacinia. Fusce varius nisl lacus, vitae sodales enim luctus eu. Suspendisse elementum odio ultrices tincidunt pretium. Maecenas sit amet sem tellus. Donec dignissim lacus orci, eget lobortis sem pulvinar vitae. Aenean at erat id mauris egestas convallis et commodo ligula. Maecenas faucibus purus vitae facilisis scelerisque. Mauris eget leo maximus, posuere nunc accumsan, sagittis massa. Sed eget neque imperdiet, congue leo quis, blandit dui.

Mauris id dolor sodales, consectetur nisi quis, hendrerit nunc. Mauris vel quam auctor, mattis dolor a, dapibus arcu. Praesent ultrices, magna in pharetra gravida, massa erat pellentesque urna, in tempor urna nisi vitae tortor. Mauris sollicitudin, lectus eu sollicitudin dignissim, urna arcu ullamcorper tortor, blandit pulvinar ipsum tellus et metus. Nulla at lectus non arcu pellentesque ultricies ut nec dolor. Nunc posuere lectus sed neque sagittis, malesuada porta dolor maximus. Aenean et suscipit elit. Sed congue dignissim mi, at scelerisque tortor pellentesque in. Donec sollicitudin, arcu vel volutpat sodales, orci est efficitur tortor, at convallis dolor erat nec ante. Donec aliquam posuere viverra. Sed suscipit mauris sem, et faucibus nulla ullamcorper sit amet. Sed elit orci, luctus at sagittis ut, condimentum vel magna. Maecenas quis sollicitudin libero.

Pellentesque tellus sapien, scelerisque non ipsum et, fringilla fermentum odio. Suspendisse potenti. Fusce vitae hendrerit enim. Sed mattis iaculis imperdiet. Nullam dolor justo, vehicula accumsan lobortis eget, lobortis et turpis. Quisque dignissim hendrerit odio. Curabitur vel dui at justo sodales imperdiet eget in nulla. Suspendisse commodo dolor vitae congue interdum. Nulla facilisi. Aenean turpis leo, sollicitudin in purus tincidunt, vehicula pharetra mi. Integer pretium nisl libero, in lobortis risus lacinia ut. Curabitur blandit nibh et dolor vulputate, pulvinar vulputate risus consectetur. Etiam libero elit, dignissim sit amet lacus sit amet, congue dapibus metus. In accumsan mauris ac sodales ultricies. Sed consectetur nulla sit amet velit ultrices, eget aliquam mauris lacinia. Sed eu arcu tincidunt, pellentesque lorem at, vulputate lectus.

Duis molestie orci dui, sed tristique lectus sollicitudin at. Vestibulum non placerat dui, sed tempor turpis. Vestibulum lobortis tortor ac nulla pretium semper. Donec consequat purus in sapien molestie, eget fringilla mauris laoreet. Cras non sagittis enim. Praesent vulputate lectus eget est congue, a euismod massa varius. Suspendisse sed nulla cursus, molestie sem at, malesuada dolor.

Etiam lorem quam, lobortis et velit quis, mollis vulputate dui. Sed ac dictum est. Sed ornare augue quis varius interdum. Pellentesque mollis metus sit amet lacus laoreet scelerisque. Maecenas non sapien at dolor ornare mattis sed rutrum libero. Quisque eu sem ac libero aliquam sollicitudin. Aenean mattis urna tellus, at fermentum arcu lobortis et. Fusce sed augue auctor, tincidunt nulla non, lacinia urna. Nulla vel dui quis nibh aliquet hendrerit.

Sed ex ipsum, consectetur non euismod vel, tempor nec ligula. Ut malesuada, ligula sed lobortis pulvinar, purus felis rhoncus nisl, non mollis ex justo vitae libero. Aenean ornare felis arcu, eu interdum massa pharetra in. Cras dignissim est laoreet sollicitudin sagittis. In non elit magna. Phasellus ac massa non orci hendrerit tincidunt sit amet in urna. Donec elit elit, fringilla nec tempor sit amet, euismod vitae lorem.

In aliquet nisi nunc, non suscipit nulla dignissim sed. Vestibulum at augue at purus condimentum rhoncus et non ante. Pellentesque nibh velit, lobortis in consequat et, tempus et risus. Sed tempor magna sed elit hendrerit elementum. Maecenas vulputate ex quis risus vulputate feugiat. Praesent porttitor viverra nibh, sed dignissim libero sodales sed. Donec quis diam nec ex consectetur iaculis non ac tortor. Mauris bibendum malesuada sem sed suscipit. Cras congue semper magna, in tincidunt velit auctor ut.

Duis ut justo vitae augue lacinia ornare in quis dui. Suspendisse semper, dolor eget rutrum sagittis, leo nunc sodales magna, nec finibus nulla urna ultrices libero. Mauris in lectus aliquam lacus ultricies egestas. Nulla molestie tincidunt justo, non eleifend felis pellentesque in. Ut pretium cursus tincidunt. Morbi mi lorem, sollicitudin pharetra diam id, elementum cursus eros. Fusce nec consectetur nisi. Cras fermentum sem et dui placerat tempor. Integer rutrum, lectus sit amet cursus porta, neque ante imperdiet est, convallis sagittis lacus ligula quis magna. Suspendisse risus felis, consectetur vitae maximus sed, pulvinar nec purus. Sed eu viverra orci, id imperdiet libero. Phasellus condimentum nibh magna, non consequat elit vestibulum sit amet.

Pellentesque sit amet ligula neque. Curabitur sit amet metus et mauris malesuada sollicitudin non aliquet nisl. In a purus quis dui congue porta. Mauris at lorem sed felis suscipit tempus sit amet et neque. Vivamus et porta mi. Etiam non congue eros. Sed pretium, sem id varius consectetur, metus tortor tincidunt libero, at interdum ipsum sapien et odio. Curabitur mattis eros dolor, quis semper sem scelerisque nec.

Vivamus et lorem id enim aliquam facilisis. Maecenas blandit, nisl vitae volutpat bibendum, nibh est tristique nisl, sit amet vehicula tortor ipsum sit amet nulla. Donec arcu odio, elementum quis pulvinar a, pretium ut odio. Proin est justo, venenatis in justo quis, mollis ultricies mauris. Aliquam dictum molestie urna et aliquet. Nulla luctus porta nisi ut suscipit. Integer in venenatis leo. Aenean tempor nisl magna, sed rutrum felis fringilla commodo. Donec non justo sit amet nulla finibus rutrum. Sed facilisis risus sit amet diam posuere, at euismod ipsum facilisis. Nam malesuada consequat placerat. Proin a scelerisque eros. Vivamus eu hendrerit nisi, vel pharetra odio. Nam odio nisi, tincidunt at lobortis at, imperdiet aliquam sem. Praesent maximus turpis lacinia feugiat tempor.

Pellentesque ultrices velit ut auctor interdum. Mauris fringilla gravida purus vitae semper. Nunc tincidunt ornare magna ut vestibulum. Fusce at purus nec dolor porta finibus eu id magna. Sed placerat, lorem sit amet condimentum tempus, nulla mi iaculis ante, non feugiat nulla velit non quam. Sed eros ligula, laoreet et egestas at, convallis a tortor. Nam sem augue, maximus vitae magna quis, consequat dapibus mauris. Proin accumsan tempor fringilla. Etiam vulputate tortor at libero malesuada, a semper neque aliquet. Ut rutrum varius massa non lobortis. Curabitur malesuada blandit lacus, in pretium sapien sagittis a.

Aliquam magna lacus, porta quis purus sed, venenatis rutrum libero. Class aptent taciti sociosqu ad litora torquent per conubia nostra, per inceptos himenaeos. Nam rutrum massa non felis tincidunt, in dignissim odio venenatis. Integer ut lectus suscipit, convallis nisl at, cursus augue. Praesent id risus ullamcorper, tincidunt ante volutpat, finibus orci. Nunc gravida, velit vel vehicula varius, mi purus vehicula risus, quis rhoncus mi justo accumsan tortor. Ut aliquam mollis est nec ornare. Suspendisse a dictum eros. Curabitur luctus pharetra libero, a sodales elit condimentum sed. Suspendisse non scelerisque turpis, sit amet aliquam dolor.

Integer eleifend viverra libero sed varius. Duis efficitur sem at tellus interdum, in convallis enim convallis. Praesent risus est, mollis sed massa vel, laoreet maximus turpis. Morbi egestas ligula nunc. Morbi blandit dolor ac felis efficitur vehicula. Morbi metus massa, ultrices eget placerat gravida, rutrum vel dui. Vivamus accumsan mauris et velit viverra finibus. Vivamus hendrerit venenatis elit vel fringilla. Phasellus vitae ex nec turpis mollis fermentum at vel arcu. Maecenas ornare nisi eget elit sollicitudin semper. Maecenas sit amet facilisis ipsum. Sed volutpat odio ut enim convallis viverra. Quisque nec ultricies sem.

Duis finibus interdum ipsum at ultricies. Nam dignissim odio non neque malesuada efficitur. Nunc id lectus id ipsum tincidunt rutrum. Pellentesque ullamcorper arcu et est finibus, at faucibus ligula ornare. Cras egestas dignissim ante, congue convallis quam rhoncus in. Fusce sed blandit erat. Phasellus facilisis tempus elit vitae commodo.

Fusce purus nulla, aliquam at tellus non, porta efficitur nisi. Fusce suscipit nibh sit amet lorem vehicula dignissim. Vivamus est massa, vulputate eget dictum ac, auctor vel ipsum. Sed rutrum lobortis neque, vel venenatis arcu gravida in. Sed aliquam accumsan ultrices. Donec ultricies facilisis sagittis. Ut commodo molestie consectetur. Phasellus placerat lorem sed lacinia euismod. Aliquam erat volutpat. Duis mollis quam non neque mattis, nec aliquam enim dapibus. Sed ultrices massa id nisi iaculis gravida. Fusce ut dignissim leo. Phasellus eget cursus sem. Mauris condimentum maximus risus, et sodales nisi congue a.

Nullam sit amet risus nec enim dapibus interdum vitae et augue. Donec et aliquet eros. Cras ex eros, tempus et massa a, finibus consequat tortor. Nunc a nunc tincidunt, bibendum felis a, rhoncus turpis. Donec semper felis eget elementum mattis. Mauris interdum nunc in ligula luctus rutrum. Donec faucibus massa id neque mollis, non placerat sem fermentum. Nunc ac cursus nunc. Maecenas sed justo nec sapien suscipit pretium non pulvinar nisl. Sed volutpat maximus facilisis. Nunc lobortis mollis eleifend. Morbi auctor semper mi, at imperdiet est pulvinar vitae. Donec magna est, sollicitudin at cursus aliquet, interdum sit amet orci. Phasellus et quam cursus, rhoncus elit quis, condimentum ipsum. Integer cursus tellus ut eros dignissim viverra. Nunc lobortis est ut dolor accumsan, nec auctor erat finibus.

Aenean cursus diam id justo elementum, quis dictum lorem lobortis. Suspendisse imperdiet auctor lacus, ut dignissim enim semper vel. Pellentesque semper consequat commodo. In odio odio, fermentum ac augue sed, ultrices interdum purus. Suspendisse vel dolor at sapien fringilla sodales et eu massa. Praesent tempus mauris risus, ut blandit tellus egestas ullamcorper. Etiam gravida porta eros, sit amet ornare lectus pharetra ut. In hac habitasse platea dictumst. Cras vitae placerat urna, vitae blandit justo. Etiam malesuada sagittis dui, sed porta tellus fringilla quis. Morbi vel congue ante, euismod auctor dolor. Vivamus viverra tincidunt nulla non pulvinar. Cras elementum est ac nisl ultricies tincidunt. Cras non nisi est. Aenean dapibus, nisi et rutrum mattis, dui sem bibendum massa, id facilisis nisl lacus ac nibh.

Mauris eget urna lacinia, convallis dolor id, sagittis purus. Phasellus egestas pulvinar placerat. Suspendisse posuere lectus nec dolor porta convallis. Ut malesuada felis eget augue porttitor consequat. Quisque lectus lorem, eleifend nec mollis varius, porttitor et ex. Curabitur nec rutrum massa. Nam lacinia tristique neque, in ultricies dolor.

In ornare vehicula consectetur. Donec tincidunt libero vel porta egestas. Cras tristique dapibus mattis. Sed finibus lobortis magna, at lacinia massa pellentesque ut. Integer molestie lectus dui, vitae suscipit nunc hendrerit et. Etiam mattis sapien id lacus facilisis porttitor. Class aptent taciti sociosqu ad litora torquent per conubia nostra, per inceptos himenaeos. Integer at nisl vitae elit pretium imperdiet. Suspendisse facilisis mollis nulla, vitae porttitor nisi egestas quis. Quisque cursus elit velit, nec cursus diam faucibus at. Aenean gravida cursus elit, ut varius justo laoreet eu. Vivamus sagittis, erat vel accumsan ultricies, ipsum libero porta dui, sed accumsan neque mi a eros. Phasellus tincidunt varius orci ac porta.

Duis augue neque, lobortis quis viverra ac, cursus vitae lectus. Integer sit amet arcu mi. Proin viverra convallis justo. Praesent ac nibh ex. Suspendisse aliquet pharetra quam, a convallis justo imperdiet et. Vivamus fermentum ante vel turpis ullamcorper luctus. Nullam quis feugiat nisi. Nulla consectetur, nisl non vulputate imperdiet, elit nisl semper nibh, id maximus odio nisi sed felis. Sed quis convallis lorem, eget efficitur sapien. Quisque at neque turpis. Donec vel enim id augue egestas malesuada. Quisque mattis lacinia est non molestie. Nulla facilisi. In eu ipsum mi. Aliquam commodo nec ligula vel pellentesque. Praesent accumsan interdum velit, ut convallis mi tempus a.

Quisque tellus tellus, ultricies sit amet semper eu, ultrices eget massa. Vestibulum sollicitudin eget nisi sit amet efficitur. Suspendisse bibendum arcu at ultricies viverra. Sed tincidunt arcu vel velit mattis elementum. Vestibulum ante ipsum primis in faucibus orci luctus et ultrices posuere cubilia Curae; Sed ullamcorper ex vel purus convallis bibendum. In mi lorem, dictum nec sem eget, egestas laoreet ante. Nullam mattis justo risus, ac luctus ligula commodo vel. Phasellus mattis pulvinar dolor, a auctor orci scelerisque vel.

Etiam interdum nulla a urna tempus, non facilisis nulla varius. Aenean ante arcu, vulputate at ligula ut, lobortis convallis mi. Nam in lacus ac ante sodales accumsan a euismod quam. Nunc at neque scelerisque, fermentum diam ut, mattis tortor. Nunc sit amet consectetur diam, eget varius metus. Orci varius natoque penatibus et magnis dis parturient montes, nascetur ridiculus mus. Aliquam aliquet imperdiet risus non dictum.

Vivamus in magna vitae augue dignissim sagittis a nec urna. In at dui sagittis, luctus lacus vitae, tristique purus. Aliquam viverra libero eu diam condimentum congue. Maecenas ut viverra ante. Sed efficitur vel massa non dictum. Phasellus in lorem tincidunt, feugiat purus eu, tempor orci. Duis volutpat enim mauris, et consectetur leo porttitor sed. Sed purus diam, volutpat et nibh dignissim, euismod rutrum neque.

Fusce dapibus varius est eget commodo. In hac habitasse platea dictumst. Nunc mattis fringilla tortor, et commodo augue dignissim quis. Sed congue vulputate nisi, et tincidunt diam suscipit nec. Vivamus eros nisl, sagittis at ante eu, maximus viverra orci. Phasellus diam nibh, fermentum eget egestas vitae, rutrum ac lectus. Phasellus imperdiet nisi eu arcu sagittis, euismod tempor lacus malesuada. Quisque augue dolor, accumsan eu aliquam nec, porttitor auctor nibh. Ut id nunc sed arcu hendrerit accumsan at nec nulla. In nec finibus sapien. Nam interdum, neque id tempor elementum, urna justo aliquam lorem, quis lobortis magna ligula et dolor. Fusce nibh nisi, aliquam a enim quis, pellentesque scelerisque leo. Nulla commodo feugiat dolor vel gravida.

Aenean quis quam ac ipsum suscipit pulvinar eget ac mauris. Etiam blandit eleifend tristique. Duis quis ullamcorper nisi. Sed fermentum feugiat maximus. Mauris enim velit, mollis ac sem nec, luctus tempus est. Vestibulum ante ipsum primis in faucibus orci luctus et ultrices posuere cubilia Curae; Proin rhoncus posuere eros, ut viverra mi rhoncus at. Ut malesuada venenatis massa, molestie interdum urna molestie ut. Proin interdum ex id risus euismod facilisis ut et sapien. Etiam sed euismod neque. Phasellus varius velit ex, et varius massa pharetra eget. Curabitur non velit ornare ligula tempus varius eget bibendum magna. Vestibulum sit amet ipsum ac urna maximus pulvinar non eu orci. Donec euismod nisl a velit accumsan, eu vehicula nisi molestie.

Praesent vestibulum faucibus tortor, a vehicula urna pretium ac. Aenean mollis diam nisi, id dictum enim lacinia at. Nam pellentesque nec mi eget vestibulum. Donec urna justo, semper ac lacus scelerisque, aliquam mollis felis. In et ex sit amet lorem feugiat tincidunt eu sit amet libero. In ex enim, laoreet a leo nec, malesuada malesuada metus. Cras eget commodo diam. Mauris sit amet sagittis lacus. Maecenas convallis cursus elementum. Ut feugiat nisl a volutpat hendrerit. Aenean sed mattis erat, ut gravida dolor. Pellentesque varius et orci in interdum. Fusce mollis enim et ipsum sodales imperdiet. Nam id tortor at urna mattis rutrum. In congue sagittis volutpat.

Maecenas non diam vel quam lacinia suscipit eget at ex. Nunc faucibus lorem eget viverra feugiat. Curabitur non nibh risus. Nullam nec lacus sed dolor tempor iaculis eu non elit. Pellentesque eleifend sodales neque sollicitudin venenatis. Mauris congue aliquam volutpat. Nulla magna turpis, luctus non lacinia a, hendrerit ornare nisi. Sed at ligula libero. Mauris lacinia ipsum eu dapibus varius. Suspendisse aliquet ante eu ligula euismod ornare. Nulla lacinia vel purus eu vulputate. Ut eu mauris et ligula aliquam feugiat at ac ex. Proin non mattis diam. Maecenas non ornare ante, et efficitur orci. Vivamus congue vitae lorem eget dignissim.

Sed ac metus eget justo dignissim fermentum. Fusce magna purus, congue vitae eleifend quis, rutrum sit amet sapien. Sed eu velit sed diam finibus mattis non id justo. Nam eu pharetra nisl. Donec augue ligula, facilisis ut fringilla et, ornare quis ligula. Donec tellus ante, ullamcorper a magna vitae, dictum viverra risus. Morbi rutrum tellus felis, vitae sagittis lorem luctus non. Proin rhoncus urna sed elit facilisis, a lobortis ante lacinia. Sed non posuere lorem, vitae malesuada purus. Nulla a erat tincidunt, auctor nisl at, imperdiet lacus. In egestas neque vel ultricies fermentum. Nullam ut lectus diam. Morbi est lorem, ornare id ullamcorper at, finibus tincidunt neque. Maecenas id urna sed nulla vestibulum congue non eget mi.

Phasellus eget mi posuere sapien dictum dignissim a nec magna. Quisque ac orci a augue dignissim gravida. Phasellus elementum, elit ac aliquam tristique, augue lorem tincidunt velit, et pulvinar enim metus nec lacus. Ut egestas neque viverra tortor porttitor porta. Fusce tincidunt eget dui quis aliquam. Morbi at lorem elementum, fringilla ex ac, maximus enim. Mauris posuere vestibulum nunc, vitae malesuada dui rhoncus et. Aenean eget sapien vel leo auctor tincidunt. Pellentesque interdum pharetra nunc, a lacinia eros facilisis in. Integer nec ex egestas, posuere diam nec, facilisis orci.

Maecenas in lobortis quam, pretium tincidunt ligula. Suspendisse consequat vehicula ligula eget blandit. Sed luctus malesuada mauris, in rutrum massa aliquet ut. Morbi risus arcu, malesuada finibus ornare ut, rhoncus vel justo. Aenean mattis a nibh non dapibus. Nullam semper ex est, non ullamcorper dui volutpat a. Curabitur volutpat tristique elit id ultrices. Maecenas cursus elit augue, ac elementum sapien aliquam vel. Nullam tempus auctor eleifend. Mauris cursus vitae lectus vehicula elementum. Quisque sed turpis vel leo tempor elementum. Sed at finibus tortor, vitae tempor odio. Quisque vitae urna at dolor iaculis viverra. Nullam vel maximus lorem. Suspendisse quis mollis odio.

Vivamus dapibus ante tempus accumsan fringilla. Aenean fringilla efficitur orci in pharetra. Nulla a massa at dolor accumsan volutpat eu non lectus. Aliquam euismod ante augue, congue pharetra arcu lacinia quis. Morbi gravida imperdiet ipsum, et ultricies enim. Duis convallis et nunc tincidunt luctus. Nunc aliquam, quam a efficitur mattis, nulla sapien laoreet metus, vitae rhoncus velit neque ac justo.

Quisque urna est, tempor in mollis id, mattis non nunc. Nullam at porttitor orci. Vestibulum sit amet facilisis tortor. Phasellus auctor arcu vel felis suscipit, eu luctus nisl hendrerit. Fusce mollis orci a ex blandit egestas. Nunc consectetur vulputate justo, sit amet sodales libero molestie ac. Morbi pharetra varius blandit.

Sed viverra finibus ligula, blandit facilisis tellus tincidunt ut. Vivamus pulvinar maximus arcu in malesuada. Nulla facilisi. Maecenas vulputate quam a dui sodales, at vulputate risus tincidunt. Nulla lobortis eget lectus ut convallis. Morbi id tellus auctor mi sodales venenatis. Ut semper lectus eros. Donec volutpat tellus vitae nisl auctor, sed aliquet turpis tempus. Quisque a orci ut magna fermentum venenatis.

Aliquam auctor viverra magna ut dignissim. Duis eu tincidunt nisl. Suspendisse id lacus vitae magna sollicitudin egestas id nec libero. Maecenas ultricies venenatis dapibus. Fusce maximus in velit a dictum. Pellentesque quis accumsan neque. Pellentesque eu elementum arcu, sit amet bibendum metus. Suspendisse ac elit lacus. Nam sagittis leo id tellus cursus auctor.

In molestie auctor consectetur. Pellentesque quis risus ipsum. Donec feugiat tempus porta. Proin ultrices elit justo, eget efficitur lectus tempus at. Nulla posuere eget ligula a volutpat. Nam euismod tincidunt nisl, id gravida risus tincidunt non. Nunc viverra, ligula accumsan sollicitudin hendrerit, lectus massa ultrices nibh, sed fringilla mi nisi id mauris. Sed id nulla quis sem interdum commodo eget a urna. Cras vitae ultricies nisi. Sed ac vehicula erat, nec mattis massa. Donec viverra sem eu odio vehicula tincidunt.

Curabitur iaculis diam venenatis efficitur fringilla. Cras eget dui porttitor, semper augue vel, eleifend ante. Nunc nec dolor eget leo mollis lobortis. Ut libero lacus, blandit sit amet est eu, rhoncus suscipit libero. Quisque et malesuada mi. Etiam ipsum ex, aliquam vitae lacus vitae, facilisis pulvinar sapien. Duis suscipit eget sapien ut sodales. Maecenas nisl elit, volutpat placerat vulputate in, pretium non urna. Suspendisse in scelerisque lorem.

Cras eleifend nisi in dui hendrerit eleifend. Aliquam suscipit dolor ut mi bibendum, ac tincidunt metus rutrum. Vestibulum aliquam tempor dignissim. Pellentesque habitant morbi tristique senectus et netus et malesuada fames ac turpis egestas. In tempus, libero nec luctus aliquet, ex ex facilisis orci, non lobortis magna lacus et justo. Ut faucibus sem et nulla auctor, eu lobortis lacus posuere. Sed suscipit efficitur elit, vel bibendum neque pharetra a. Nullam cursus nisi ac quam bibendum viverra. Praesent condimentum, arcu et efficitur imperdiet, nisi odio faucibus nunc, et elementum quam massa sit amet dolor. Sed malesuada tincidunt congue. Praesent non dui rhoncus, feugiat mi bibendum, aliquet magna. Morbi ac nulla sodales, pulvinar ipsum sed, pretium metus. Vivamus metus justo, venenatis sed dictum luctus, rhoncus vel tellus.

Ut vestibulum hendrerit magna a bibendum. Suspendisse vel est quis urna congue cursus. Nullam blandit massa ut molestie fringilla. Mauris mauris ipsum, varius sit amet arcu sit amet, dictum auctor ipsum. Vivamus laoreet sit amet nisl vitae dignissim. Quisque leo justo, elementum eu dui eu, eleifend efficitur est. Suspendisse vel enim lorem. Morbi dapibus pellentesque purus, id vulputate neque dignissim vehicula. Nunc nec sapien a nisl consectetur vulputate non eget nisi. Donec euismod tempor mattis. Integer eget porttitor nisl, in pulvinar ligula. Curabitur aliquet sed elit vitae condimentum. Donec consequat bibendum ipsum sed vehicula. Vestibulum arcu justo, scelerisque eu diam nec, tincidunt laoreet risus. Donec ac fringilla lorem. Nulla convallis viverra ipsum.

Nulla facilisi. Fusce sit amet urna tristique, congue dui non, viverra ipsum. Nunc ac posuere odio. Curabitur venenatis imperdiet aliquam. Maecenas eu nulla id lectus fermentum dignissim. Praesent semper mi quis erat fermentum lobortis. Phasellus venenatis mauris orci, at sodales erat hendrerit a. Praesent sit amet pellentesque leo, quis porttitor libero. Quisque ut laoreet massa. Mauris gravida eros vel laoreet vestibulum. Aenean egestas enim nisi, sed scelerisque libero viverra et. Quisque nec est massa. Nulla nisl turpis, mattis eget purus ut, scelerisque scelerisque nunc. Curabitur eu enim sapien. Morbi aliquet dolor sit amet ultrices fringilla. Quisque ut tortor massa.

In ullamcorper dui molestie leo pharetra, eu consectetur est efficitur. Nam mollis ex porta sollicitudin consectetur. Nam lacinia nunc in eleifend volutpat. Nullam placerat mi sed urna lobortis auctor. Duis dictum nunc vel risus rhoncus, quis elementum risus venenatis. Nullam consequat lobortis lacus, ut rutrum elit pretium eget. Aliquam erat volutpat.

Maecenas velit ipsum, facilisis eu sem porttitor, faucibus ullamcorper nunc. Proin eros felis, fermentum non scelerisque vitae, mollis at ligula. Quisque eu tellus id odio tempor dictum. Fusce ornare sapien vitae urna laoreet varius. Quisque nibh purus, cursus eget feugiat sit amet, placerat eget metus. Duis nunc metus, vehicula et dignissim nec, pulvinar at odio. Donec eu urna vitae quam fringilla feugiat eget ac ex. Interdum et malesuada fames ac ante ipsum primis in faucibus. Sed tincidunt purus sed varius tristique. Curabitur eu euismod nulla. Quisque varius aliquam finibus. Aenean nunc tortor, pretium vitae nunc blandit, consequat ullamcorper nibh. Suspendisse potenti. Nulla et porta ex. Morbi lobortis viverra ante, vel imperdiet ipsum feugiat ut. Duis eu leo vitae nisi luctus pretium a et est.

Duis efficitur justo facilisis, accumsan nisi sed, semper orci. Donec lacinia odio a sem vulputate posuere. Mauris pulvinar, justo in laoreet tincidunt, nibh risus facilisis sapien, a suscipit tortor lacus vulputate massa. Suspendisse condimentum sed massa sed tincidunt. Cras vitae nulla id tellus finibus elementum nec scelerisque sapien. Donec vestibulum dictum dictum. Nunc quis eros viverra, auctor dolor ut, dictum magna. Cras vitae mattis tortor. Nulla hendrerit hendrerit feugiat. Nulla facilisi.

Etiam vehicula tristique accumsan. Integer vel urna luctus, ullamcorper metus eget, bibendum lorem. Vestibulum elementum quam metus, vitae varius nulla pulvinar a. Vestibulum tempus quam diam, at molestie tortor dictum in. Integer porttitor in nulla quis dictum. Aenean fringilla cursus ligula, sed cursus magna pharetra vitae. Maecenas a consectetur nisl.

Nullam erat ipsum, viverra nec est eu, eleifend suscipit ligula. Nunc tempus nulla lectus, sit amet sollicitudin justo euismod vestibulum. Cras mauris nisl, efficitur sollicitudin venenatis quis, tincidunt non nibh. Suspendisse eget tempus nibh, at cursus sem. Nullam id mauris lorem. Aliquam consectetur erat in eros dignissim sollicitudin. Mauris semper quis elit eget rutrum. Suspendisse nec nunc vehicula, hendrerit mi vel, fermentum lacus. Maecenas suscipit tincidunt hendrerit. Quisque tincidunt, dolor ut rhoncus gravida, justo sapien tristique ante, sit amet congue nunc mauris et odio. Nam suscipit nulla tellus. Phasellus tortor erat, interdum id aliquet in, fringilla sit amet lorem. Praesent at enim sit amet nunc eleifend convallis.

In at turpis blandit, luctus ante eget, tempus lacus. Quisque facilisis augue quis ultricies suscipit. Vivamus convallis arcu nibh, a ullamcorper risus viverra vel. Etiam eget convallis eros, quis tincidunt lectus. Nunc id laoreet ligula, dapibus commodo velit. Nullam a volutpat metus. Pellentesque euismod elementum tellus, aliquet viverra turpis semper vitae. Praesent tristique dui in mauris ultricies, vitae dapibus libero blandit. Curabitur diam neque, dapibus nec quam sed, pulvinar tempor sem. Pellentesque dignissim dictum elit, vel porta velit imperdiet a. In consectetur eros sit amet mi faucibus varius. In hac habitasse platea dictumst. Vestibulum metus libero, egestas eget est a, pellentesque vestibulum nunc. Nullam sed leo quam. Nam vitae molestie quam, non mattis ligula.

Nam vulputate varius sem, ac feugiat tellus maximus at. Pellentesque habitant morbi tristique senectus et netus et malesuada fames ac turpis egestas. Vestibulum ante ipsum primis in faucibus orci luctus et ultrices posuere cubilia Curae; Vestibulum eget tincidunt odio, nec suscipit eros. Nam eu tempor purus. Phasellus tempor ante nec odio rutrum bibendum. Vestibulum vel tellus pulvinar, varius sapien quis, venenatis tellus. Curabitur vestibulum blandit dolor, ut pharetra augue fringilla id. Ut ut fringilla sapien, sit amet convallis mauris.

Etiam fringilla mollis dolor, nec cursus odio accumsan ut. Aliquam pellentesque lectus eu semper vulputate. Nullam molestie fermentum urna, laoreet blandit felis placerat ut. Nam in molestie est. Morbi nec est eros. Mauris in sodales neque, sed interdum est. Nam mollis libero massa, at semper lorem facilisis ut. Vivamus congue accumsan rhoncus.

Nam dignissim malesuada metus interdum consequat. Sed in elit non quam lacinia mollis. Etiam vulputate sem eu turpis sollicitudin, vitae porta sem sodales. Phasellus eget metus mattis, dapibus risus ut, semper sem. Fusce sed porta nulla. Fusce elit ante, placerat tristique urna vitae, tincidunt facilisis turpis. Orci varius natoque penatibus et magnis dis parturient montes, nascetur ridiculus mus.

Etiam molestie mattis dui, non aliquam nunc molestie id. Donec in sollicitudin ante. Sed pretium dolor a enim sodales luctus.

Integer eleifend, tellus eu mollis faucibus, massa lacus congue risus, ut cursus tortor massa elementum diam. Nulla lobortis dolor ex, non sodales massa gravida suscipit. Donec bibendum in ligula vitae eleifend. Phasellus fermentum ullamcorper luctus.

Duis at orci mi. Class aptent taciti sociosqu ad litora torquent per conubia nostra, per inceptos himenaeos. Nunc non aliquet elit, et semper diam. Mauris vitae dignissim sem, vitae placerat velit. Integer est ante, viverra a scelerisque non, feugiat et odio. Nullam et nisi eget velit accumsan interdum eu eu quam. Fusce at dolor porta nulla ultricies malesuada. Integer pretium iaculis purus sed tincidunt. Vivamus luctus ex in pretium pharetra. Vivamus sit amet magna pellentesque, lobortis sapien eget, dictum eros. Integer vitae tellus non augue blandit vestibulum quis scelerisque orci.

Cras facilisis interdum luctus. Pellentesque fringilla feugiat sapien. Nulla urna nisi, faucibus rhoncus convallis et, sodales in ex. Duis eu dolor et tellus euismod molestie. Quisque vestibulum risus ac mi faucibus efficitur. Donec ut accumsan nulla. Vestibulum consequat ultrices sapien vitae imperdiet. Suspendisse sit amet sem a enim imperdiet laoreet. Pellentesque ut ligula eu leo molestie gravida. Sed purus purus, placerat eu lacus eu, faucibus vulputate metus. Aenean massa enim, rhoncus ac viverra ut, sollicitudin ac risus.

Mauris eget facilisis eros. Donec venenatis lectus quis ante venenatis accumsan. Suspendisse vehicula et ex et lobortis. Etiam vestibulum ante nisl, et sodales dolor pretium auctor. Maecenas rhoncus, libero non tempor tincidunt, tellus metus varius lectus, a aliquam sapien magna vitae tortor. Donec arcu felis, mollis vel fringilla consectetur, malesuada a ex. Sed sagittis ex vitae est scelerisque pretium. Ut est nunc, vehicula vitae rutrum a, luctus luctus mauris. Morbi id metus et erat gravida dictum. Proin aliquet aliquet enim at venenatis. Pellentesque vel turpis orci. Duis dictum, nulla ac mattis dignissim, ipsum libero consectetur mi, ac pellentesque odio nibh nec metus. Interdum et malesuada fames ac ante ipsum primis in faucibus. Nunc nec massa magna. Donec a aliquet quam.

In hac habitasse platea dictumst. Ut nec tellus aliquet, finibus sem id, gravida augue. Aenean pulvinar interdum tellus id tristique. Vivamus finibus fermentum egestas. Morbi ipsum diam, porttitor sit amet augue a, mattis tincidunt nunc. Donec consectetur sodales scelerisque. Nam posuere, metus non semper bibendum, ipsum dui scelerisque nibh, sed iaculis mauris lacus at neque. Maecenas eget pulvinar eros, nec semper mauris. In eu lacus commodo, congue tortor quis, rutrum leo. Integer elementum urna leo, sed sagittis mi pretium ac. Lorem ipsum dolor sit amet, consectetur adipiscing elit. Mauris tempor turpis id velit efficitur venenatis. Fusce eu turpis mauris. Nulla fringilla, tellus in malesuada ullamcorper, tortor nulla laoreet lacus, ac pretium nisl nunc nec diam.

Phasellus tincidunt, nisi ultrices posuere blandit, urna lacus mollis ligula, eu mattis lorem lacus imperdiet mi. Donec maximus felis nulla, in bibendum augue lacinia in. Etiam dictum lectus turpis, nec ornare est interdum eu. Donec sed sapien interdum, convallis turpis id, dapibus diam. Vivamus et sapien et elit ullamcorper pharetra. Interdum et malesuada fames ac ante ipsum primis in faucibus. Suspendisse sagittis sem a turpis consectetur auctor. Sed interdum enim quis nulla mattis, vel viverra augue maximus. Aliquam congue magna turpis, eget vestibulum est sagittis non. Nullam interdum pharetra felis, et congue risus malesuada non. Aliquam non ligula arcu. Aliquam porta mauris non nunc iaculis, id mollis sem luctus. Phasellus laoreet vitae mi vel posuere. Mauris nec elementum velit. Nulla sed rutrum tellus.

Donec ultrices euismod dui eu sodales. Maecenas convallis nisl a risus pretium, ut dapibus leo dignissim. Ut et lacus magna. Donec sit amet placerat justo. Nunc odio dolor, convallis id mi a, egestas iaculis metus. Etiam vel consectetur lorem. Etiam eget luctus urna, a porta ante. Praesent sodales, dolor ac fermentum scelerisque, augue risus porta sapien, sed tincidunt tortor ipsum sit amet orci. In ut tempus odio, sed euismod ante. Integer ante erat, semper eu finibus vitae, mollis quis justo. Fusce vel quam a tellus dictum rhoncus. Nunc auctor, augue ac tempus pellentesque, tortor erat efficitur est, non molestie nulla ipsum sed nisi. Fusce eleifend vestibulum est. Donec porta maximus nibh, non pretium eros fermentum eu.

Maecenas convallis varius ipsum, ac consectetur diam porttitor maximus. Donec id nibh urna. Quisque id imperdiet metus. Suspendisse ut pellentesque tellus. Quisque consectetur lobortis justo id vulputate. Ut quis interdum ex, at pharetra nulla. Integer fringilla ultrices lectus in aliquet. Pellentesque suscipit id nunc at tincidunt. Vivamus dapibus neque at lorem fringilla, ut laoreet tortor posuere. Vestibulum ante ipsum primis in faucibus orci luctus et ultrices posuere cubilia Curae; Curabitur commodo, velit a fermentum fringilla, odio magna convallis justo, eu molestie mauris elit sit amet libero. Sed scelerisque tincidunt malesuada. Praesent porttitor suscipit turpis a sollicitudin. Cras imperdiet quis odio eu ultricies. Quisque maximus pulvinar convallis. Mauris vehicula ullamcorper dolor, non volutpat tortor ultricies id.

Donec elementum ut metus eget commodo. In tempus tortor sit amet molestie tincidunt. In non velit vitae ante tristique blandit vitae lobortis mi. In tempus euismod accumsan. Nullam condimentum tincidunt placerat. Curabitur nec est tincidunt, tristique dolor egestas, pulvinar nulla. Nunc ullamcorper nisl non leo malesuada sodales. Aenean aliquam mollis velit non porttitor. In pharetra augue diam, ac feugiat ipsum ullamcorper aliquam. Donec tincidunt, nisi maximus varius convallis, metus sapien porttitor mi, at cursus ante elit nec arcu.

Nullam fermentum volutpat dolor ut placerat. Lorem ipsum dolor sit amet, consectetur adipiscing elit. Integer feugiat justo at porta fringilla. Ut sed turpis nisl. Maecenas pharetra porttitor commodo. Class aptent taciti sociosqu ad litora torquent per conubia nostra, per inceptos himenaeos. Cras sed lorem elit. Aliquam sit amet efficitur mi.

Sed id pellentesque felis. Ut maximus a ante eget laoreet. Duis finibus eget metus sed euismod. Sed vel porttitor felis, non luctus sapien. Donec vel tempor ligula, eu tincidunt sem. In scelerisque finibus dolor, nec consectetur leo viverra scelerisque. In hac habitasse platea dictumst. Nunc magna mi, euismod aliquet quam vitae, rutrum molestie justo.

Donec et eros sem. Morbi egestas tristique mollis. Duis sed luctus sapien. Nullam interdum interdum nunc, vitae rutrum ligula consectetur ac. Duis in fermentum massa, rutrum vestibulum massa. Donec eget lectus urna. Vivamus scelerisque vel eros sed dapibus. Morbi sed ultricies odio. Mauris aliquet pretium nisi et aliquet. Vestibulum vel erat vitae orci accumsan feugiat. Duis ultrices metus gravida dolor congue suscipit. Pellentesque lorem eros, blandit nec porttitor nec, vulputate quis dolor.

Nulla facilisi. Morbi vel augue neque. Nullam ut nunc dictum, gravida ex congue, imperdiet magna. Nam euismod orci nec tempus blandit. Nulla pretium at velit at efficitur. Cras sit amet libero ante. Phasellus rhoncus urna sit amet lacus posuere vestibulum. Nunc placerat dolor id lacus rutrum lobortis. Maecenas ullamcorper nibh eu interdum convallis.

Nam facilisis aliquam varius. Duis bibendum pretium nisl, nec malesuada est ultricies ac. Proin turpis magna, venenatis sit amet lobortis ut, cursus vel est. Proin scelerisque metus sapien, vitae molestie est convallis sed. In aliquam vel felis vel facilisis. Suspendisse ac ipsum sit amet metus consectetur consequat et sollicitudin justo. Nullam tincidunt, lorem ac suscipit ultrices, nisl ex viverra odio, sed gravida justo leo sed elit. In quis leo a ipsum ullamcorper volutpat. Sed at mi luctus, varius odio sed, fringilla ex. Fusce fringilla justo a orci gravida rutrum. Pellentesque facilisis euismod erat. Vivamus lacinia et nulla sed eleifend. Fusce vitae ante feugiat, eleifend lacus eu, porta massa. Nunc tempus diam et risus tincidunt eleifend. Nunc ut pharetra justo.

Fusce enim dolor, malesuada sed est a, pulvinar ultricies tellus. Fusce ullamcorper massa sit amet mauris interdum, vitae tincidunt enim eleifend. Curabitur luctus nunc nec sem bibendum, aliquet finibus diam finibus. Morbi in felis felis. Quisque pulvinar posuere risus. Aenean feugiat aliquet sem, id porttitor velit ultricies id. Pellentesque nunc sapien, pellentesque ut leo eget, hendrerit pharetra sem. Integer sodales quis dui a imperdiet. Etiam pellentesque, ipsum in consequat porttitor, odio ex ornare ligula, vel efficitur nisi nibh at lorem. Duis in elementum odio. Ut viverra euismod ultrices. Integer maximus malesuada sagittis. Morbi non finibus enim. Morbi iaculis felis est, ac tristique arcu porta at.

In tempor in elit at dignissim. Duis elementum quis sem a sollicitudin. Praesent bibendum bibendum nibh id volutpat. Nam massa ipsum, ullamcorper non eros nec, auctor bibendum velit. Maecenas fringilla mi sit amet metus sollicitudin, sed ornare velit vehicula. Cras varius hendrerit aliquam. Aenean ultricies elit turpis, in aliquam dui tristique eget. Suspendisse sollicitudin volutpat mi, vitae volutpat metus mattis sed. Nunc ac libero at tellus pellentesque finibus vitae eu nisl. Nulla nisl neque, pulvinar nec suscipit ut, consequat ac arcu. Duis ac nisl lobortis, tincidunt purus a, tincidunt nunc.

Sed varius dolor ac orci porttitor gravida. Quisque lorem nulla, dapibus in ex non, finibus tincidunt augue. Mauris fermentum ut dolor quis rhoncus. Ut scelerisque odio vel mauris sollicitudin, ac lacinia libero efficitur. Pellentesque pellentesque quam vel urna gravida mattis. Vestibulum ut metus arcu. Sed et purus id urna ornare accumsan. Nulla quis venenatis odio. Fusce dignissim eu nisi a tincidunt. Suspendisse sit amet lacus commodo mauris ullamcorper semper. Proin massa magna, ornare vestibulum elit eu, bibendum congue diam. Donec eget diam dignissim, gravida diam quis, porttitor lectus. Proin fringilla ligula sed semper consequat. Etiam bibendum quam sem.

In justo lorem, imperdiet venenatis malesuada id, eleifend a ipsum. Nullam non tempus justo. Sed sagittis ipsum a nisi rhoncus auctor. Mauris id eros suscipit, dapibus sapien vel, bibendum ante. Vestibulum vel massa ac risus rutrum venenatis. Vivamus eros ante, tincidunt non mi quis, consectetur vestibulum turpis. Etiam iaculis, felis ut volutpat semper, ex arcu imperdiet leo, non tincidunt magna sapien in augue. Praesent sollicitudin tempus eros vel lacinia. Aliquam ullamcorper, enim vitae aliquam egestas, mi massa tempus risus, in fringilla elit ligula et felis. Integer eu dolor at ante elementum malesuada. Nam bibendum porta augue id volutpat. Nulla a aliquam nulla. Mauris eu molestie risus, nec iaculis metus. Cras auctor eleifend varius. Maecenas dignissim sapien non arcu vestibulum, a dapibus risus maximus.

Fusce vitae arcu at nisl elementum lacinia. Praesent nec nisl mattis, vulputate turpis vel, maximus felis. Orci varius natoque penatibus et magnis dis parturient montes, nascetur ridiculus mus. Nam sagittis nulla tortor, in consectetur nulla egestas in. Sed vel volutpat odio, in fermentum dui. Vestibulum vulputate eleifend metus sed ultricies. Suspendisse consectetur odio faucibus, dapibus tellus non, posuere quam. Curabitur ac cursus felis, eget semper urna. Vestibulum facilisis urna quis vehicula tempus. Lorem ipsum dolor sit amet, consectetur adipiscing elit.

Nulla egestas ut tellus at sodales. Cras feugiat quis lorem eu sodales. Sed congue purus nec arcu viverra, a lacinia ligula posuere. In iaculis metus a leo iaculis, sed consequat lorem finibus. Aenean in sollicitudin risus. Suspendisse et mi turpis. Vivamus consectetur lobortis dui in mollis. Nam dictum aliquet nisi quis laoreet. Sed consequat vitae justo a feugiat. Sed in orci ut dui commodo pharetra. Phasellus non sem urna. Nulla tempor purus ex, sed gravida dui vulputate ac. Sed in ultrices velit.

Aliquam erat volutpat. Curabitur tellus eros, iaculis eu dolor eu, consectetur consequat arcu. Maecenas imperdiet vestibulum arcu vel varius. Etiam velit ante, imperdiet ac mattis rutrum, ultricies at ligula. Donec a quam eu mauris ullamcorper pretium elementum sit amet orci. Nulla a ultrices lectus. Mauris pretium, quam sit amet finibus interdum, elit diam sagittis eros, ut accumsan tortor leo sit amet neque. Etiam cursus scelerisque lectus non dapibus. Aliquam erat volutpat. Aliquam eget nulla sed quam facilisis porta ac a sapien. Nam sodales luctus vestibulum. In condimentum vel lacus sed vulputate. Mauris ut tortor vitae metus imperdiet fermentum at eget enim. Nam non ligula vitae neque sagittis finibus. Sed odio nunc, ultricies vel sodales eu, accumsan quis mi. Mauris varius urna ut porta dignissim.

Ut feugiat elit eget posuere tincidunt. Suspendisse potenti. Etiam at mollis ante. Vivamus aliquet purus id nisi cursus, eu efficitur enim aliquam. Ut id euismod massa, nec aliquam nisi. Quisque non posuere quam. Sed euismod ex vitae augue eleifend dictum. Maecenas nisi tortor, maximus ac ante sit amet, porttitor vulputate ipsum. Donec id leo eu ipsum ornare ullamcorper. Suspendisse nulla sapien, molestie sit amet nulla a, imperdiet pellentesque dolor. Sed nec convallis odio, eget mattis velit. Morbi leo urna, dignissim sed laoreet eget, gravida luctus magna. Vestibulum euismod lobortis mauris, et ultricies enim tristique at.

Curabitur commodo tincidunt fringilla. Nam cursus, tortor ac iaculis luctus, nibh tortor faucibus sapien, a fringilla nisi lacus a elit. Quisque ornare ante sed enim commodo, a consectetur lorem mollis. Maecenas nunc dolor, fermentum a vulputate a, pulvinar ac augue. Sed dolor quam, auctor non odio at, iaculis vestibulum nibh. Vestibulum placerat enim leo, vel auctor sapien ultricies vel. Nunc vitae tincidunt nisi. In laoreet sed orci non condimentum. Integer et tortor sed felis commodo iaculis. Phasellus maximus volutpat quam, et suscipit leo congue at. Nullam mollis gravida tempor.

Phasellus ac metus urna. Nulla in scelerisque arcu. Praesent semper faucibus magna, nec tempor sapien euismod sed. Fusce sodales erat id semper aliquam. Sed in ultrices tellus. Aliquam aliquet sed quam non scelerisque. Praesent sed elit elit. Sed volutpat scelerisque leo, at suscipit tellus. Proin ac ante efficitur, congue massa ac, faucibus mi. Duis ex neque, elementum eu volutpat in, interdum et justo. Nam iaculis ut ante vitae vehicula. Maecenas ut est nisi. Phasellus quis mi mauris. Vestibulum ante ipsum primis in faucibus orci luctus et ultrices posuere cubilia Curae; In imperdiet vehicula aliquet.

Morbi volutpat ante magna, vitae rutrum massa dignissim id. Nullam sollicitudin dictum orci, sit amet molestie mi lobortis nec. Integer id iaculis lectus. Integer consectetur cursus tincidunt. Donec neque nunc, consectetur imperdiet sagittis in, accumsan nec metus. In pretium lacinia lorem. Morbi mauris massa, luctus non sodales hendrerit, aliquam eu mi. Duis ultricies imperdiet leo. Donec gravida risus eget orci malesuada, ac cursus lorem consectetur. Morbi viverra arcu sed dictum aliquet.

Etiam sed auctor sapien. Praesent rhoncus, velit ut vulputate tincidunt, est dui euismod enim, in fringilla odio lorem non arcu. Praesent facilisis dapibus nisi, non bibendum elit facilisis ac. Praesent eleifend nulla eget lorem ultrices, id consectetur leo porttitor. Sed maximus ex at arcu pharetra, sed luctus risus bibendum. Sed et maximus felis, tempor eleifend sem. Sed bibendum facilisis vestibulum. Sed nec turpis hendrerit, lobortis est vulputate, pretium ante. Fusce nec sodales nisi, a volutpat ipsum. Fusce at convallis lacus, quis dictum sapien.

Vestibulum id tellus ac ligula consequat pulvinar vel at lorem. Sed mollis felis vel dolor aliquam, quis feugiat nibh iaculis. Nullam porttitor porta tellus, eu gravida dui dictum a. Nunc faucibus eleifend rhoncus. Lorem ipsum dolor sit amet, consectetur adipiscing elit. Duis tristique ligula ut felis porta, sit amet bibendum nisl laoreet. Phasellus nec arcu nisi. Mauris nisi magna, porta ac maximus vel, luctus non ex.

Nam sit amet tincidunt quam. Suspendisse odio ante, blandit ac elit non, vehicula placerat urna. Nullam a risus non ligula pharetra pellentesque tristique in velit. Vestibulum dictum ante in diam semper fermentum. In gravida at lacus ac porttitor. Integer in orci id nulla blandit ultricies sit amet vel nulla. Maecenas urna lacus, ornare a lacus id, bibendum eleifend dui. Curabitur fringilla, odio vitae porttitor congue, ipsum tortor malesuada eros, eget placerat erat enim vitae augue. Praesent laoreet malesuada nibh id ornare. Curabitur et urna pharetra, pulvinar lectus sit amet, ultrices nulla. Nam vitae tincidunt odio, at commodo dui. Nunc in efficitur elit. Duis sit amet volutpat turpis. Morbi ac ante eget leo accumsan luctus at in sem.

Integer pellentesque erat et purus imperdiet dictum at tempus urna. Vestibulum molestie volutpat vestibulum. Vestibulum massa nibh, faucibus at metus non, vulputate sagittis justo. In nec ex nec purus tincidunt fermentum non sit amet eros. Cras eleifend gravida nunc id euismod. Donec facilisis est at diam lobortis ullamcorper. Sed eu lobortis enim. Proin nec enim faucibus, varius tellus id, venenatis dui. Fusce nunc eros, aliquam vitae massa sollicitudin, interdum fermentum nisi. Morbi nec dolor condimentum, lacinia magna et, condimentum sem. Nullam maximus nibh dui, ac blandit eros viverra quis. Nullam condimentum nibh erat, ac vestibulum ante sodales quis. Sed placerat, metus in gravida vehicula, turpis augue pretium orci, eu placerat magna metus sit amet nisl. In maximus velit at odio sodales, ac blandit felis viverra. Praesent sed facilisis risus.

Vestibulum eu faucibus nibh, eget lacinia quam. Donec hendrerit diam a nibh pretium, a sollicitudin dui auctor. Vivamus pulvinar pellentesque purus, nec posuere diam. Fusce ac lorem eget quam pharetra maximus. Nulla accumsan fermentum convallis. Mauris augue risus, viverra nec lacus vel, lobortis luctus ipsum. Integer a nisi eu metus imperdiet volutpat. Quisque cursus nibh purus, ut tristique lacus volutpat in. Aliquam nec rhoncus magna.

Duis ut porta erat. Nunc placerat eu nisi ac vehicula. Phasellus id placerat sapien. Maecenas sit amet porta ex. Vivamus fringilla pharetra pharetra. Ut hendrerit, metus vitae posuere fermentum, sem lectus ultricies ex, in facilisis dolor purus in nisi. Ut et sagittis metus. Integer tristique semper odio sit amet varius. Ut feugiat odio nisl, sed elementum ipsum viverra in. Morbi ac egestas quam, ut fermentum arcu.

Curabitur id mauris elementum, pharetra massa faucibus, pharetra nisi. Maecenas gravida varius condimentum. Proin mollis auctor elit, et aliquet nunc lobortis quis. Pellentesque ligula arcu, interdum a odio quis, condimentum posuere nunc. Praesent nisl justo, dapibus et velit a, congue finibus mauris. Curabitur luctus nisl sed enim posuere, sed tempus enim sollicitudin. Etiam venenatis lobortis egestas. Curabitur congue eu velit quis elementum. Quisque non risus tortor. Aliquam convallis, augue nec fermentum gravida, mauris nunc tristique orci, ac porttitor nulla libero et lectus. Aliquam tempus urna vel tempor congue. Vestibulum sapien odio, faucibus a metus at, gravida ultricies orci. Suspendisse condimentum lorem vitae lorem vehicula molestie.

Integer justo odio, efficitur quis magna in, venenatis congue lacus. Aliquam et neque pretium, dictum turpis id, egestas mauris. Fusce et quam tortor. Duis mollis dui velit, vitae pellentesque neque semper quis. Aliquam erat volutpat. Nullam ligula lectus, ultricies ac euismod in, ullamcorper ut neque. Phasellus vehicula posuere euismod. Sed accumsan, quam vitae consequat consectetur, erat purus tempus tortor, lobortis convallis tellus tellus vel lectus. Suspendisse et augue at nisi elementum egestas in a lacus. Curabitur congue tortor faucibus varius cursus. Sed et sapien ac dui tincidunt gravida non id nibh. Pellentesque vitae feugiat metus. Cras laoreet ultrices elit, nec posuere nisi elementum eget. Fusce hendrerit, massa a malesuada faucibus, nibh tellus vulputate eros, non scelerisque mi quam nec ante.

Aenean eleifend lobortis lacus, sed accumsan est fringilla in. Donec vestibulum justo ligula, eget dapibus sapien rutrum at. Ut et scelerisque dui. Aenean viverra ac odio eget hendrerit. Pellentesque pulvinar sapien vitae nibh feugiat, eu porta lorem bibendum. Lorem ipsum dolor sit amet, consectetur adipiscing elit. In vel viverra mauris. Cras a tellus venenatis, tempor dui eu, accumsan orci. Fusce egestas metus posuere suscipit molestie. Integer fringilla elementum efficitur. Suspendisse mollis tincidunt elementum. Nullam pellentesque facilisis ornare. Curabitur id ultrices orci. Nulla aliquet eros a ultrices tincidunt. Sed porttitor tellus et diam efficitur aliquet.

Vivamus dignissim lectus non facilisis euismod. Proin non elit finibus, rhoncus metus id, consequat sapien. Aliquam commodo lorem eget tellus eleifend viverra. Pellentesque tempor lobortis vestibulum. Sed sollicitudin consequat felis, lobortis pulvinar erat gravida vel. Cras quis justo gravida, consequat orci id, volutpat nisl. Sed mollis consequat nisl eu molestie. Sed semper quis augue ac pharetra. Morbi nec blandit nunc, sit amet efficitur lacus. Nunc rutrum tristique augue posuere faucibus. Quisque eu placerat ex. Pellentesque habitant morbi tristique senectus et netus et malesuada fames ac turpis egestas. Aliquam vitae pretium tortor. Nullam dictum nisl ac dignissim pretium. Proin nisi tellus, lobortis quis ipsum sed, ornare egestas ante.

Maecenas laoreet, odio in mollis ornare, libero nibh dignissim risus, nec tincidunt ligula nulla ut nulla. Etiam sed mi mattis, lacinia leo vitae, vestibulum libero. Cras euismod sem in dapibus sodales. Suspendisse laoreet libero arcu, nec fermentum massa pulvinar eget. Donec posuere felis a purus dictum scelerisque. Nulla quis cursus velit, ut congue risus. Maecenas vitae turpis pharetra, fermentum magna eget, tincidunt velit. Cras eu accumsan nunc, eget malesuada sapien. Aliquam quis venenatis ante, vehicula mattis augue. Morbi interdum ut ipsum ut eleifend. Fusce blandit nisl sit amet ultrices molestie. Cras sed enim facilisis, accumsan purus et, molestie risus. Vivamus quis tortor convallis enim pulvinar laoreet. Vestibulum viverra sapien et pharetra sagittis. Vestibulum leo elit, volutpat quis felis ac, suscipit cursus turpis.

Suspendisse iaculis consectetur mauris ut viverra. Suspendisse potenti. Aenean aliquam fringilla vehicula. Aliquam eu dolor quis ex ultricies blandit. Donec at venenatis felis. Sed congue, mauris et condimentum scelerisque, sem sapien hendrerit nisl, vitae elementum orci nisi et magna. Duis viverra, eros id tincidunt rhoncus, arcu ex feugiat massa, id placerat felis nibh nec felis.

Sed venenatis, libero ac iaculis ultricies, velit nulla interdum ex, in vestibulum orci mauris id purus. In pretium nulla nec faucibus malesuada. Suspendisse pharetra sodales justo, eget lacinia turpis consectetur vel. Phasellus aliquet tincidunt elit eget imperdiet. Quisque aliquet ante id metus finibus lacinia. Donec eros quam, dapibus ac elit in, tincidunt gravida augue. Suspendisse potenti. Sed dictum hendrerit lacus lacinia sagittis. Praesent eget nisi eget ante semper sagittis sit amet sit amet libero. Nullam sagittis elit non neque rhoncus, a porttitor ex pulvinar. Aenean maximus at dui consectetur feugiat.

Fusce ac eros quis urna dictum pellentesque in ac eros. Proin blandit tincidunt augue, ut luctus nisi commodo id. Maecenas eleifend, metus vel sodales ullamcorper, metus tellus interdum nisl, non feugiat risus metus vel libero. Fusce euismod quis leo vel ultrices. Aenean et fringilla sem. Donec consectetur tristique accumsan. Morbi arcu est, dictum in mattis id, fermentum sit amet nulla.

Donec tincidunt, nibh et luctus tempor, quam mauris dapibus sapien, ut tempus risus mauris quis velit. Vestibulum quis pretium leo, at aliquam metus. Maecenas quis quam placerat, malesuada quam eu, sagittis velit. Nunc faucibus lorem nisi, sed malesuada dui iaculis a. Cras a dolor sed purus interdum sodales. Vestibulum ante ipsum primis in faucibus orci luctus et ultrices posuere cubilia Curae; Proin accumsan ornare libero eu eleifend. Donec rutrum erat a diam vestibulum faucibus. Donec lacinia sodales bibendum.

Fusce et libero eleifend, ultricies quam viverra, laoreet erat. Duis purus sapien, porttitor vitae neque nec, ornare ultrices leo. Nullam sit amet ligula imperdiet, vehicula risus at, dignissim massa. Mauris dignissim gravida metus sed condimentum. Proin ut arcu metus. Praesent mattis, libero sed bibendum sodales, erat velit tempor odio, a placerat orci magna ut sem. Duis lectus lorem, porta sed augue a, ullamcorper tincidunt dui. Curabitur lacinia nisi eu ipsum sagittis tristique. Sed hendrerit finibus posuere. Vestibulum sit amet suscipit ipsum, pulvinar accumsan massa. Curabitur id imperdiet odio. Vivamus scelerisque auctor vehicula. Mauris non velit scelerisque, ultrices magna sit amet, accumsan est. Etiam eu dolor convallis, laoreet mauris et, blandit elit. Nunc metus odio, consectetur vel felis eu, auctor consequat massa. Lorem ipsum dolor sit amet, consectetur adipiscing elit.

Etiam vitae augue id ante tempor aliquet. Nam varius orci dui, vel rutrum dolor consectetur eu. Aenean consectetur pellentesque ipsum id elementum. Vivamus ultrices luctus tellus quis lobortis. Etiam dignissim neque eu tellus pretium, non euismod velit eleifend. Mauris pulvinar faucibus enim. Quisque eleifend egestas est, in fringilla nisl. Nulla eleifend lorem nec hendrerit sagittis. Pellentesque faucibus dolor mauris, a lobortis neque egestas in. Duis maximus neque orci, eget cursus ipsum accumsan a. Praesent aliquet sodales velit, sit amet dignissim nisl auctor in. Orci varius natoque penatibus et magnis dis parturient montes, nascetur ridiculus mus. Fusce et lobortis libero, sit amet sollicitudin ex.

Curabitur pellentesque ac leo id vestibulum. Phasellus nulla felis, laoreet vitae nisi nec, porttitor convallis sem. Fusce in velit laoreet justo luctus cursus sit amet sollicitudin odio. Mauris ut ante blandit, finibus sapien sed, scelerisque enim. Pellentesque tincidunt urna velit, in pellentesque urna porta eu. Proin pellentesque ex ut dolor tempor mollis. Quisque elementum, purus et sodales efficitur, metus ipsum ullamcorper libero, id commodo arcu nibh sed enim.

Donec sed sodales sapien, sit amet iaculis odio. Pellentesque fringilla felis sit amet tempus mattis. Sed ornare ornare faucibus. Curabitur pellentesque fringilla arcu a congue. Sed purus diam, cursus vestibulum viverra eget, finibus ut orci. Aenean nec quam eu sem ornare viverra. Nunc quis lorem id enim fringilla egestas. Donec aliquet congue scelerisque.

Proin feugiat et mauris non commodo. Nunc eu rhoncus lacus. Sed dui eros, interdum ac lectus id, elementum malesuada ipsum. Praesent placerat tincidunt orci, a venenatis neque euismod in. Nam imperdiet diam ut nisl scelerisque, bibendum pharetra velit eleifend. Sed sit amet augue varius, porta nibh scelerisque, interdum ante. Fusce eu varius felis. Maecenas mollis turpis at lorem vehicula, a tincidunt urna lobortis. Proin lobortis commodo congue. Nullam laoreet sapien quam, vitae ornare elit dignissim at. Suspendisse mollis volutpat arcu, sit amet pretium felis. Etiam sollicitudin lorem non arcu tempor mollis.

Nunc pharetra lectus sed egestas pharetra. Ut placerat at urna nec fringilla. Duis eu finibus lacus. Duis eu sapien eget orci aliquet eleifend. Aliquam volutpat nisi placerat cursus ultrices. Sed pharetra ante sed lobortis tempus. Suspendisse nec tortor tincidunt mauris tristique hendrerit et quis dui. Duis sodales vehicula magna, eget vulputate nunc interdum at. Duis placerat nibh sit amet pellentesque vulputate. Etiam non lectus est.

Nam tincidunt, eros at consectetur lobortis, purus orci vestibulum leo, vitae commodo turpis ex quis nulla. Aenean sollicitudin, nisl sed hendrerit convallis, ipsum nisl tempus est, vitae elementum justo tellus id dui. Nullam ac risus hendrerit, tempus lorem a, ultrices enim. Morbi in egestas lorem. Aliquam sem metus, luctus finibus tristique quis, maximus ut elit. Phasellus ex metus, ultrices dignissim gravida consequat, aliquet ut quam. Fusce faucibus metus vel fermentum scelerisque. In at accumsan nisl. Nullam augue diam, fringilla sit amet felis eu, volutpat dignissim nibh. Phasellus suscipit tempor pulvinar. Morbi et tincidunt lacus, id dignissim eros. Suspendisse at tortor id dolor aliquam venenatis. Aenean eget libero ac est blandit tempus eget volutpat dui. Pellentesque a malesuada enim, sed egestas mauris. Maecenas eget suscipit ante. Aenean non quam nulla.

Nam vitae pulvinar lorem, in vehicula metus. Aenean molestie quis metus efficitur aliquam. Morbi vel sem malesuada, fermentum dolor ullamcorper, gravida arcu. Suspendisse potenti. Curabitur fringilla arcu sem, at feugiat eros pulvinar id. Nunc feugiat rhoncus diam at ultrices. Donec aliquet augue nisl, sit amet venenatis erat suscipit gravida. Aliquam vestibulum lobortis molestie.

In pellentesque sem sit amet viverra vulputate. Sed vehicula metus in mauris rhoncus, eu sollicitudin eros hendrerit. Nulla sodales varius orci, a aliquam metus cursus mattis. Nam sed facilisis nunc. Cras consectetur nisi interdum rutrum euismod. Aliquam tincidunt volutpat ante vel pellentesque. Nunc interdum ex id sapien consequat tempor ultrices at eros. Donec ullamcorper, massa eget porttitor convallis, turpis dui maximus urna, in ultricies sem risus in lorem. Maecenas pellentesque nunc id posuere volutpat. Etiam lacus velit, posuere et quam sit amet, congue suscipit enim. Cras fringilla rhoncus metus facilisis rhoncus.

Phasellus tincidunt eget lacus eget congue. Sed in nisi et nibh vestibulum feugiat nec non dolor. Nulla ut semper odio, vel varius nulla. Duis vestibulum, lectus et ornare maximus, magna nibh vestibulum velit, at consectetur ligula tellus nec ligula. Duis aliquet a nunc eget consectetur. Suspendisse mattis gravida ligula, id maximus tortor vehicula ut. Suspendisse potenti. Ut dictum risus ac dui bibendum consequat. Donec tempus vulputate nisi, tristique auctor erat tincidunt in. Pellentesque sollicitudin consectetur enim vel iaculis. Curabitur porta sollicitudin justo, dignissim pharetra odio pharetra in. Vivamus venenatis quam ut fermentum hendrerit. In erat odio, pellentesque nec pulvinar ac, ultricies quis ligula. Integer consequat eu ligula eget aliquet. Pellentesque fringilla sem ut lorem pretium mollis. Ut facilisis purus ante.

Nam luctus sit amet libero vel consequat. Pellentesque eu tortor vulputate, vehicula tellus et, congue lacus. Vivamus fermentum tortor quis condimentum pulvinar. Maecenas ex justo, dictum ut libero eget, scelerisque iaculis erat. Phasellus non varius neque, at pellentesque leo. Duis neque odio, bibendum non rutrum eget, tempor a velit. Sed semper commodo augue, et pharetra diam dignissim et. Suspendisse ultrices hendrerit nisi nec interdum. Donec in convallis magna, eu tincidunt est.

Phasellus porta nunc ut ante efficitur facilisis. Morbi felis leo, tincidunt et fermentum et, dapibus non purus. Suspendisse cursus ligula vitae risus elementum egestas. Aenean dapibus commodo dapibus. Donec rutrum lectus eros, at ultrices tellus dictum non. Sed pulvinar convallis tortor, sit amet mollis urna sodales ut. In laoreet placerat ipsum, ut ullamcorper ante fringilla quis. Curabitur aliquet dictum augue a malesuada. Mauris in ante ut mauris convallis aliquam sodales id lacus. Nunc consequat magna nec dolor aliquam elementum.

Quisque sit amet pellentesque ante. Nulla auctor ligula erat, vel dictum purus porta ut. Curabitur tincidunt sem ac venenatis placerat. Fusce eu enim vel nulla volutpat fermentum eu viverra augue. Etiam maximus ut nulla eget consequat. Aenean fermentum nisl massa, in sagittis tortor semper ac. Nam efficitur mi eget auctor vestibulum. Cras malesuada urna quis eleifend aliquet. Aenean porta nisi et tortor placerat maximus. Aenean tellus orci, consequat non risus id, hendrerit tincidunt nunc. Ut dapibus aliquet nulla nec interdum.

Morbi eget ultricies libero. Sed faucibus ex consectetur libero euismod sagittis. Sed ut ipsum sed turpis finibus bibendum. Etiam dapibus elit auctor volutpat fringilla. Nulla fringilla sapien ex. Etiam nec iaculis tellus, id facilisis nunc. Nullam posuere pulvinar ante at semper. Nulla est diam, efficitur vel porttitor ac, condimentum et massa. Vestibulum ante ipsum primis in faucibus orci luctus et ultrices posuere cubilia Curae; Vivamus vitae enim nec dolor vehicula tristique quis a felis. Integer consectetur egestas libero, at bibendum leo faucibus et.

Sed hendrerit tellus felis, non aliquet purus condimentum at. Curabitur non dapibus tortor. Etiam quis erat metus. Fusce quis vehicula est. Nullam non dolor nec sapien suscipit euismod sit amet quis dolor. Orci varius natoque penatibus et magnis dis parturient montes, nascetur ridiculus mus. Pellentesque enim massa, volutpat ut semper vel, rhoncus quis purus. Fusce ut eros quis enim imperdiet mollis.

Quisque sollicitudin rutrum augue id varius. Nunc a egestas nunc. Donec ullamcorper lacus a urna tristique, eu suscipit urna malesuada. Integer vel enim nec lorem placerat tincidunt eu sit amet risus. Nulla eget libero a eros rhoncus tincidunt. Duis ultricies nisl sit amet neque eleifend varius. Curabitur condimentum turpis leo, nec laoreet est porta sed. Morbi iaculis eleifend ex sagittis euismod. Suspendisse fermentum turpis sed metus posuere vestibulum. Nunc nec porta lorem, id pharetra risus. Donec leo sapien, mattis in diam eu, lobortis rhoncus turpis. Aenean luctus dolor eu urna sodales venenatis. Sed nec lacus ultrices, consectetur nibh bibendum, bibendum magna.

Aenean sit amet sem a lorem consequat faucibus in in augue. In molestie diam nec pretium condimentum. Nam bibendum ultricies sem, eu fermentum purus. Suspendisse pharetra, est viverra elementum tincidunt, risus leo fermentum tortor, sit amet pulvinar dui nisl a magna. Aenean tincidunt feugiat justo sed feugiat. Praesent volutpat ex ut leo luctus malesuada. Donec eget posuere libero. Maecenas sed malesuada quam, quis luctus quam. Vivamus gravida nibh at urna luctus eleifend. Phasellus non nibh hendrerit, molestie purus sed, rutrum nibh. Nulla sed posuere neque. In vestibulum egestas purus, id aliquet diam iaculis ut.

Etiam interdum fringilla elit, euismod rutrum lorem aliquet sed. Pellentesque suscipit maximus auctor. Sed vel turpis sed odio pretium condimentum. Aenean ac ex sapien. Donec venenatis eu tortor eget lobortis. Aliquam consectetur id orci ut aliquam. Morbi molestie efficitur rutrum. Sed efficitur maximus odio, in egestas orci luctus in. Ut molestie tortor nec gravida vulputate. Nullam sit amet pharetra diam. Nulla tincidunt dapibus dui nec elementum. Suspendisse porttitor laoreet vulputate. Maecenas suscipit augue ac augue consectetur, sit amet suscipit nulla sodales.

Aenean fermentum libero enim, quis consequat leo interdum at. Pellentesque lacinia ut mauris ut viverra. Proin maximus enim at tortor mollis tristique. Pellentesque maximus placerat mauris, in condimentum arcu ultricies eget. Vivamus tempor lorem nec odio scelerisque rutrum. Integer faucibus ut magna at vestibulum. Nulla turpis massa, rutrum vitae feugiat in, sodales eu enim. Duis aliquet ex vitae mi viverra suscipit.

Fusce consequat at est a laoreet. Donec eu dui odio. Maecenas id metus orci. Curabitur molestie arcu ut justo ullamcorper fringilla. Praesent feugiat dolor ante, quis mollis dolor ullamcorper non. Nunc eget eros luctus, vehicula dolor ut, sodales sem. Fusce at lorem ullamcorper, fermentum quam eu, sollicitudin nunc. Curabitur dapibus quis libero et ornare. Pellentesque ornare elit sit amet bibendum vulputate. Duis ut maximus nunc. Nullam lacinia, augue a convallis mattis, dui nisi aliquam magna, ac efficitur ipsum eros in nibh. Fusce iaculis ligula quis diam euismod, at consequat dolor scelerisque. Integer commodo sapien non neque euismod, in semper dolor accumsan. Sed tortor est, malesuada nec ipsum a, auctor gravida ex. Proin eleifend mi sed nulla sagittis molestie. Sed a mauris euismod, porta quam in, lobortis ex.

Quisque bibendum odio ultrices tristique volutpat. Donec consectetur ipsum non fermentum blandit. Vivamus at faucibus nulla, vitae laoreet risus. Donec interdum condimentum risus in imperdiet. Pellentesque quis dolor cursus, feugiat dui at, hendrerit risus. Suspendisse vitae facilisis mi. Quisque blandit quam ut consequat ultricies. Sed non pellentesque enim. Vivamus a arcu ex. Cras feugiat sagittis elementum. In iaculis vehicula sapien, eu convallis eros tempor eu. Donec vitae aliquam ligula. In hac habitasse platea dictumst. In dui ipsum, molestie nec mauris vitae, iaculis pellentesque magna.

Nullam vel lacus vel purus porta tincidunt sit amet non tellus. Suspendisse sed arcu ligula. Nunc sit amet nunc at libero mattis pretium. Suspendisse porta est sed eros ullamcorper, ac posuere neque fermentum. Duis non vulputate ipsum. Morbi nec lectus mollis, blandit ante vitae, finibus elit. Donec mattis tortor quis ex efficitur, quis semper turpis porttitor. Maecenas hendrerit congue libero, at vulputate nunc ultrices vel. Mauris sodales tempus tellus non tincidunt. Vestibulum molestie, erat vitae porttitor pulvinar, sapien quam commodo tellus, eu pulvinar turpis massa eu magna. Suspendisse potenti. Integer rhoncus accumsan tincidunt. Proin orci arcu, tempus eget diam lobortis, imperdiet tempor magna. Sed iaculis massa nulla, eget sodales tortor dapibus a. Proin mauris tortor, consectetur at maximus eu, consectetur mattis orci. Ut in mauris tellus.

Donec posuere, urna eget efficitur fermentum, enim eros convallis nulla, nec tincidunt nulla purus at lectus. Vestibulum ut viverra lorem. Etiam venenatis ligula mauris, eu luctus nulla consectetur ut. Curabitur dignissim, neque sed tristique pretium, mauris ex sollicitudin velit, in ornare turpis urna sit amet est. Nam egestas posuere leo. Nunc feugiat pharetra lacus, quis varius velit posuere non. Donec ut augue egestas, eleifend eros at, eleifend nisl. Nam molestie sed velit sed commodo. Maecenas eu interdum urna, sed accumsan nisl. Sed ut eros sodales, tempor turpis et, malesuada purus. Fusce ac ante imperdiet, ultricies mauris sit amet, fermentum augue. Nam vitae metus a metus consequat bibendum. Pellentesque augue metus, cursus eu ultricies ultricies, pulvinar id dui. Lorem ipsum dolor sit amet, consectetur adipiscing elit. Mauris maximus lacinia urna.

Sed ante quam, volutpat a est ac, sollicitudin placerat enim. Nulla facilisi. Donec id fermentum nulla, non varius purus. Quisque dapibus finibus nunc, non ornare ligula lobortis et. Phasellus non rhoncus orci. Lorem ipsum dolor sit amet, consectetur adipiscing elit. Vivamus cursus, metus ut faucibus condimentum, justo mi bibendum nunc, eu ullamcorper est justo id tortor. Sed tristique sem eget purus facilisis, elementum consequat metus sodales. Proin facilisis suscipit tellus a laoreet. Donec sagittis malesuada orci, in pharetra eros sollicitudin non. Quisque mollis vulputate lectus, id ultricies lorem feugiat ut. Vivamus ac viverra nisi, id placerat velit. Suspendisse fringilla venenatis ante, et hendrerit nisl egestas in.

Maecenas lacinia mi sed nulla posuere, quis consectetur dolor scelerisque. Sed in purus quis sem pretium interdum vel vel ligula. Curabitur felis massa, euismod pellentesque est quis, vehicula interdum massa. Etiam lacinia pretium varius. Aenean nunc ipsum, tempus eget purus et, vehicula lobortis nibh. Fusce lacinia vehicula quam non convallis. Nullam rhoncus mauris vitae laoreet commodo. Donec nec congue sem. Maecenas vitae mollis urna. Vivamus malesuada nulla lacus, vitae sagittis orci consectetur ut.

Quisque a purus ex. Sed finibus tortor sit amet orci porta tincidunt. Aliquam sit amet sollicitudin lacus. Aenean pharetra hendrerit lectus, quis iaculis lacus congue in. Morbi sit amet turpis eu tellus sagittis ullamcorper. Donec id nisl sodales nisi feugiat scelerisque. Duis consectetur porttitor odio, finibus cursus arcu. Cras in mauris sit amet enim facilisis consequat. Integer congue id orci nec finibus. Donec aliquet elit lacus, ut luctus purus eleifend sit amet. Ut id mi sit amet diam pharetra pretium non vel arcu. Curabitur eleifend ut orci dignissim aliquam. Sed interdum leo tincidunt, condimentum metus eu, ornare lacus.

Vestibulum ante ipsum primis in faucibus orci luctus et ultrices posuere cubilia Curae; Duis dapibus lacus diam, in bibendum odio consequat in. In eu orci tincidunt, egestas nisl a, porttitor velit. Nulla cursus diam at dolor pretium, vel placerat nibh condimentum. Phasellus condimentum ante nec tempus consectetur. Ut quis dui finibus, elementum ante eget, pretium augue. Suspendisse vel felis cursus, aliquet sem sit amet, imperdiet est. Quisque id sem sit amet mauris faucibus facilisis id at lacus. Donec vestibulum diam risus, sit amet vestibulum ex blandit nec. Cras suscipit felis sit amet sodales ornare. Etiam sit amet pharetra nunc. Etiam in ultrices libero, non rutrum nisl. Quisque mauris elit, condimentum eu risus ac, commodo lobortis lorem.

Nam aliquet efficitur lacus, non maximus arcu suscipit et. Praesent maximus nunc vel ex ultricies ullamcorper. Vivamus viverra convallis enim vel iaculis. Phasellus malesuada eu lacus vel scelerisque. Sed cursus fermentum enim, in ornare velit molestie eu. Nam aliquet orci suscipit dui eleifend, quis luctus est volutpat. Vestibulum gravida tortor sollicitudin, accumsan libero quis, volutpat turpis. Suspendisse tellus lacus, ultrices sed pretium placerat, efficitur eu mi. Vivamus ut eleifend orci, id aliquam magna. Nullam finibus nisl orci, pulvinar iaculis ante dapibus ac. Duis mattis volutpat placerat.

Pellentesque magna velit, egestas sit amet mi in, condimentum vestibulum lacus. In venenatis sem euismod, lobortis tellus at, pellentesque urna. Nam dictum facilisis mauris eu tempor. Suspendisse potenti. Proin in condimentum tortor. Curabitur massa ipsum, sollicitudin ac tempus tincidunt, vehicula quis urna. Proin et ullamcorper nisl. Vestibulum ante ipsum primis in faucibus orci luctus et ultrices posuere cubilia Curae; Praesent condimentum nibh non odio tincidunt placerat. Ut at tellus commodo, laoreet lacus ut, blandit neque. In viverra iaculis purus viverra iaculis.

Proin sollicitudin odio in ex luctus semper vel ut dolor. Fusce eget tellus mauris. Integer nisi dui, auctor at scelerisque ut, laoreet a ex. Donec facilisis velit vel purus semper ultricies. Duis sodales erat ut diam maximus fringilla. Etiam non consequat nunc. Etiam sollicitudin euismod neque, eu accumsan est scelerisque nec.

Fusce dictum ipsum eu laoreet malesuada. Vestibulum suscipit ante urna, eu volutpat sem tempor vitae. Duis id orci massa. Fusce eget consequat urna. Nullam vel lorem quis odio varius dignissim. Aliquam tristique lobortis libero. Sed venenatis elit lectus, nec malesuada nisl sodales in. Fusce non volutpat libero, id cursus magna.

Donec pharetra malesuada sapien at congue. Aliquam maximus, mauris a accumsan feugiat, nisl sem blandit est, in molestie neque lorem venenatis nulla. Curabitur vel diam condimentum, dignissim diam vitae, congue magna. Praesent ultrices dignissim urna, quis pharetra justo sodales eget. Donec facilisis justo eu cursus laoreet. Fusce luctus turpis vel diam tincidunt tristique. Vestibulum ut malesuada dui. Vivamus vestibulum, quam in placerat feugiat, libero metus congue elit, a sollicitudin orci nulla viverra ipsum. Sed sit amet auctor purus. Aliquam hendrerit turpis at dolor sollicitudin ornare. Integer eu neque velit. Maecenas sollicitudin consequat enim vitae feugiat.

Vivamus id erat tellus. Maecenas dignissim magna tristique risus rhoncus, dapibus faucibus nunc sagittis. Maecenas lobortis odio quis ultrices commodo. Sed orci tellus, malesuada eget blandit a, bibendum non nulla. Donec posuere sem sit amet magna posuere laoreet. Donec finibus euismod pretium. Suspendisse viverra sapien ut nibh dictum aliquam. Vestibulum elit ligula, volutpat in dictum vel, pulvinar in elit. Sed augue sapien, sagittis consectetur luctus sit amet, hendrerit vitae lacus. Curabitur lacinia eget sapien at malesuada. Nunc pulvinar leo ac molestie pharetra. Maecenas non sem tempor, commodo tortor posuere, vulputate risus. Proin congue ut mi at ultrices. Nullam blandit molestie risus ut aliquet. Morbi sed quam dolor. Duis sed felis fringilla, pulvinar nibh luctus, placerat sem.

Maecenas sit amet augue sit amet risus rhoncus venenatis. Aliquam justo mi, ullamcorper eu dignissim vitae, fermentum ac elit. Maecenas volutpat diam et faucibus tincidunt. In luctus semper enim. Fusce imperdiet tristique ornare. Proin risus purus, lacinia in dui at, iaculis interdum ipsum. Duis porta, ligula vel aliquet sollicitudin, metus dolor ultricies nisl, eu condimentum risus sem quis sem. Duis mollis hendrerit ante ac elementum. Donec vitae libero eleifend, lacinia nisi quis, malesuada tortor. Nulla facilisi. Nunc mollis augue eget metus sodales, et aliquam magna mollis. Mauris maximus, arcu id hendrerit dapibus, magna sapien ornare nibh, non vehicula nulla nulla eu sem. Ut et interdum diam. Aliquam vel justo molestie, blandit ante eu, sodales nunc.

Nullam gravida, arcu ut volutpat porta, felis ex ultrices eros, sed dignissim eros mi quis ligula. Maecenas aliquet nibh quis magna ornare venenatis id vitae odio. Curabitur tristique tristique viverra. Nulla et orci eleifend, imperdiet nisl non, mollis urna. Maecenas imperdiet et elit eu dignissim. Curabitur dui turpis, dignissim vitae elit at, ultrices scelerisque odio. Nunc egestas tellus rutrum gravida egestas. Proin ac imperdiet nunc. Quisque orci magna, dapibus ut cursus tincidunt, varius eget arcu. In neque felis, rhoncus ut elit in, volutpat dictum felis. Aliquam bibendum finibus tellus eu sodales. Nam dapibus sagittis libero.

In feugiat pulvinar dolor. Donec non est sit amet odio egestas venenatis. Aliquam sodales orci nec interdum dignissim. Integer dictum diam neque, quis sollicitudin orci semper vitae. Fusce accumsan, ligula vitae luctus rhoncus, arcu lorem efficitur lorem, ac tempor nisi ipsum eget elit. Nam accumsan quam tincidunt pretium commodo. Nam consequat elit nec ultrices rutrum. Donec ut nibh eget orci facilisis finibus. Donec feugiat id ex sit amet facilisis. Quisque tempor id est sit amet suscipit.

Integer feugiat velit id tellus pellentesque, vitae vulputate nisl tincidunt. Morbi fringilla sem at nisl blandit blandit. Aenean tempus vulputate consequat. Vivamus eget tincidunt est, euismod porta ipsum. Sed quis vehicula libero, at porttitor magna. Lorem ipsum dolor sit amet, consectetur adipiscing elit. Curabitur non lacus metus. Vivamus faucibus ex fermentum massa tempor, vel viverra dui pretium. Morbi aliquam erat eu massa bibendum, sit amet dictum orci sodales.

Phasellus placerat urna dolor, et iaculis eros egestas non. Praesent luctus nunc non ultrices lacinia. Proin ac ante nec enim elementum commodo eu sed ante. Phasellus sit amet enim purus. Aliquam maximus velit nunc, vitae hendrerit nulla egestas sit amet. Quisque faucibus, risus a venenatis ultricies, sapien metus fringilla magna, nec fringilla erat tortor ac massa. Fusce pretium pellentesque ligula vel scelerisque. Curabitur dui mauris, accumsan non leo in, dapibus suscipit ante.

Donec ac porta dolor. Nullam consectetur odio eu ipsum vulputate, vitae semper urna iaculis. Sed dignissim turpis aliquam sapien tempus, vel dapibus ipsum varius. Suspendisse eu aliquet nunc. Quisque vel tincidunt nibh. In ut pharetra urna, eget egestas dui. Fusce eu aliquam lorem. Integer mollis consectetur mollis.

Integer eleifend pretium vestibulum. Duis fringilla nec orci vel iaculis. Suspendisse accumsan justo porta eros sodales laoreet. Proin auctor, sem vel imperdiet iaculis, odio dolor vulputate lacus, sed vehicula justo orci id risus. Donec vitae ipsum leo. Vestibulum ante ipsum primis in faucibus orci luctus et ultrices posuere cubilia Curae; Nunc mollis mollis sollicitudin. Sed non nunc dignissim, pulvinar velit quis, ultrices tortor.

Fusce placerat lobortis tristique. Vivamus vitae massa luctus, ullamcorper augue ut, ultrices arcu. Vestibulum ac diam eu dui interdum elementum. Phasellus aliquam urna facilisis leo rhoncus porta. Integer nec magna turpis. Morbi finibus, lorem dapibus mattis feugiat, quam orci molestie massa, eu faucibus sem ligula et erat. Sed sagittis sollicitudin nisi vitae volutpat. Ut nisl arcu, egestas nec urna eu, aliquam mattis arcu. Praesent bibendum, lorem quis scelerisque feugiat, mauris ligula sollicitudin turpis, quis commodo sapien tellus ut quam. Cras tincidunt felis vel scelerisque egestas. Nullam tempus sem et pulvinar molestie. Morbi vitae orci quis sem ultricies euismod vel non erat. Nam luctus enim ex, volutpat blandit mauris ultricies at. Praesent a blandit augue. Duis a dictum ligula.

Aenean pretium bibendum ligula id porttitor. In eget felis molestie, hendrerit sapien vitae, tincidunt orci. Praesent sed sapien quis eros pretium pulvinar vel sodales ante. Proin elementum nisl sit amet tellus vulputate gravida. Nulla facilisi. In facilisis sollicitudin dolor, id efficitur turpis malesuada sed. Fusce blandit lobortis augue egestas facilisis. Donec pharetra dui gravida, placerat risus sed, mattis nisl. Cras a sem imperdiet, commodo turpis sit amet, tincidunt orci. Mauris eget metus molestie, porttitor elit eget, maximus tellus. Vivamus gravida fermentum tellus sed lobortis. Nullam tempor semper neque ut blandit. Etiam at odio auctor, scelerisque magna vel, ullamcorper libero. Mauris id fermentum leo. Nullam non tincidunt lectus.

Phasellus libero turpis, mollis in consequat in, consequat non tellus. Donec eleifend ultrices ultrices. Pellentesque rutrum lacus non ipsum sollicitudin, sit amet egestas velit blandit. Pellentesque auctor turpis non risus porttitor, ac tincidunt lacus pellentesque. Mauris a tincidunt eros. Fusce dapibus felis at eleifend suscipit. Quisque est justo, elementum vitae quam sit amet, aliquet ornare dui. Vestibulum ante ipsum primis in faucibus orci luctus et ultrices posuere cubilia Curae; Phasellus finibus lectus eu aliquet consequat. Fusce placerat quis mi ut imperdiet. Suspendisse potenti.

Integer convallis, erat in semper finibus, erat justo interdum lacus, at aliquet arcu elit non arcu. Phasellus vehicula ante augue. Curabitur sed blandit ex. Fusce molestie turpis vel lectus aliquet pellentesque. Sed bibendum eleifend interdum. Nam vel massa eros. Sed at odio ligula. Nunc eu dolor nec enim efficitur gravida in a urna. Cras porttitor tellus sed rutrum scelerisque.

Nunc ullamcorper blandit iaculis. In arcu metus, vulputate ut sagittis vitae, varius sodales lorem. Donec et viverra erat. Vestibulum ante ipsum primis in faucibus orci luctus et ultrices posuere cubilia Curae; Pellentesque habitant morbi tristique senectus et netus et malesuada fames ac turpis egestas. Mauris sed velit at massa finibus sagittis. Duis sit amet eleifend diam, ut egestas libero. Sed auctor scelerisque lorem, ut sollicitudin lectus ultrices vitae. Pellentesque habitant morbi tristique senectus et netus et malesuada fames ac turpis egestas. Sed molestie vehicula leo, posuere interdum dui scelerisque in. Proin a justo ipsum. Donec tincidunt lorem vel justo laoreet, nec tincidunt enim volutpat. Sed in tincidunt odio. Vivamus imperdiet imperdiet turpis, in mollis erat molestie sit amet.

Aliquam diam massa, placerat in erat et, fringilla fringilla neque. Ut dapibus consectetur sem, non blandit erat egestas et. Nulla egestas rhoncus metus, id consequat ligula scelerisque non. Mauris in vulputate justo, sed tincidunt lacus. Etiam nec metus rhoncus, facilisis arcu vel, volutpat mi. Nunc consectetur orci non enim laoreet, ut egestas nisl pellentesque. In vulputate ullamcorper quam, id pellentesque leo condimentum vehicula. Pellentesque finibus porttitor magna, at dapibus tortor finibus sit amet. Cras luctus arcu non feugiat scelerisque. Vivamus eget dignissim quam. Etiam pretium, dolor non pharetra volutpat, quam est auctor lacus, id lobortis metus justo et quam. Vestibulum ultrices magna pellentesque nisl porta, efficitur fringilla eros tempor. Donec consequat volutpat elit, et feugiat mauris dignissim sit amet. Donec tincidunt mauris ac eleifend vestibulum. In feugiat ac lectus sed molestie. Sed vel urna in odio blandit posuere at non dui.

Etiam vel vestibulum sapien, non bibendum libero. Phasellus sodales, tortor sit amet varius feugiat, odio magna euismod tortor, at pellentesque libero massa nec ex. Class aptent taciti sociosqu ad litora torquent per conubia nostra, per inceptos himenaeos. Quisque non euismod felis, id vehicula lectus. Pellentesque vestibulum venenatis pretium. Fusce aliquet nibh nec odio viverra, id iaculis orci porta. Proin sit amet condimentum purus, nec vestibulum magna. Nunc sit amet tellus nulla. Maecenas scelerisque scelerisque pharetra. Aliquam efficitur congue lacus, nec venenatis libero viverra sit amet. Nam maximus fermentum nibh non suscipit. Morbi tempor ante sem, vel placerat nibh euismod sit amet. In quam dui, ultricies in enim non, consequat sollicitudin diam. Maecenas vel ex non mauris semper scelerisque a vel sapien. Curabitur urna urna, malesuada vel tellus in, congue ornare eros. Ut elementum sagittis velit facilisis tempor.

Sed blandit eu metus in consequat. Curabitur a felis cursus urna sodales vehicula nec id nulla. Proin porta semper ex. Vestibulum ante ipsum primis in faucibus orci luctus et ultrices posuere cubilia Curae; Phasellus quis semper odio. Morbi ullamcorper ac arcu sed placerat. Nam sit amet congue odio, nec vulputate diam. Duis in porttitor elit. Integer quis eros sed elit auctor elementum.

Integer iaculis efficitur luctus. Aenean tincidunt, nibh ut efficitur blandit, augue est eleifend tortor, a sodales est ante vestibulum est. Aenean porttitor sem nec mi cursus rhoncus. Duis molestie lacus ut est pharetra, nec pretium odio commodo. Vestibulum non rhoncus nisi. Integer lacinia, sem non tristique dictum, nisl sapien accumsan purus, et tincidunt lacus dolor imperdiet ante. Nullam vulputate magna quis ante iaculis malesuada. Phasellus pulvinar mattis tellus, at molestie dolor molestie suscipit. Proin ornare tellus ex, nec suscipit elit convallis id. In a libero sem. Suspendisse potenti. Morbi maximus diam magna, in mollis turpis convallis vel. Orci varius natoque penatibus et magnis dis parturient montes, nascetur ridiculus mus. Maecenas at purus urna. Sed nec volutpat justo, eget pulvinar enim. Nunc posuere arcu eget volutpat varius.

Vestibulum vitae pulvinar lorem. Aliquam tempor non urna in placerat. Suspendisse auctor orci vitae sem accumsan, eget convallis neque consectetur. Morbi finibus lectus quis arcu aliquam congue. Proin sed fermentum justo, a ullamcorper velit. Mauris suscipit pretium libero non consectetur. Integer feugiat dui massa. Mauris purus elit, imperdiet ut sapien at, fringilla laoreet purus. Integer aliquet nisi dolor, quis vestibulum eros aliquam at. Morbi cursus suscipit suscipit. Cras vestibulum nunc neque, a malesuada urna malesuada id. Morbi quis justo laoreet, fermentum sapien non, auctor sem. Sed mi dui, elementum in faucibus et, ornare in nibh. Nunc in aliquet sapien. Nam tincidunt convallis libero, ut blandit nisl posuere id. Nullam venenatis ipsum ipsum, quis cursus quam dictum eget.

Cras commodo id felis id dictum. Integer at diam hendrerit, fringilla diam eget, vulputate est. Proin id nisi vel est egestas laoreet. Donec est lacus, viverra ac ex quis, porttitor tristique leo.

Maecenas eleifend congue velit at suscipit. In hac habitasse platea dictumst. Class aptent taciti sociosqu ad litora torquent per conubia nostra, per inceptos himenaeos. Proin vehicula ultrices diam ut malesuada. Integer sit amet lorem lorem. Vestibulum sed turpis non massa tincidunt vestibulum.

Integer mattis commodo velit nec rutrum. Praesent ut nulla sit amet augue commodo ornare vel id nisi. Nunc posuere libero vel velit dictum, ut rhoncus libero sodales. Ut euismod, eros a bibendum maximus, ipsum nisi sagittis eros, elementum porttitor sem purus a turpis. Sed vel purus faucibus, iaculis erat id, scelerisque nisi. Sed lobortis aliquam arcu, non placerat leo laoreet et. Phasellus aliquet tempus odio malesuada convallis. Vestibulum dictum luctus magna ut ornare. Nulla interdum interdum est ut viverra. Aliquam sit amet hendrerit ipsum. Ut ut imperdiet urna, et egestas odio. Morbi porttitor risus tristique quam consequat, vel venenatis massa blandit. Integer ut lacus sit amet lacus vulputate volutpat et vel neque. Mauris ante magna, efficitur ut mattis vel, efficitur in mi. Mauris pulvinar, mauris ut feugiat mattis, ex metus consectetur enim, sit amet venenatis ligula neque imperdiet eros.

Nunc non ipsum in est bibendum interdum sed a ipsum. Nulla quis pharetra lacus, elementum suscipit dui. Donec finibus ligula in quam condimentum imperdiet vel ac magna. Vestibulum id dui nec velit ullamcorper dapibus at a risus. Aliquam hendrerit libero quam, dignissim aliquet tortor porttitor in. Proin ac viverra mi. Sed at nibh non tortor posuere rutrum condimentum bibendum lectus. Curabitur tincidunt placerat elit aliquet sagittis. Sed in orci id nisl tempor hendrerit. Praesent vel pharetra magna. Donec condimentum condimentum dolor quis egestas. Fusce venenatis mauris malesuada, ullamcorper lacus sed, porttitor sem. Mauris et enim enim. Donec faucibus, mauris sed bibendum convallis, enim lorem pulvinar nisl, nec feugiat mi metus eget elit. Donec eleifend, ex sed faucibus tristique, urna ligula mattis nisi, posuere porta ante diam egestas nisi.

Proin eget nibh eget purus consequat euismod in vel urna. Aenean blandit purus id eros aliquet, ut pretium felis ultrices. Praesent scelerisque augue a dui convallis interdum. Nam porttitor neque est, at molestie odio lobortis nec. Praesent malesuada ex eget lobortis vehicula. Mauris eget velit non libero congue imperdiet. Integer at varius nunc, vitae molestie mauris. Quisque ut blandit dolor. Vestibulum sollicitudin urna vitae diam cursus pellentesque. In vestibulum velit mi, et consectetur tellus bibendum eget. Ut luctus ultrices nibh vitae sollicitudin. Lorem ipsum dolor sit amet, consectetur adipiscing elit. Fusce at ex tristique, hendrerit libero vitae, pharetra nulla. Integer suscipit neque a volutpat convallis. Donec vulputate, enim eget scelerisque facilisis, sem leo fermentum urna, in tempus dolor turpis vitae diam.

Nunc faucibus sit amet nibh non blandit. Morbi consectetur at sapien in faucibus. Aliquam ornare et est id ornare. Nulla tristique eu erat ornare porttitor. Sed nisi velit, porttitor sit amet arcu ac, hendrerit efficitur purus. Nullam in bibendum risus. Curabitur hendrerit ipsum lectus, et gravida leo posuere vitae. Curabitur vel porta lectus. Nam dictum nisi nec enim cursus tincidunt.

Aliquam laoreet nibh ante, nec ultrices risus vestibulum ac. Pellentesque facilisis massa ut ante cursus rhoncus. Aliquam erat volutpat. Vivamus rhoncus turpis vestibulum enim egestas, id faucibus neque consequat. Nulla eu erat tincidunt, malesuada lacus at, dignissim arcu. Nullam quis neque accumsan, sollicitudin turpis et, scelerisque est. Quisque sit amet metus maximus, pretium nisl sit amet, varius mi. Fusce viverra tincidunt nunc sed lobortis. Morbi ac dictum ex. Donec non augue et sapien maximus egestas imperdiet in est. Suspendisse nulla nulla, consectetur quis posuere non, tempus eget nunc. Praesent eu tortor augue.

Ut rutrum, velit a lacinia tempus, ex velit sollicitudin massa, vel sagittis nunc mauris fringilla arcu. Maecenas varius pharetra eros, vitae tempor sapien vehicula at. Vivamus tempor ante in libero tincidunt lobortis. Donec odio nulla, ultricies at rutrum et, feugiat eu metus. Nullam commodo nunc ut tellus ultricies scelerisque. Curabitur magna mi, egestas sed metus in, luctus ultricies dui. Cras id eleifend diam, quis consequat risus.

Fusce consectetur sollicitudin tempus. Sed facilisis, arcu nec congue dignissim, augue justo venenatis est, sed interdum sem lectus vitae est. Aenean semper orci erat, in tincidunt urna dignissim eu. Nulla id elit dolor. Quisque metus nisi, fermentum ut tempus at, accumsan in turpis. Donec hendrerit ante non ligula efficitur cursus. Cras ornare sapien rutrum erat ultricies commodo. Nullam nunc justo, consectetur nec ultricies ut, hendrerit ac sem. Nunc volutpat sapien a diam ullamcorper vestibulum. Praesent et lorem arcu. Phasellus ultricies luctus feugiat. Vestibulum ante ipsum primis in faucibus orci luctus et ultrices posuere cubilia Curae; Donec finibus quam sit amet ligula tempor, eget rhoncus ipsum iaculis. Fusce ac posuere ante, vitae pulvinar tortor.

Mauris dictum in justo eu tincidunt. Aenean massa orci, laoreet at lectus a, volutpat pulvinar velit. Sed at lorem euismod, commodo est eleifend, efficitur nulla. Phasellus imperdiet molestie nisi, vitae posuere risus tincidunt quis. Vestibulum ullamcorper consectetur dui egestas ultricies. Proin ut commodo sapien, non vehicula turpis. Fusce sollicitudin, nulla et consequat lacinia, libero sem pharetra augue, ultricies venenatis risus nulla aliquet turpis. Donec eu maximus neque, posuere pharetra purus. Phasellus tincidunt justo in turpis fermentum, sit amet venenatis orci elementum.

Quisque iaculis quis justo quis varius. Vivamus sagittis dictum ex, et bibendum tellus pellentesque ut. Aliquam iaculis auctor dolor, et aliquet tortor semper rutrum. Praesent odio erat, aliquet in eros sed, ultricies venenatis mauris. Pellentesque euismod malesuada velit, tempus ultricies neque gravida sit amet. Nullam interdum urna non turpis dignissim, at semper lorem ornare. Nunc ligula lorem, varius eu leo vitae, aliquet placerat tellus.

Nulla enim nibh, maximus facilisis vestibulum a, tempor eu erat. Donec scelerisque pulvinar neque quis eleifend. Nullam rhoncus sapien eu laoreet mattis. Nullam finibus magna nisi, vel congue nulla hendrerit et. Phasellus eget gravida erat. Sed semper massa lacus, ut blandit urna laoreet non. Curabitur non consectetur mauris. Fusce feugiat scelerisque ligula. Donec ullamcorper iaculis diam vitae gravida. In hac habitasse platea dictumst. Pellentesque at ullamcorper elit. Mauris vitae porta diam, a accumsan ante. Ut mattis erat a ultricies eleifend. Suspendisse elementum eget massa imperdiet posuere. Cras facilisis, libero ut dapibus fermentum, turpis leo gravida ante, non scelerisque enim massa nec mi. Etiam ultricies ex a est fringilla, eu interdum lacus elementum.

In placerat nisi non eros consequat, in scelerisque sapien lacinia. Vivamus commodo quis ligula sit amet placerat. Suspendisse tempus, sapien eu finibus tempus, enim sapien laoreet ipsum, nec accumsan neque sem ut lorem. Donec turpis augue, pellentesque dictum maximus sit amet, luctus mattis nisi. Suspendisse blandit dui sed mi tincidunt accumsan. Quisque vitae consequat ante. Fusce accumsan tortor nec hendrerit blandit. Sed et elit sed metus porta pellentesque. Aliquam quis gravida ligula.

Suspendisse molestie, lacus semper scelerisque hendrerit, magna felis sollicitudin lectus, sit amet rutrum erat nisi eu lacus. Sed pellentesque ac nisi eget venenatis. Nam porttitor feugiat est. Vestibulum venenatis arcu massa, laoreet porta enim luctus sed. Interdum et malesuada fames ac ante ipsum primis in faucibus. Donec eget elementum tellus. Praesent molestie libero a felis finibus hendrerit. Duis suscipit velit vitae urna vestibulum, eu consequat libero ultrices. Nulla lobortis aliquet lorem vitae porttitor. Nunc neque mauris, blandit non magna sit amet, vulputate ornare mi. Vestibulum suscipit suscipit dui, id placerat nibh placerat et. Sed congue, quam et hendrerit porttitor, nisl ex condimentum ante, quis tincidunt lorem tortor non nisi. Vivamus euismod varius mauris, vitae ultricies ligula rutrum non. Etiam vel sapien in metus consequat vulputate vitae a dui.

Sed id ante sodales erat fermentum commodo et at quam. Sed non sagittis libero. Nam consequat nunc nisl, a consectetur neque venenatis sed. Donec sollicitudin quis sem ac porttitor. Fusce et congue dolor. Nam et felis tristique, ullamcorper ligula at, dignissim velit. Nulla pretium pharetra tellus, et mattis nisi semper id.

Fusce sollicitudin dolor libero, quis euismod leo vehicula id. Ut vestibulum pulvinar lacus. Morbi tellus quam, ultrices ac molestie ut, malesuada eu nibh. Vestibulum sodales libero risus, a laoreet neque consectetur ac. Morbi eget imperdiet sapien. Sed mauris libero, porta et lacus vitae, blandit ornare elit. Etiam eu lorem mi. In elementum tempor diam non pulvinar. Nunc bibendum maximus tortor, quis consequat purus luctus sed. Nulla sapien massa, dignissim et dapibus a, sollicitudin quis purus. Vivamus dignissim diam quam, ac placerat sem commodo in.

Nulla at ipsum vel nisl rutrum mattis. Donec est ipsum, lobortis a justo non, molestie auctor libero. Proin posuere egestas posuere. In velit purus, laoreet eu nisl et, finibus rutrum tellus. Phasellus posuere, erat in semper volutpat, diam sapien placerat mauris, vitae commodo dui mi tristique urna. Cras ac accumsan ligula. Fusce eu lectus sed purus semper rutrum. Vestibulum tortor elit, sollicitudin in vulputate sed, porttitor eget purus. Nam ut libero ac neque condimentum gravida nec at ligula. Donec nec ipsum nec urna sodales ultrices sed quis purus. Vestibulum vel dui quis nibh rhoncus viverra. Donec et dapibus dui. Vestibulum dignissim ut sapien in iaculis.

Quisque purus eros, aliquet non justo eu, faucibus varius magna. Phasellus eleifend tincidunt odio, ut interdum ligula feugiat et. Praesent mattis, velit quis hendrerit tempus, lorem dui auctor felis, id condimentum felis eros vitae dui. Class aptent taciti sociosqu ad litora torquent per conubia nostra, per inceptos himenaeos. Proin pulvinar lobortis mauris quis congue. Nulla vitae ultrices urna, vitae sagittis nunc. Vestibulum porttitor magna libero, vitae rutrum orci aliquam sed. Suspendisse at sapien et dolor porttitor dictum non ac leo. Ut quis ipsum felis. Maecenas eget gravida sem, nec efficitur orci. Class aptent taciti sociosqu ad litora torquent per conubia nostra, per inceptos himenaeos. Quisque facilisis hendrerit nisi sit amet dapibus. Nam sodales eleifend tincidunt. Ut vehicula vehicula nisi at bibendum. Integer ut leo sit amet magna consequat consequat. Fusce venenatis orci a convallis scelerisque.

Donec convallis gravida condimentum. Suspendisse eget justo lacinia, tincidunt nisi ac, interdum erat. Integer lobortis vitae libero sed ultrices. Nulla varius eros sed orci volutpat, vitae rutrum lectus laoreet. Proin nibh augue, posuere vitae lacus ut, sagittis iaculis magna. Ut luctus fermentum nibh ac porttitor. Vivamus dictum, turpis et pretium egestas, ex nunc accumsan sapien, eget suscipit augue nisi et mauris. Nunc pharetra turpis ullamcorper, posuere lacus et, porttitor ipsum. Vestibulum blandit augue dolor. Cras magna turpis, porttitor non magna quis, vehicula imperdiet turpis. Sed vulputate, diam sit amet facilisis porttitor, velit augue tempus felis, sit amet commodo mauris purus vel nulla. Mauris semper, dolor vitae consectetur malesuada, ante augue laoreet quam, ac suscipit sapien elit quis est. Nam venenatis neque quis dui ultrices imperdiet. Etiam vitae tortor nec felis commodo fermentum in a nulla. Ut vitae dui vitae metus dictum lacinia eget eget dolor.

Pellentesque id ex sed risus fermentum dignissim eget quis mi. Donec elit urna, tempus malesuada semper in, ultricies sit amet felis. Nunc vestibulum ante vel orci mattis, vel vestibulum ligula feugiat. Nulla fermentum, nulla a aliquam maximus, lectus dolor placerat elit, rhoncus interdum est diam ac dui. Duis quis laoreet ipsum. Morbi aliquet arcu auctor felis rhoncus laoreet. Suspendisse a mi id justo efficitur bibendum ac vitae nisl.

Phasellus et velit aliquet, auctor magna vel, vestibulum metus. Vivamus odio nisi, aliquam non sapien a, dignissim semper erat. Vestibulum quis enim non elit tristique rutrum et mattis odio. Pellentesque quis ullamcorper velit. Ut vehicula sit amet ante non mattis.

Sed eu erat eu lacus lobortis rhoncus. Nam sollicitudin ex at velit pretium, vel laoreet turpis tempor. Duis aliquet nisi nec diam porta, vel tristique velit eleifend. Integer rutrum eu dolor luctus posuere. Praesent gravida sem at nisi vehicula viverra. Phasellus sagittis sapien at purus fermentum, sollicitudin blandit sem tempus. Suspendisse pharetra lacus nec nisi aliquet, non pellentesque nisi pretium. Praesent cursus ex at nulla ultricies, vel tempus odio dignissim. Nam tortor leo, ullamcorper nec cursus a, fringilla et felis. Aenean tristique scelerisque eros, a ultricies dolor laoreet in.

Aenean iaculis imperdiet posuere. Aliquam erat volutpat. Duis iaculis massa luctus, faucibus ipsum sit amet, ornare ipsum. Pellentesque facilisis volutpat ipsum vitae volutpat. Class aptent taciti sociosqu ad litora torquent per conubia nostra, per inceptos himenaeos. Cras dignissim leo sed felis auctor egestas. Quisque rutrum nibh nisi, et condimentum turpis mattis nec. Cras congue eget enim ut finibus. Integer sed pulvinar tellus, sit amet sagittis felis. Suspendisse elementum rutrum nibh, sit amet posuere quam fringilla non. Proin sodales in magna ac dictum.

Aenean hendrerit felis et turpis commodo faucibus. In auctor tincidunt neque, eget porta libero luctus quis. Ut quam ligula, aliquet id tincidunt ac, posuere nec mi. Cras vehicula commodo orci, ut pellentesque nisi interdum vitae. Interdum et malesuada fames ac ante ipsum primis in faucibus. Fusce id venenatis dui. Fusce at lorem mauris. Ut congue ante sit amet dignissim imperdiet. Cras id vulputate enim, a euismod velit. Nullam tempor felis ut volutpat volutpat. Praesent porttitor ultricies congue. Quisque interdum nulla elit, eget blandit lorem sagittis vel. Proin rhoncus nibh id libero sodales porta. Cras a faucibus purus, ac venenatis libero.

Aliquam semper a nibh finibus feugiat. Vivamus neque elit, efficitur vel enim maximus, sollicitudin pharetra tellus. Vestibulum lacinia ligula et arcu dapibus, placerat tempus urna molestie. Praesent nec aliquet nunc. Maecenas vestibulum sem sem, in varius lorem tincidunt sit amet. Maecenas fringilla lorem dui, vitae auctor ligula accumsan finibus. Aliquam erat volutpat. Vestibulum id quam eget quam viverra tempor. Nulla facilisi. Vivamus a pretium odio. Aliquam blandit mattis convallis.

Ut augue lorem, gravida ut turpis et, dapibus luctus augue. Etiam vel vehicula turpis. Proin vehicula tempor tristique. Donec mollis nisi vitae enim auctor finibus. Praesent hendrerit erat quis felis ultrices condimentum. Nunc lacus felis, lobortis in augue vitae, egestas imperdiet tortor. Cras tincidunt tristique interdum. Vestibulum diam enim, sollicitudin id feugiat id, lacinia nec dui.

Interdum et malesuada fames ac ante ipsum primis in faucibus. Sed euismod, quam non commodo bibendum, erat magna iaculis ipsum, eget porttitor velit est sed arcu. Praesent eu ligula enim. Nam nibh tortor, rhoncus in suscipit sit amet, mollis sit amet tortor. Vestibulum accumsan risus eu sapien malesuada, et aliquet mi laoreet. Phasellus dignissim, metus ac fringilla mattis, purus quam dignissim nibh, vitae tempus est arcu ut enim. Nullam arcu dui, ullamcorper nec euismod vel, eleifend sit amet lectus. Curabitur imperdiet ultrices quam quis vehicula. Aliquam erat erat, eleifend eu venenatis eget, pellentesque eget mi. Nulla facilisi. Maecenas quis magna purus. Integer rutrum, magna in consectetur suscipit, lectus ligula blandit tellus, id tempor ipsum purus eu urna. Sed faucibus maximus felis sit amet semper.

In eros nunc, porttitor et nibh ut, accumsan condimentum nisi. In hac habitasse platea dictumst. Orci varius natoque penatibus et magnis dis parturient montes, nascetur ridiculus mus. Aliquam metus felis, rhoncus a tempus in, tempus sit amet dui. Duis auctor aliquam sem, non sagittis velit pretium at. Proin at quam eget enim lobortis dictum ac eget leo. Sed maximus neque at justo ultrices lobortis. Donec quam risus, pulvinar eget velit at, iaculis congue elit. Praesent dui nisl, bibendum in fermentum vehicula, tempus consequat eros. Phasellus eros nulla, tincidunt ac nisl id, eleifend lacinia sapien. Morbi nisl nibh, aliquam vel eros ut, semper lacinia nibh. Suspendisse posuere semper quam, eu sodales ex mattis id.

Sed molestie convallis fringilla. Quisque non convallis elit, sit amet dapibus libero. Nulla facilisis metus et mi lacinia venenatis. Fusce id justo erat. Morbi ut metus vitae erat aliquam aliquam. Vestibulum nibh nisi, varius sed neque ac, efficitur sollicitudin justo. Sed sit amet volutpat metus. Morbi et sodales metus, id scelerisque quam. Donec et ligula ac eros ullamcorper ultrices non vitae orci. Etiam rhoncus, quam non dictum imperdiet, arcu ligula condimentum tortor, ut vestibulum lacus urna at augue. Maecenas eget viverra risus. Integer nec arcu eu ligula porttitor fermentum id quis ex.

Suspendisse tincidunt ipsum vel arcu tempus dictum. Mauris sed mi a sem tincidunt laoreet pulvinar quis nibh. Duis eleifend a arcu ac vestibulum. Etiam vel elit sed lectus feugiat consequat sed iaculis sapien. Phasellus sit amet ante quis sem volutpat efficitur a nec massa. Nunc commodo lectus nec facilisis lacinia. Donec pellentesque est ac justo consequat, quis malesuada orci ultricies. Etiam molestie mollis justo, ornare viverra sem luctus in. Aliquam interdum enim sapien, eget tempor mauris pretium ac. Quisque porttitor non turpis pretium pretium. Proin pellentesque, orci id finibus tempor, orci sem posuere mi, eget malesuada magna nisl eget mi.

Vestibulum eleifend condimentum felis, ut fermentum tellus laoreet nec. Nullam maximus aliquam tellus sed efficitur. Vivamus suscipit feugiat egestas. Quisque porttitor vulputate odio, quis rutrum turpis accumsan eget. Donec molestie mi elit, nec imperdiet enim blandit elementum. Praesent fringilla vehicula lorem. Aliquam venenatis iaculis tortor ut eleifend. Integer auctor ultrices libero eu luctus.

Sed hendrerit nulla urna. Aliquam rutrum mauris non ante lobortis laoreet. Nullam gravida vestibulum ultricies. In auctor a metus id tristique. Vivamus aliquam et risus sed egestas. Praesent euismod, odio at accumsan volutpat, tortor nunc congue sem, vel maximus arcu sapien at ante. Suspendisse at sem egestas, viverra lorem id, suscipit nibh. Quisque vitae velit lobortis arcu porttitor facilisis ut eget mauris. Nam a arcu id lectus malesuada volutpat. Pellentesque habitant morbi tristique senectus et netus et malesuada fames ac turpis egestas. Maecenas volutpat egestas ligula, ac pulvinar arcu porttitor quis. Pellentesque a pharetra eros. Duis mollis nunc ac ipsum ornare sagittis. Vivamus a finibus quam. Vestibulum consectetur eros sed ornare semper.

Aenean dui lorem, posuere eget dictum non, laoreet at ipsum. Aenean dui ipsum, pulvinar et massa sit amet, scelerisque lacinia ante. Donec in vehicula odio. In fermentum vitae dui at maximus. Nunc ut dapibus elit. Integer rhoncus, sem eget sodales malesuada, ante augue venenatis libero, ut laoreet magna odio eget dui. Sed leo velit, efficitur et nisi vitae, mattis luctus orci. Integer et ante non tellus ultricies interdum.

Aliquam tincidunt sed metus quis viverra. Vivamus consectetur porttitor neque, a rutrum lacus sollicitudin vehicula. Vivamus nec tristique ante. Aliquam ornare pulvinar turpis, ut auctor sapien viverra id. Aenean pulvinar dui et sapien consequat tincidunt. Pellentesque viverra aliquet lacus, non dapibus augue egestas non. Fusce ac molestie turpis, a egestas mi. Aliquam finibus cursus tellus, et consequat nisl tincidunt in. Donec vel pharetra mi. In finibus molestie eros, quis consequat lectus iaculis in. Orci varius natoque penatibus et magnis dis parturient montes, nascetur ridiculus mus. Ut placerat leo diam, id interdum justo scelerisque eget.

In id nisi in mi efficitur rutrum id sed libero. Fusce vitae condimentum eros. Mauris sollicitudin pellentesque sollicitudin. Ut nec urna ut lacus convallis ultricies non vel sapien. Nulla tincidunt ex eu quam malesuada, nec maximus ipsum interdum. Maecenas euismod felis a augue egestas, aliquam semper tortor congue. Aenean consequat, massa posuere rhoncus sollicitudin, quam risus semper magna, id vulputate velit ex at lacus.

Curabitur quis pulvinar dolor, eu commodo leo. Pellentesque arcu dui, tempor nec dolor vel, euismod ullamcorper ante. Nullam ac lobortis elit, eu iaculis tortor. In in rhoncus erat. Curabitur molestie sapien at tortor mollis, eget porttitor dolor porta. Ut pretium sodales tellus eget mollis. Donec placerat ex volutpat dui eleifend auctor. Sed nec semper quam. Integer ultricies quam ligula, ac aliquam sem vulputate vel. Vestibulum ante ipsum primis in faucibus orci luctus et ultrices posuere cubilia Curae; Quisque tincidunt vestibulum ante in scelerisque. Nam dapibus est eget sem congue, nec tempor lectus egestas. Pellentesque habitant morbi tristique senectus et netus et malesuada fames ac turpis egestas.

Morbi dapibus sapien sit amet lacus laoreet, vel blandit ante vehicula. Proin malesuada dignissim metus, ac rutrum diam pharetra quis. Morbi nulla urna, sollicitudin sit amet risus a, lacinia congue nulla. Praesent quis libero elementum, convallis eros vitae, facilisis lorem. Curabitur eget egestas diam, id eleifend odio. Proin quis tellus sed ex posuere volutpat at ut leo. Proin condimentum eget massa quis feugiat. Nullam ac efficitur est. Aenean vel justo egestas, mattis justo vel, vehicula velit. Vestibulum non est ullamcorper, porta lacus feugiat, faucibus orci. Nunc interdum ultricies mauris ut ultrices. Quisque nec nisl eu nisi volutpat imperdiet eu et lectus. Nullam molestie, tortor sed consequat pellentesque, nibh purus maximus urna, id ultrices neque elit et sem. Suspendisse nec felis eget sem finibus suscipit non in ipsum.

Fusce vulputate libero ante, sit amet hendrerit libero placerat vitae. Curabitur id malesuada enim, molestie efficitur nisl. Praesent et arcu vitae mauris congue ornare et sed eros. Pellentesque in ante in est placerat dictum vel a arcu. Cras vitae est nibh. Nullam pulvinar ultricies neque. Integer vitae lacus ac mi dapibus dapibus. Phasellus elementum ligula hendrerit, sodales nisl at, bibendum nulla. Phasellus consequat libero ut lectus feugiat, a pulvinar tellus pharetra. Aliquam vitae fringilla nulla. Aenean dolor nulla, viverra non erat eget, maximus ultrices augue. Pellentesque sollicitudin vehicula vehicula. Nam arcu dui, facilisis a cursus a, sodales vel lorem.

Donec nec tellus nunc. Etiam consequat ex sed elit fringilla, ac consequat elit interdum. Aliquam nec nibh sed felis posuere mattis. Aenean quis nulla velit. Praesent feugiat vitae ex ut ornare. Integer faucibus ligula ut nunc finibus, in finibus augue pellentesque. Morbi sit amet pellentesque arcu. Sed sit amet velit eu augue vehicula pulvinar nec quis orci. Suspendisse sollicitudin, elit faucibus maximus suscipit, turpis augue mattis nibh, ut cursus ipsum tellus suscipit mauris. Pellentesque mattis quam ligula. Duis nec lorem dolor. Sed vel lacus ornare, vestibulum nisi sit amet, tincidunt quam. Sed ornare massa tincidunt leo pharetra, eget laoreet lacus varius. Vestibulum tincidunt ipsum nec ultrices rutrum. In velit felis, feugiat sit amet sodales nec, malesuada sed justo. Nam accumsan pharetra eros, sed dapibus nunc tincidunt ac.

Aliquam aliquet, lectus vel dapibus rhoncus, ante ante molestie elit, ut consequat sapien felis id lorem. Quisque egestas justo ut dolor feugiat posuere. Maecenas ac felis mi. Donec sed porttitor mauris. Morbi eget ante vel nulla accumsan accumsan eget ut risus. Maecenas lorem arcu, pharetra ac sollicitudin vitae, posuere at nulla. Aliquam ut auctor metus. Curabitur et ullamcorper metus, sit amet suscipit velit. Suspendisse molestie, odio ac imperdiet volutpat, nunc nisi elementum nisi, eu mattis sem nibh eu libero. Morbi maximus tempus arcu facilisis porttitor.

Vestibulum venenatis arcu eget tellus varius ullamcorper. Donec vel pulvinar lacus. Duis vulputate elit eu quam elementum, ac fringilla felis pretium. Ut ultricies vulputate erat, ut ultrices enim condimentum ac.

Morbi sit amet lobortis velit. Mauris ullamcorper leo sit amet diam finibus faucibus. Donec commodo ac odio nec pellentesque. Cras gravida pretium dui, a elementum ipsum pretium in. Cras in convallis arcu. Vivamus dapibus consectetur odio, nec luctus nunc egestas id. Maecenas dictum non sem a dignissim. Aliquam ac neque ultrices, tempor quam ac, maximus sem.

Curabitur eget laoreet nunc. Nunc egestas maximus neque, eu viverra tellus feugiat eu. Class aptent taciti sociosqu ad litora torquent per conubia nostra, per inceptos himenaeos. Orci varius natoque penatibus et magnis dis parturient montes, nascetur ridiculus mus. In in sapien turpis. Duis et nulla velit. In a tortor eget nisi iaculis sollicitudin ac nec ligula. Ut eget imperdiet sapien.

Interdum et malesuada fames ac ante ipsum primis in faucibus. Nulla blandit tellus sit amet urna dictum, non dignissim nunc feugiat. Cras quam ante, venenatis quis tempor et, placerat eget massa. Sed eget elit suscipit, interdum ante in, pulvinar eros. Sed sollicitudin purus nunc, ac dignissim tellus consectetur at. Cras pretium ultricies mi ut iaculis. Fusce in tellus vel est bibendum gravida. Ut lobortis eu nunc sed mollis. Donec eget aliquet justo.

Cras sed convallis elit, nec commodo odio. Donec gravida lectus sed quam eleifend lacinia. Nulla id luctus turpis, at placerat nibh. Donec a nisi suscipit, gravida tortor nec, aliquam nunc. Sed id luctus sapien. Suspendisse sit amet ligula in lorem placerat ornare. Duis ex quam, ultricies id ullamcorper vitae, cursus quis odio. Fusce eu velit efficitur, cursus enim gravida, porttitor nisl. Vestibulum pulvinar sed ipsum a scelerisque. Duis est risus, bibendum a hendrerit in, euismod in lacus. Nam in libero id lacus interdum vulputate vitae vitae justo. Sed tristique justo luctus, accumsan odio vel, gravida risus.

Pellentesque a tempor turpis. Aenean convallis tempus turpis, id feugiat mi auctor non. Mauris quis sem at eros cursus suscipit. Sed volutpat orci ut elit posuere faucibus. Ut in viverra sapien. Fusce tristique risus eu diam cursus malesuada. Aenean id nisi nulla. Morbi pretium neque quis ligula sollicitudin rhoncus.

Quisque fringilla in justo vitae ornare. Sed molestie nibh tellus, vel vestibulum nisi consectetur sodales. Sed id auctor magna. Vivamus interdum condimentum sapien, ac eleifend mauris volutpat ac.

Duis faucibus, leo iaculis pulvinar hendrerit, lorem urna euismod lectus, eget feugiat purus tortor non libero. Aenean pretium sed magna a imperdiet. In hac habitasse platea dictumst. Ut odio urna, tempus ac tellus quis, dapibus porta quam. Pellentesque bibendum varius commodo. Fusce fermentum quam vitae dui tincidunt, hendrerit molestie enim cursus. Vestibulum ante ipsum primis in faucibus orci luctus et ultrices posuere cubilia Curae; Duis et euismod lorem, in eleifend leo. Morbi ac neque ac ligula accumsan consequat et vitae sapien. Etiam condimentum tortor eu lorem rhoncus sodales. Nunc et quam at felis aliquam sollicitudin ac vitae nibh. Quisque vel mattis sapien, nec tincidunt metus.

Vestibulum porttitor urna lorem. Praesent pellentesque eros est, a tempor nibh auctor eu. Vestibulum iaculis luctus facilisis. Etiam efficitur convallis mi. Nam interdum cursus libero sed malesuada. Ut a dolor leo. Aenean et tortor sapien. Aliquam molestie tellus eros, eget euismod nibh rhoncus non. Fusce aliquam vehicula vulputate. Integer bibendum maximus justo, eget convallis mauris fermentum eu. Donec sollicitudin elit in consequat ultricies. In pellentesque, velit in luctus pretium, velit risus sollicitudin ligula, accumsan ornare elit dolor nec dolor. Aliquam arcu lacus, imperdiet vel mollis dignissim, bibendum ut ex. Mauris sagittis lectus lorem, ut consectetur odio consectetur non.

Nunc vestibulum consequat erat, nec fringilla sapien dictum sit amet. Proin nec efficitur tellus, id egestas mauris. Vestibulum eleifend, magna non gravida commodo, nisl lectus commodo turpis, in posuere dolor felis in dui. Cras posuere ligula ultrices dolor varius finibus. Maecenas facilisis, turpis at mattis commodo, sapien erat bibendum velit, in placerat mi mi sit amet massa. Quisque in felis eget ligula dictum tincidunt sit amet ac tellus. In volutpat ligula nec tincidunt fringilla. Phasellus blandit purus in diam consectetur tristique sed et dolor. Vestibulum eu ligula eget sem venenatis porta. Pellentesque consequat pulvinar est, ac posuere nulla lacinia vitae. In leo eros, tincidunt vitae iaculis non, bibendum ac tellus. Donec sed fermentum diam. Nullam sapien nibh, mattis in arcu ut, semper ultrices ipsum.

Vivamus sit amet arcu purus. Sed congue congue ligula sed vulputate. Vivamus tempus sit amet augue at congue. Proin eget bibendum risus. Duis vel erat suscipit neque mattis lacinia eget egestas turpis. Duis feugiat nunc sed nulla viverra consequat. Aenean ut euismod lectus, lacinia iaculis lacus. Nulla mi dui, scelerisque at nisi eu, tincidunt pellentesque libero. Proin ultricies arcu felis, convallis finibus velit auctor et.

Proin viverra imperdiet orci. Vivamus vehicula congue viverra. Donec pulvinar mauris velit, at venenatis augue congue non. Nulla a purus sed lorem porta congue. Vivamus nisi felis, convallis vel magna nec, imperdiet iaculis dui. Etiam nec sapien ullamcorper, volutpat orci ac, euismod massa. In neque neque, faucibus sed vulputate quis, porta non justo. Etiam feugiat nec justo quis convallis. Ut eget nisi pellentesque, commodo magna sed, efficitur mi. Aliquam viverra dolor at eros dictum fringilla. Aliquam malesuada tempor sagittis. Nunc feugiat sagittis feugiat. In dignissim diam nec ligula congue porttitor. Duis et libero at lacus mollis lacinia eu vitae ipsum. Curabitur quam lorem, euismod eu egestas id, molestie sed lorem.

Duis eu mauris sed odio iaculis sollicitudin in sed turpis. Aenean vel dui mi. Sed sit amet ante commodo, volutpat ante ut, auctor orci. Vestibulum in dapibus velit. Donec volutpat tortor a nisl blandit, accumsan egestas turpis commodo. Phasellus nulla elit, finibus id ipsum nec, semper interdum ante. Aliquam erat volutpat. Suspendisse et vehicula dui. Ut mattis rhoncus est, eu fermentum eros vulputate a. Aenean quis molestie est. Praesent et tortor condimentum, luctus nulla ut, tempor massa. Integer rutrum tortor ligula, eu feugiat nunc molestie ac. Nullam ut orci eleifend, varius est nec, aliquet turpis.

Morbi aliquet rutrum augue quis tempus. Sed id nunc sed tellus rutrum lacinia. Phasellus sollicitudin at nisi ut iaculis. Nulla dolor velit, laoreet quis scelerisque id, pretium nec ipsum. Vestibulum lacinia id tellus nec laoreet. Mauris ut augue sagittis, blandit magna vel, aliquam velit. Vivamus odio nisl, aliquet ut scelerisque vel, feugiat id tellus. Donec tempus, tellus sit amet suscipit efficitur, turpis sem mattis ex, non dignissim nunc risus eu ex.

Nunc velit tortor, vulputate in finibus nec, facilisis at quam. In egestas fringilla neque ut faucibus. Morbi pretium mi nulla, ac condimentum dolor egestas sed. Integer placerat nisl non nunc consectetur eleifend. Nulla non facilisis lorem, in consequat libero. Fusce congue metus ut ante pharetra cursus. Nulla enim magna, hendrerit vel pharetra sit amet, venenatis posuere augue. Morbi commodo molestie metus, gravida facilisis turpis dapibus ut. Ut nec semper felis, mollis vehicula elit. Integer lacinia porta nibh sed egestas. Sed sed ipsum massa. Donec rutrum metus tellus, nec malesuada orci semper eget. Maecenas lacinia, elit vel dapibus convallis, ante erat ultrices erat, aliquam egestas felis sapien eu sem.

Donec a nisi risus. Proin sagittis sollicitudin purus, vitae feugiat nisi consectetur a. Curabitur et elit sodales, gravida mi in, tristique arcu. Fusce porta fringilla augue, vel condimentum mauris porttitor at. Mauris eget odio id felis condimentum varius. In quis rhoncus velit. Praesent at commodo risus, eu efficitur metus. Donec lobortis nunc nec molestie ultricies. Cras pellentesque mollis sem.

Morbi commodo tristique turpis vel hendrerit. Morbi massa turpis, viverra condimentum nisi ac, rhoncus tincidunt diam. Pellentesque quis facilisis ligula. Aenean ac arcu dignissim, dapibus arcu in, finibus nulla. Vivamus aliquam euismod massa. Suspendisse tellus ligula, pulvinar sit amet mi elementum, tempor blandit urna. Curabitur eget justo nec justo commodo cursus at vel erat. Duis vulputate efficitur facilisis. Nullam dapibus diam et iaculis aliquam. Sed finibus augue in tortor dignissim, ut tristique enim euismod. Etiam non tempus dolor. Vivamus porta metus in justo suscipit porta.

Praesent iaculis eros ut vulputate auctor. Curabitur commodo mi mi, id bibendum lacus gravida at. Proin sit amet fringilla nibh, consequat efficitur nisl. Ut quam quam, consectetur a dolor ut, tristique fermentum dui. Vestibulum faucibus nunc vitae blandit pulvinar. Phasellus pulvinar justo quis augue tincidunt faucibus. Etiam varius laoreet auctor. Donec dictum est at lacinia rutrum. Integer vulputate laoreet diam, non venenatis tortor pulvinar eu. Donec blandit vitae erat a elementum. Nulla fermentum, ligula at molestie placerat, nunc sapien pretium arcu, eu pulvinar ex lorem eget felis.

Cras in fringilla dui, sit amet cursus ex. Phasellus erat felis, tempus sit amet finibus vitae, euismod non velit. Etiam et ullamcorper nulla, nec auctor diam. Morbi metus ligula, efficitur at massa vel, interdum mattis diam. Donec cursus est eget urna aliquam facilisis eget nec nibh. Nulla facilisi. Mauris aliquam, sapien sed eleifend molestie, felis purus iaculis velit, nec vehicula libero velit quis massa.

Fusce varius nunc enim, a tempus massa ultricies vitae. Mauris et vestibulum eros, eu porttitor velit. Morbi accumsan aliquam leo, ac congue nisl mattis non. Ut tincidunt sollicitudin leo id tempor. Cras id velit sem. Etiam posuere ante euismod tincidunt bibendum. Nulla bibendum nisi mi, nec egestas erat rutrum a. Morbi a lorem turpis. Pellentesque lacinia, nisl sit amet hendrerit facilisis, metus enim hendrerit ex, rhoncus faucibus mi quam vel enim. Mauris gravida molestie neque vitae blandit.

Aenean ullamcorper orci massa, vitae molestie dui ullamcorper sit amet. Aliquam maximus faucibus orci, et consequat nisl. Praesent non faucibus ligula. Etiam rhoncus justo vel lorem tincidunt, vel malesuada turpis scelerisque. Maecenas a semper nibh. Mauris id elit at dolor placerat vehicula vitae ac ipsum. Suspendisse tempor non metus non tempor. Lorem ipsum dolor sit amet, consectetur adipiscing elit. Maecenas aliquet vel neque sed posuere. Donec finibus, magna at sollicitudin vestibulum, nunc justo efficitur elit, quis feugiat enim turpis nec lacus. Curabitur eleifend blandit justo, nec volutpat augue ullamcorper tristique. Proin molestie rutrum est. Nunc vitae arcu iaculis, egestas dui in, pellentesque tortor.

Donec consequat enim vel nisl venenatis pellentesque. Mauris auctor tincidunt hendrerit. Mauris vehicula pharetra lorem, quis condimentum lectus sagittis ut. Phasellus ullamcorper, risus in gravida elementum, metus mauris commodo ipsum, eu auctor nibh neque non dui. Curabitur gravida ut neque quis pretium. In hendrerit iaculis est a volutpat. Aenean sollicitudin ipsum ut varius tristique. Curabitur eleifend massa mi, et gravida turpis elementum ut. Integer a sapien nisl. Vivamus ornare, nisl et volutpat egestas, sapien dui bibendum sapien, ut viverra diam felis sit amet elit. Nullam sagittis quam erat, eget feugiat velit ornare id. Vivamus consectetur, lacus eget sodales pellentesque, quam augue rhoncus erat, at dictum mi ipsum pellentesque orci. Nulla vitae mollis tellus, a luctus urna.

Integer ornare ornare tellus, dapibus condimentum nunc tincidunt eu. Curabitur mollis dignissim lorem facilisis vulputate. Nunc gravida tempus nunc. Aliquam nec est vel tellus pharetra scelerisque vel vitae dui. Duis posuere nisi ultricies, congue mi eget, rhoncus magna. Aliquam rhoncus molestie risus vel feugiat. Aenean dignissim, velit a convallis iaculis, lectus neque laoreet leo, at semper tellus nisi et lorem. Donec luctus accumsan quam vitae placerat. Nullam feugiat felis neque, et euismod sem tincidunt et. Nam sagittis quis quam ut faucibus. Orci varius natoque penatibus et magnis dis parturient montes, nascetur ridiculus mus.

Pellentesque habitant morbi tristique senectus et netus et malesuada fames ac turpis egestas. Nam neque ante, fringilla non rutrum ut, ornare non nulla. Quisque non convallis nibh, id consectetur urna. Nullam ac lorem massa. Sed pharetra leo sapien, sed auctor est elementum et. Nam nec tincidunt nibh, quis maximus ipsum. Phasellus at ipsum quis sem mollis posuere nec a nunc. Nunc porttitor tortor elit, eu elementum ante fermentum in. Curabitur condimentum vitae urna in porta.

Donec sagittis venenatis ex eget pellentesque. Quisque gravida, ligula vitae gravida pharetra, neque nunc tincidunt lectus, ac feugiat ipsum eros ac metus. Maecenas dapibus ipsum diam, sit amet sollicitudin tortor scelerisque vulputate. Ut bibendum metus id mi rhoncus, quis malesuada eros vehicula. Quisque magna orci, porta in felis nec, blandit pellentesque ipsum. Vestibulum at consequat arcu. Ut et elementum sem, nec faucibus augue. Curabitur at augue at sapien lacinia faucibus. Pellentesque elementum laoreet mauris id luctus. Sed molestie mollis nulla, sed aliquam enim tristique ut. Nunc vestibulum aliquet suscipit. Vivamus quis dui magna. Proin et lectus lorem.

Donec quis massa id urna pretium fringilla. Pellentesque pellentesque ultrices iaculis. Nam interdum diam quis dolor porttitor, ac elementum elit blandit. Duis imperdiet eu dolor sed pellentesque. Mauris pharetra sapien sit amet ex pulvinar, eu ornare enim efficitur. Mauris commodo tincidunt nisi, at tincidunt lectus ultricies ut. Nunc at viverra eros.

Morbi rhoncus nisi ligula. Interdum et malesuada fames ac ante ipsum primis in faucibus. Ut non euismod arcu, in pulvinar massa. Orci varius natoque penatibus et magnis dis parturient montes, nascetur ridiculus mus. Curabitur lectus velit, dignissim ac pellentesque porttitor, cursus id massa. Nunc gravida felis eros, id iaculis nisi tincidunt ac. Ut suscipit ut justo sit amet pretium. Nunc lacinia nisi quis lorem luctus, vitae imperdiet lacus consectetur. Aliquam arcu diam, mollis eget elit quis, pretium volutpat felis. Nullam et pharetra diam, ac fringilla est. Cras purus sapien, ornare sed erat sit amet, varius auctor ligula.

Donec vehicula sollicitudin eros, sed elementum lectus. Sed molestie quis est at cursus. Aliquam dignissim, nisi et aliquam consectetur, justo enim sagittis felis, nec tempor augue massa quis magna. Mauris ligula nisl, fermentum eu mi vitae, ultricies tincidunt turpis. Ut ac arcu at lectus blandit feugiat a id justo. Vestibulum vestibulum urna convallis neque consectetur, at blandit velit commodo. Integer id convallis urna. Ut sed consectetur nunc. Cras vitae luctus eros. Aenean sollicitudin ipsum lorem, non cursus nisl consectetur vitae. Maecenas ullamcorper, velit non placerat eleifend, ex ex hendrerit justo, nec fringilla tellus lorem ac tortor. Pellentesque volutpat ornare augue, vel blandit nulla. Curabitur aliquam sapien in purus posuere, vitae dignissim magna porta. Phasellus iaculis lectus vel tincidunt facilisis. In eros dui, sagittis vitae tempus quis, mattis a nisl. Maecenas mattis condimentum metus.

Sed suscipit lacinia est, non auctor leo volutpat vel. Aliquam erat volutpat. Curabitur pulvinar aliquet libero vel sollicitudin. Curabitur nec nisl in eros fermentum laoreet. Proin dapibus purus id ex iaculis pellentesque. Vestibulum quam nisi, maximus ac magna at, vestibulum venenatis metus. Suspendisse gravida lorem porttitor, placerat arcu vel, dignissim neque. Fusce metus nunc, aliquam et dolor eget, hendrerit consectetur enim. Nam vitae ante in dolor ultricies varius ut vitae risus. Mauris pharetra risus nec lorem pulvinar, vel malesuada est pulvinar. Nunc eleifend sapien lorem, ut pellentesque nunc fermentum nec. Vestibulum congue mauris in arcu iaculis aliquam. Fusce sodales non augue eu euismod. Donec dui quam, venenatis et fermentum sed, pulvinar ac ex. Aliquam condimentum vehicula metus vitae pellentesque. Nulla a mattis leo.

Sed sed orci vitae quam eleifend maximus et id odio. Donec vitae tellus ligula. Maecenas feugiat, velit ac consequat maximus, turpis mauris lobortis dolor, ut dictum magna tellus et nisi. Phasellus consectetur tempus risus id condimentum. Maecenas metus erat, blandit et pellentesque ac, egestas quis ex. Fusce ullamcorper nibh quis felis egestas, vel viverra nisl porta. Maecenas consequat sit amet nulla nec egestas. Fusce mollis dui sit amet sem feugiat luctus. Vivamus turpis nulla, ullamcorper nec porta a, consequat eget sem. Nulla aliquet cursus varius.

Aliquam efficitur pretium urna, sed euismod est volutpat at. Mauris porta turpis a lorem bibendum commodo.

Cras accumsan augue in nisl rutrum, eget tristique felis tincidunt. Curabitur interdum, diam in commodo lobortis, felis nisl iaculis libero, vitae fermentum risus quam vel tortor. Quisque ut consectetur velit. Proin ac nibh luctus, commodo augue at, pulvinar nisl. Cras felis ligula, varius vitae imperdiet sit amet, scelerisque vel felis. Quisque ullamcorper at velit ac commodo. Cras at semper ex. Nulla dictum ex in fringilla rhoncus. Fusce tempor ut dolor interdum volutpat.

Vivamus fermentum, elit sed vestibulum finibus, elit urna faucibus risus, sed congue velit nibh eu augue. Quisque facilisis pretium viverra. Nam fermentum orci sit amet risus faucibus, vitae consequat nibh hendrerit. Suspendisse potenti. Sed scelerisque accumsan eros, ut tincidunt nisi tempus nec. Sed in risus scelerisque, suscipit tellus at, faucibus enim. Cras sit amet nunc id elit auctor sagittis vitae non massa. Phasellus ornare erat non leo dapibus, et finibus nulla euismod.

Mauris dapibus convallis risus, et rutrum enim rutrum quis. Nunc nulla dolor, rhoncus at ultrices vitae, feugiat quis elit. Praesent dignissim ipsum sit amet sapien feugiat molestie. Nam consequat aliquet lorem eu gravida. Morbi sed molestie tellus, non lobortis est. In hac habitasse platea dictumst. Etiam scelerisque, lacus et tincidunt tincidunt, tellus libero scelerisque diam, non tristique mauris ipsum sit amet urna. Morbi dignissim erat ut libero posuere semper.

Integer sed viverra dui, nec sagittis mi. Duis sit amet orci suscipit, laoreet libero ut, placerat nisl. Morbi rhoncus augue eget rutrum vehicula. Phasellus at libero in arcu consectetur fringilla. Aliquam egestas, diam sed tempor ullamcorper, dolor ipsum ullamcorper diam, eget auctor est lorem vitae nulla. Curabitur scelerisque mattis tristique. Nullam augue nulla, suscipit eu nulla sed, tempor luctus augue.

Integer semper nunc commodo, tristique ex in, mollis ipsum. Praesent a rhoncus metus, quis bibendum massa. Curabitur consequat dolor quis ultricies hendrerit. Donec quis facilisis turpis. Morbi commodo tellus augue, ac ultricies lorem aliquet eget. Quisque eu ligula viverra, commodo ligula vitae, venenatis nunc. Donec tempus finibus ligula luctus congue. Morbi id nibh in libero dignissim vehicula. Morbi eget mattis nibh. Aliquam gravida, sem vitae facilisis cursus, erat velit sagittis leo, ut blandit mi arcu vitae elit. Nunc pharetra maximus hendrerit. Nunc sed ligula quis arcu consequat auctor rhoncus malesuada erat. Curabitur ac malesuada nunc.

Cras mi purus, semper vitae ex quis, malesuada consectetur tellus. Curabitur varius, orci sit amet volutpat fermentum, nunc sapien pharetra turpis, id consectetur lorem nibh id arcu. Vivamus dui quam, interdum in dictum eu, gravida vitae enim. Suspendisse sodales arcu vitae ex dignissim, ac commodo sapien auctor. Sed orci tellus, dictum id enim ut, tempor iaculis purus. Nulla erat elit, elementum ac leo a, venenatis congue dolor. Class aptent taciti sociosqu ad litora torquent per conubia nostra, per inceptos himenaeos. Donec urna libero, ultricies at turpis ut, tempor vestibulum mauris. In consequat lacus et diam porttitor dictum.

Quisque commodo non turpis vel sollicitudin. In euismod, lectus non commodo elementum, mi justo pellentesque nibh, vel hendrerit quam nunc et diam. Pellentesque in nisl in erat pharetra luctus. Nam et nulla sed erat placerat hendrerit. Vivamus dolor libero, finibus eget nisi quis, viverra rhoncus nibh. Ut nec lorem id ligula iaculis vulputate at sed massa. Quisque gravida rutrum orci. Curabitur facilisis dictum sapien, nec fringilla leo porttitor et. Etiam ut blandit mi, eu dignissim lacus. Aenean a erat dolor. Aliquam justo nisl, facilisis quis tristique ac, suscipit in turpis. Proin at volutpat magna. Sed eget tincidunt ante.

Ut feugiat aliquet nisl, vitae interdum magna faucibus sed. In vitae semper dolor. Maecenas dui lacus, venenatis ut aliquam ornare, cursus ac sapien. Quisque egestas ornare diam, at malesuada eros rhoncus nec. Donec tempus iaculis purus, nec iaculis est dictum non. Donec accumsan id sem sit amet ultrices. Suspendisse metus leo, consequat pellentesque eros eu, ultricies lobortis arcu. Ut at luctus eros. Donec ultrices facilisis tellus, vestibulum lobortis tortor ullamcorper vel.

Curabitur vestibulum dui venenatis pretium tempor. Fusce varius semper mi sit amet sollicitudin. Vestibulum feugiat aliquam mi, et egestas mi ullamcorper ut. Cras scelerisque tellus et ipsum molestie, eget venenatis massa bibendum. Aliquam facilisis dolor eget metus gravida, nec porttitor elit pretium. Interdum et malesuada fames ac ante ipsum primis in faucibus. Aenean lacinia ex id nisi tempus pretium. Suspendisse potenti.

Mauris efficitur sem ac lectus suscipit sagittis. Aenean tincidunt dui lectus, quis efficitur ipsum mattis in. Phasellus finibus ligula non augue iaculis tristique. Donec ornare mi in dui gravida egestas. Praesent a lorem id mauris maximus eleifend vel et ipsum. Maecenas scelerisque consectetur tortor, et molestie leo ornare vitae. Quisque porttitor commodo augue sed pulvinar. Etiam nisi justo, porta rutrum commodo quis, molestie vel odio.

Vivamus pulvinar accumsan fringilla. Etiam sed urna blandit, ullamcorper ante eu, vestibulum lectus. Etiam ultricies lorem mi, eu tristique sem eleifend malesuada. Etiam consequat est in metus viverra, eleifend condimentum ex interdum. Nam laoreet eget risus at aliquam. Nulla leo eros, eleifend id ipsum ut, viverra varius tellus. Etiam aliquet sollicitudin nisi ut bibendum. In hac habitasse platea dictumst. Suspendisse velit lorem, elementum ac eros vel, cursus convallis nisl. Nunc quis lectus leo. Maecenas sed sagittis metus. Pellentesque pulvinar, enim eget posuere suscipit, dolor ipsum consectetur mauris, et placerat massa enim vitae velit.

Proin nulla risus, ornare non interdum nec, efficitur sed ipsum. Curabitur ut est ut libero egestas aliquam quis nec enim. Nam sed nisi non nulla malesuada vehicula et eu nibh. Aliquam iaculis lacus sit amet mauris sagittis, in fermentum lectus convallis. Sed ut finibus risus. Etiam id ligula sed turpis volutpat varius sed quis enim. Morbi purus felis, condimentum ut orci et, pretium sollicitudin erat. Maecenas molestie sit amet ipsum in ullamcorper. Quisque id felis in velit auctor mattis a ut enim. Nam luctus sollicitudin neque in condimentum. Phasellus rhoncus posuere mi, sed pellentesque nunc. Ut eu ipsum pharetra, lobortis turpis et, molestie odio. Praesent non mi fermentum, suscipit odio id, mollis turpis.

Mauris nunc libero, sodales id vehicula ac, sodales eget nulla. Fusce arcu lacus, luctus quis tempus vel, dignissim at urna. Aliquam vel pulvinar metus. Aliquam posuere, urna id posuere sodales, tellus nisl tempus diam, vel tempor arcu purus sit amet ex. Donec sollicitudin lacus vel diam bibendum scelerisque. Morbi massa magna, venenatis ac augue nec, pellentesque scelerisque sem. Sed sit amet pretium nunc. Vivamus eget placerat lectus, nec aliquam lectus. Maecenas aliquam nunc elit, consectetur porttitor odio ornare ut. Quisque feugiat vestibulum arcu, vel suscipit tellus pharetra vitae. Maecenas sit amet risus turpis. Maecenas euismod augue in nunc dignissim bibendum. Integer non luctus lectus.

In tempor felis tellus, nec sodales diam suscipit sed. Nam viverra lectus sed erat tincidunt, a rutrum quam congue. Quisque rhoncus eu ante quis fermentum. Donec at ex euismod, imperdiet diam non, porttitor leo. Vivamus sodales blandit ultrices. Donec quis nulla imperdiet, tristique massa et, rhoncus ipsum. Suspendisse nec tristique odio.

Nam euismod est velit, a accumsan ipsum tristique et. Ut eu tincidunt magna. Mauris maximus est non leo egestas ullamcorper. Mauris a nunc at elit ullamcorper ornare non at diam. Curabitur rutrum purus non lacus fringilla tempus. Suspendisse lacus sapien, convallis vitae velit a, porttitor blandit urna. Etiam pharetra, dui sed auctor porttitor, odio justo finibus lacus, quis ultricies mi nisl non nunc. Etiam elementum accumsan lobortis. Maecenas aliquet porttitor libero non pretium.

Donec non ligula nulla. Aenean eget quam suscipit, fermentum neque non, accumsan lectus. Maecenas maximus porttitor venenatis. Pellentesque pharetra auctor laoreet. Etiam sit amet lectus congue, pretium eros eget, pulvinar mi. Aenean viverra pellentesque mattis. Nunc elementum hendrerit ante, non condimentum lacus suscipit nec.

Cras hendrerit sed erat ultrices tristique. In hac habitasse platea dictumst. Donec ut leo non mauris fringilla mattis. Quisque vulputate magna vitae mi consectetur semper. Vivamus vehicula a purus mollis mollis. Class aptent taciti sociosqu ad litora torquent per conubia nostra, per inceptos himenaeos. Vestibulum molestie feugiat purus, id venenatis enim dignissim nec. Nunc ultrices sit amet elit quis gravida. Pellentesque nulla diam, laoreet id arcu sed, viverra pharetra est. Donec ac leo eros. Aliquam viverra, quam a blandit vestibulum, purus lacus sollicitudin libero, id volutpat orci lectus vel libero. Quisque non massa semper, suscipit tortor ac, fringilla lacus.

Nam imperdiet sagittis risus. Quisque auctor malesuada sem, tristique fermentum erat aliquam ac. Maecenas eleifend erat a nulla luctus, et consectetur tellus sodales. Nulla porttitor condimentum enim, non maximus sapien eleifend sed. Vestibulum ligula justo, efficitur in commodo porta, fermentum vitae elit. Sed vitae rhoncus nibh, vel sodales ipsum. Aenean rutrum metus lectus, sit amet malesuada elit sagittis in.

Donec dictum scelerisque faucibus. Vivamus faucibus ultrices nibh, vel sollicitudin nunc auctor non. Fusce et commodo metus, non pulvinar dolor. Sed rutrum dapibus leo, sed dapibus eros vehicula ut. Cras maximus dignissim vehicula. Morbi imperdiet aliquet neque sed fermentum. Nulla odio ex, ultricies id justo a, fermentum ultrices arcu. Maecenas sagittis, justo ac tempor porttitor, sem urna lobortis quam, sed suscipit metus mauris non libero. Ut tincidunt placerat cursus. Proin facilisis, ante eu eleifend tristique, dui sem fringilla lorem, cursus viverra leo tortor a nulla. Nullam ex est, eleifend eu euismod a, sagittis non risus. Nullam congue ipsum eget sollicitudin tristique.

Lorem ipsum dolor sit amet, consectetur adipiscing elit. Sed non orci vitae urna posuere consequat. In in orci ac dui pulvinar tempor varius ut dui. Sed ullamcorper lorem vitae augue tincidunt, in posuere risus egestas. Integer maximus semper vehicula. Pellentesque sit amet egestas erat. Etiam convallis nec velit iaculis ullamcorper. Sed pretium commodo ex in malesuada. Maecenas at pulvinar quam. Aliquam dapibus ac erat quis suscipit. Proin porta eget mi sit amet fermentum. Aenean tristique turpis et varius condimentum. Aenean pellentesque elit ac tellus venenatis, in pharetra justo sollicitudin.

Sed semper velit id nisi ultricies, sed mollis justo maximus. Duis enim mi, convallis et massa a, sollicitudin ullamcorper risus. Cras nec sagittis urna. Pellentesque ultrices ut nunc id venenatis. Nam et magna risus. Nullam aliquam tellus ullamcorper tincidunt iaculis. Vestibulum id velit augue. Donec tristique tincidunt nunc, vitae volutpat nisi ultrices non. Aliquam interdum, nisl consectetur tempor egestas, leo lorem finibus ex, vitae eleifend nunc quam a enim. Aenean lobortis augue viverra tincidunt lobortis. Curabitur diam lacus, eleifend sed lorem eget, ultrices varius leo. Phasellus auctor velit ac eros euismod, eu congue quam malesuada. Curabitur facilisis ultrices erat ac pretium.

Phasellus tempor augue eu eros faucibus cursus. Suspendisse ullamcorper erat quis diam pretium suscipit. Nullam interdum massa quis dolor eleifend consequat. Sed nec leo vel tortor congue auctor. Sed fringilla ex a sem rutrum, non dictum urna cursus. Nulla nec ultricies sapien. In convallis ultrices dui, vitae dignissim dui tristique vitae. Cras quis ante at tellus fermentum aliquam eu ut neque. Ut placerat eu tortor vitae facilisis.

Nam pulvinar vitae risus in sodales. Praesent ut erat sed massa fringilla scelerisque vitae hendrerit lacus. Vestibulum viverra augue in tortor pulvinar, et fringilla mi maximus. Proin ullamcorper tortor sit amet rhoncus hendrerit. In tincidunt, mi in semper rhoncus, elit felis iaculis augue, vel efficitur purus felis et mi. In eu ex gravida, scelerisque felis vitae, tempor nibh. Vivamus vitae porta mauris, et viverra metus. Morbi ut augue felis. Mauris et ultrices risus, viverra interdum mi. Donec felis leo, sodales eget sapien id, lacinia vulputate nisi. Etiam est dui, pretium sit amet erat vel, blandit interdum purus. Aenean et mi vulputate, finibus neque sit amet, consequat magna. Aliquam tincidunt elit ligula, tempor viverra enim molestie at. Suspendisse potenti. Nunc ultricies porttitor congue.

Duis erat urna, ultricies vel ornare ac, venenatis sed dui. Ut ac suscipit sem, varius dapibus sem. Orci varius natoque penatibus et magnis dis parturient montes, nascetur ridiculus mus. Morbi suscipit, nisl vel feugiat rhoncus, dui diam auctor nulla, id sagittis sem nisi et quam. Sed porttitor ultrices dolor. Phasellus nec luctus mauris. Quisque id ex at est aliquet iaculis eget eu enim. Nunc egestas arcu vitae elit vestibulum, sed lacinia orci feugiat.

Mauris pellentesque, urna non mattis commodo, libero massa fermentum lectus, eget tincidunt nunc enim sit amet erat. Cras non blandit tellus, sagittis ullamcorper elit. Cras semper scelerisque euismod. Duis consectetur tempor elit vitae luctus. Aliquam vitae turpis non nisi dapibus porta at at erat. In sit amet magna urna. Quisque dignissim dui dignissim orci venenatis rhoncus. Vivamus at bibendum justo, sed luctus enim. Donec non semper odio. Phasellus semper pulvinar nisi et lacinia. Vestibulum ante ipsum primis in faucibus orci luctus et ultrices posuere cubilia Curae; Etiam eleifend, orci in malesuada mollis, velit elit suscipit felis, ac suscipit ligula justo vel nisl.

In hac habitasse platea dictumst. Ut finibus sollicitudin nulla, in rhoncus sapien. Duis sit amet faucibus lectus. In hac habitasse platea dictumst. Donec sit amet gravida sapien. Sed volutpat efficitur faucibus. Aliquam felis nulla, varius vel sodales vitae, consectetur ut nulla. Phasellus auctor finibus nulla, ut tristique ligula viverra nec. Sed non enim sed velit pulvinar blandit. Ut vitae erat sapien.

Integer laoreet ligula rutrum placerat volutpat. Donec tristique diam pellentesque, volutpat nibh in, malesuada felis. Cras nec leo facilisis, fermentum augue sit amet, tincidunt libero. Pellentesque nec metus et massa tincidunt ultrices. Maecenas at massa tempus nibh tempor vehicula at at nibh. Quisque euismod non enim at eleifend. Morbi mauris nisl, pellentesque nec tellus sed, vestibulum elementum arcu. Sed a efficitur felis. Vestibulum egestas ante dolor, vel cursus augue bibendum eget. Pellentesque habitant morbi tristique senectus et netus et malesuada fames ac turpis egestas. In libero ex, dapibus at magna non, vehicula rutrum risus. Morbi ex augue, lacinia vitae magna quis, gravida ornare metus. Aliquam erat volutpat. Morbi felis orci, convallis vitae mauris et, ullamcorper dignissim ex.

Donec vel enim in quam cursus feugiat sit amet eget magna. Vivamus eleifend sapien in eros dapibus, ultrices volutpat ipsum fermentum. Quisque placerat viverra nunc. Praesent vitae posuere lectus, ac imperdiet ex. Fusce a ex eu turpis aliquam aliquam. Quisque feugiat tortor massa, vitae vulputate lacus accumsan quis. Praesent ultricies elit vitae nisl ultricies fermentum. Etiam cursus velit ut est bibendum viverra.

Sed ultricies bibendum urna id faucibus. In hac habitasse platea dictumst. Nulla eu maximus ligula. Suspendisse fermentum turpis quis mattis cursus. Pellentesque ornare metus nec mi luctus, nec lobortis metus ultricies. Etiam in eros purus. Aenean ante mauris, gravida nec sollicitudin dignissim, pretium non magna. Nullam et fringilla quam. Integer sodales dolor a hendrerit auctor. Donec blandit ornare ultrices. Aenean non magna mauris. Suspendisse semper nisi quis risus pharetra finibus sed quis nibh. Aenean rhoncus orci ac tortor finibus fringilla.

Class aptent taciti sociosqu ad litora torquent per conubia nostra, per inceptos himenaeos. Suspendisse tristique, nibh a ultrices tempus, nibh purus venenatis est, et luctus dui orci quis sapien. Duis consequat neque eu varius vestibulum. Ut nec maximus magna, id bibendum odio. Phasellus fermentum pharetra elit eget pretium. In id imperdiet mi. Vivamus ac magna massa. In ac sapien hendrerit, placerat nisi ut, imperdiet purus. Maecenas vel lectus sem. Phasellus nibh lacus, ullamcorper ut urna vel, mattis aliquam nisl. Vestibulum ut consectetur mauris. Duis egestas ullamcorper tortor in hendrerit. Sed ornare leo eu pulvinar sagittis. Interdum et malesuada fames ac ante ipsum primis in faucibus. Fusce elementum massa est, in egestas nulla vehicula in.

Maecenas aliquet augue quis lorem luctus mattis. Vestibulum ullamcorper id elit vel egestas. Donec tristique sit amet sem et vestibulum. Duis ac dictum odio, at rhoncus risus. Nulla sapien eros, mollis commodo nibh sit amet, finibus ultrices ante. Pellentesque velit orci, dapibus at cursus non, tincidunt consequat nisi. Nullam pellentesque iaculis vulputate. Integer viverra nisl vel augue egestas blandit nec non lectus. Sed consequat lectus in enim molestie ornare. Morbi interdum erat odio, suscipit venenatis mi condimentum at. Maecenas velit nulla, lacinia vel mi et, lacinia pretium ligula. Morbi vestibulum lectus scelerisque volutpat sollicitudin.

Praesent lacinia ornare urna, sed lobortis tellus rutrum quis. Nam semper quis orci vitae ultricies. Aenean egestas, lectus quis tempor dapibus, sapien ligula maximus felis, in ultricies tortor elit a nibh. Curabitur pretium odio velit, ut accumsan nunc faucibus et. Mauris vehicula posuere leo, a ultrices orci. Quisque vulputate lectus et erat venenatis rutrum. Proin in euismod felis. Fusce ligula metus, rhoncus sed arcu vitae, tincidunt congue odio. In venenatis, nulla at pharetra elementum, leo dolor viverra leo, id tristique est eros id nunc. Curabitur tincidunt sit amet ipsum blandit vehicula. Praesent imperdiet libero convallis, rhoncus velit ut, hendrerit libero. Sed viverra dapibus metus vitae varius.

Quisque in egestas eros. Sed risus libero, hendrerit quis luctus ac, pharetra nec orci. Lorem ipsum dolor sit amet, consectetur adipiscing elit. Pellentesque maximus nisi sed nisi congue, vel faucibus nisi posuere. Aliquam eget metus eget mi rutrum efficitur. Fusce porttitor, arcu non interdum auctor, lectus urna aliquam ex, quis porta ex magna in neque. Vestibulum fringilla blandit massa et aliquet. Sed tempor nulla sed est volutpat, at tristique odio feugiat. Praesent in aliquam enim. Integer sed iaculis odio. Aenean aliquet viverra magna eu consequat.

Donec id nulla nunc. Donec vel eros id lacus faucibus pellentesque sit amet id sapien. Quisque vitae egestas risus. Sed risus erat, fringilla eu lacinia tempor, gravida vitae justo. Sed vel dui non nulla varius feugiat sed at mi. Cras vitae efficitur felis. Praesent iaculis id ante et faucibus. Nam odio dui, tempus et tortor eu, ultrices posuere tellus. Fusce lobortis sapien nec lorem finibus scelerisque. Phasellus eu mi hendrerit, venenatis justo vitae, egestas ipsum.

Mauris vitae diam massa. Nulla pretium diam urna. Donec a arcu vehicula, maximus arcu in, gravida enim. Nulla enim massa, vehicula lacinia auctor sit amet, tempor pharetra nulla. Sed et purus dolor. Nulla dictum est eget cursus luctus. Curabitur a nunc et justo ultricies tempor. Duis quis placerat quam. Phasellus nulla magna, maximus quis consectetur sed, dignissim id nulla. Nulla consectetur aliquam dignissim.

Quisque tortor augue, malesuada a tellus ac, euismod pharetra massa. Duis urna turpis, feugiat vitae laoreet non, gravida vel enim. Sed fermentum ipsum eu mauris porttitor interdum non eu leo. Nulla tincidunt ultrices neque eu semper. Maecenas laoreet sodales nibh ut tempus. Nam interdum, turpis in vehicula pharetra, nulla nibh ultricies nisl, a condimentum purus velit sed metus. Nulla id augue justo. Suspendisse eget justo consectetur, mollis mauris et, vehicula urna. Suspendisse sit amet molestie lacus. Sed egestas lectus lacus, sed cursus dui tempus eu.

Sed sodales augue et ligula volutpat tristique. Aliquam vel libero ut diam aliquam aliquam. Aenean non tortor velit. Sed et rhoncus dui, sit amet porta enim. Etiam ut ex risus. Vivamus pretium nulla a tellus facilisis faucibus. Nunc tellus odio, tempor ac aliquam quis, mattis at nisi. Proin tempus orci et odio blandit egestas. Suspendisse eleifend, lectus tempor eleifend luctus, risus turpis sodales quam, eget dignissim neque felis vel tortor.

Sed elementum ex ex, et aliquam lectus pulvinar sit amet. Mauris eleifend commodo neque, ut posuere justo faucibus sed. Cras eleifend elementum sem, vestibulum consectetur nisl auctor sed. Integer molestie nisi vitae maximus consequat. Nulla euismod, urna quis luctus rutrum, purus tellus placerat tellus, ut feugiat neque nunc in odio. Orci varius natoque penatibus et magnis dis parturient montes, nascetur ridiculus mus. Sed eleifend finibus est, at vulputate nulla ultrices at. Suspendisse nec pulvinar dolor. Morbi in sem a nisi iaculis tristique quis nec augue. Phasellus vulputate justo est, molestie blandit risus gravida cursus. Ut at ornare massa. Sed ultrices iaculis est, at lacinia nibh feugiat eget. Mauris elit orci, eleifend ultricies efficitur ac, imperdiet eget eros. Duis porttitor rhoncus lorem, eget eleifend nulla tempus sit amet. Mauris leo sem, egestas vitae lobortis in, tempor eget diam. Nam semper vel justo quis dignissim.

Maecenas scelerisque lectus quis euismod viverra. Ut eget viverra ligula. Fusce ut est tempus, eleifend ipsum sed, elementum nunc. Phasellus non nisl egestas, faucibus nisl sed, condimentum massa. Mauris a sem sit amet nisl scelerisque tincidunt. Vivamus in nisl euismod nisi maximus imperdiet sed vitae risus. Sed at finibus dui. Etiam eu egestas magna. Morbi eu est id dui hendrerit tincidunt ut bibendum neque. Vestibulum tristique faucibus est, in accumsan ipsum ullamcorper vel. Sed auctor eros risus, non aliquam orci maximus sit amet. Aliquam eu purus turpis. Donec dictum a tortor sed efficitur. Phasellus lacinia est nisl, in scelerisque neque viverra a. Cras feugiat nisl mauris.

In quis urna at augue lobortis venenatis. Ut et massa quis enim sollicitudin hendrerit. Lorem ipsum dolor sit amet, consectetur adipiscing elit. Quisque velit lectus, convallis sed tellus sit amet, iaculis porttitor elit. Duis congue efficitur risus eget tempus. Nunc nisl lectus, pharetra at est non, facilisis blandit augue. Aliquam augue urna, efficitur eu volutpat id, congue ac nisl. Interdum et malesuada fames ac ante ipsum primis in faucibus. Phasellus ut erat eget eros feugiat pretium nec vitae odio. In a lorem non ex feugiat scelerisque ac ut dolor. Phasellus felis velit, pulvinar sed quam et, ornare accumsan dui. Nam a nisl eget dolor scelerisque ornare id sed massa. Etiam iaculis at justo eget mattis. Nulla vel consectetur sem. Nulla eget ipsum eu neque congue facilisis sit amet lacinia orci. Suspendisse malesuada ullamcorper tortor, vel varius libero ultricies ac.

Etiam luctus urna eget nisl laoreet interdum. Etiam facilisis mollis lacus, nec consequat lorem fringilla id. Proin pharetra purus eget efficitur gravida. Cras at consectetur odio. Quisque a eros ac neque vulputate convallis. Aliquam malesuada mi rutrum massa iaculis venenatis. Fusce interdum sem eget volutpat feugiat. Nulla nunc eros, aliquet quis vestibulum vel, posuere eu arcu. Nulla orci dui, bibendum id vehicula ac, consequat congue metus. Nunc tempor, nisi vel elementum blandit, libero mauris ornare ipsum, ac ornare neque odio nec nisi. In viverra, lectus et efficitur pulvinar, tellus felis lobortis nunc, quis interdum nunc velit ac enim. Pellentesque quis mauris diam. Quisque porta nulla ac lorem dictum, fringilla iaculis ipsum blandit. Phasellus sed lectus nec libero pharetra convallis.

Duis eget auctor lacus. Vestibulum ac lacus mi. Cras est velit, eleifend ac vulputate ut, rhoncus quis risus. Maecenas tempus ac ex et iaculis. Curabitur cursus maximus convallis. Mauris posuere condimentum neque, molestie ultricies nunc dictum vel.

Aliquam turpis turpis, ultrices auctor pellentesque et, convallis in arcu. Nullam pretium, est in mollis eleifend, sapien quam varius diam, imperdiet scelerisque nisl diam ac diam. Curabitur consequat fringilla efficitur. Integer nec vehicula felis. Pellentesque eu suscipit dui. Quisque congue lectus ligula, nec porttitor lorem ultricies vel.

Vestibulum id enim non velit lobortis fermentum at quis velit. Integer vel ornare erat, et placerat enim. Sed elit ante, auctor sed ex ut, efficitur varius quam. Donec elit enim, elementum eu fringilla eget, accumsan quis lectus. Sed eget molestie mi. In sed elementum nunc. Quisque eu quam a lectus blandit condimentum. In hac habitasse platea dictumst. Ut facilisis mi eu sem consequat iaculis. Vivamus posuere, nunc eget condimentum venenatis, quam ipsum posuere velit, ut aliquet orci mi non enim. Sed molestie egestas laoreet. Ut id nulla congue, condimentum justo id, laoreet purus.

Integer a erat bibendum, cursus arcu ut, aliquet urna. Morbi bibendum, dui in fermentum fermentum, lacus ipsum vulputate est, sed mollis nunc quam eget ligula. Pellentesque lacinia nisl quis risus fermentum, non tempor felis consectetur. Sed ac elit aliquet, pharetra lorem vitae, vehicula sem. Suspendisse a gravida lorem. Curabitur iaculis consequat gravida. Ut efficitur nec mi quis blandit. Donec feugiat viverra velit vel mollis. Nulla sit amet feugiat ligula, in vestibulum purus. Donec a turpis vel lacus scelerisque luctus. Sed id semper est, quis luctus erat.

Duis nec dolor quam. Nam sagittis maximus sapien, ut ullamcorper leo pulvinar quis. Curabitur dignissim ligula nibh, nec luctus justo gravida a. Integer id arcu aliquam, dapibus augue quis, varius justo. Pellentesque cursus vitae sem in consequat. In tincidunt consectetur orci, non aliquam lorem viverra ac. Vivamus laoreet lacus a dignissim viverra. Suspendisse potenti. Sed porttitor molestie varius. Suspendisse sodales ex tempus augue luctus pulvinar. Duis at turpis tortor. Nullam posuere sit amet elit non porta. Vestibulum ut accumsan augue. Interdum et malesuada fames ac ante ipsum primis in faucibus. Aliquam sit amet elit nec mi ornare faucibus ut eget ipsum. Phasellus eget pharetra enim.

Nunc dapibus massa elementum sapien venenatis ultrices. Phasellus sem tortor, malesuada sed molestie vel, mollis at urna. In in vestibulum libero. Proin porta justo nec tortor cursus malesuada. Duis eleifend lorem non volutpat dapibus. Vestibulum molestie venenatis libero vitae gravida. Mauris eget orci eget erat varius accumsan. Donec vel tincidunt mi, in varius urna. Nulla enim nibh, aliquet et efficitur non, tincidunt rhoncus erat. Suspendisse sem mi, gravida id nisl sit amet, viverra iaculis lacus. Praesent vel ante justo. Pellentesque pulvinar, ipsum ut convallis mattis, lectus purus ultrices enim, vel dapibus nulla enim ac augue. Nullam vestibulum laoreet orci sit amet commodo.

Orci varius natoque penatibus et magnis dis parturient montes, nascetur ridiculus mus. In vel urna laoreet, finibus ante finibus, luctus risus. Nullam tempus felis in lacus posuere, sit amet vulputate neque consectetur. In pretium ligula sit amet ultrices tincidunt. Maecenas tempus dictum dui id semper. Curabitur ac est enim. Sed venenatis tellus dui, sit amet ornare nisl vehicula nec. Suspendisse efficitur sem vitae diam eleifend, sed consequat purus ornare. Suspendisse pharetra in nunc vitae fermentum. Vestibulum sit amet risus finibus odio feugiat porttitor id nec felis. Proin dapibus laoreet dolor ac congue. Donec tincidunt non metus at egestas. Praesent feugiat quam molestie aliquam aliquam.

Etiam eu rhoncus risus. Nam vitae varius mauris, at venenatis eros. Donec dictum vitae quam quis cursus. Duis quis lobortis tellus. Sed vel pretium velit, eget rhoncus leo. Cras quis justo massa. Donec consectetur ex ut elementum molestie. Aliquam erat volutpat. Nullam suscipit orci sit amet enim convallis pulvinar. Nunc eget venenatis augue. Maecenas volutpat velit in justo sagittis, et blandit nibh mattis. Nulla aliquet placerat sodales. Sed risus quam, fermentum sit amet libero in, elementum finibus augue.

Duis a tincidunt massa. Maecenas at metus malesuada, blandit quam id, efficitur eros. Proin sit amet nunc quis turpis lobortis fermentum. In nec leo vestibulum tortor imperdiet vulputate non vel dui. Vestibulum in felis egestas, venenatis neque vitae, tempor metus. Ut eget egestas augue. Cras tristique sollicitudin felis non accumsan. Vestibulum ut quam neque. Aliquam quis lacus dictum, ullamcorper metus in, scelerisque magna. Cras purus metus, sollicitudin id sollicitudin tincidunt, efficitur non ligula.

Integer vitae posuere lectus, in elementum dui. Proin commodo, purus ac interdum tempor, ipsum nisi tincidunt libero, quis accumsan mauris orci vel neque. Proin imperdiet, massa non aliquam euismod, dui mauris pretium elit, ac iaculis purus justo nec elit. Curabitur rutrum libero nec turpis auctor sagittis. Pellentesque habitant morbi tristique senectus et netus et malesuada fames ac turpis egestas. Proin nec convallis metus, at congue elit. Sed sed ullamcorper sapien, et finibus arcu. Aenean eget diam gravida elit rutrum tincidunt id eget sem. Quisque sit amet magna vel nisl euismod eleifend ac non ipsum. Sed imperdiet eros ac mauris congue maximus. Aenean mollis vulputate tellus dapibus laoreet. Morbi euismod justo ac ligula euismod lobortis. Cras pulvinar lobortis pharetra. Donec congue fermentum nibh ut luctus.

Etiam vel nulla a massa imperdiet condimentum ac eget ligula. Ut imperdiet, lorem in blandit ornare, augue nunc eleifend erat, sed facilisis tellus tellus nec metus. Mauris sagittis magna non rhoncus commodo. Vivamus sit amet hendrerit sapien. Mauris maximus elit nec lectus elementum, vitae ornare ex pulvinar. Mauris bibendum, nisl nec eleifend pretium, eros magna scelerisque metus, id placerat sem mauris et lectus. Vestibulum pharetra sollicitudin orci eu dignissim. Phasellus pharetra quis risus porta malesuada. In hac habitasse platea dictumst.

Suspendisse ultrices urna nec luctus posuere. Nullam sit amet massa in leo tempus lobortis. Morbi nec vestibulum quam. Donec ut erat vitae libero hendrerit faucibus. Suspendisse auctor lacus sit amet urna ultrices, at dignissim leo lobortis. Quisque tempus justo enim, eu bibendum lacus pulvinar non. Nullam ut viverra justo.

Quisque porttitor rutrum ex sit amet fermentum. Nullam ullamcorper elit urna, sed lacinia dui volutpat eu. Phasellus nec laoreet metus. In ut turpis non augue fermentum volutpat a in justo. Ut dictum et ex ultricies condimentum. Proin eget tellus a quam condimentum viverra ac et mauris. In augue massa, tincidunt non mauris et, mattis dapibus magna. Nam sit amet consectetur erat. Fusce id pretium sem.

Ut ornare est ac enim gravida, in ultrices arcu blandit. Sed ligula ex, lobortis eget sapien a, commodo mollis mauris. Maecenas risus nibh, volutpat sollicitudin pellentesque at, vestibulum vel risus. Aliquam lacinia leo nisi, sed malesuada odio feugiat nec.

Mauris euismod, diam et aliquet viverra, urna nibh ultricies elit, quis condimentum ex urna vitae enim. Proin tempus enim eu dui convallis volutpat. Maecenas egestas dolor eu massa placerat egestas. Maecenas lobortis metus eget interdum vulputate.

Fusce maximus molestie nibh, vitae auctor justo consequat id. Proin rhoncus orci turpis, luctus tempor erat condimentum eget. Maecenas pellentesque aliquet erat eu ultricies. Donec sit amet pharetra est. Ut ac tincidunt dui, et faucibus nulla. Phasellus augue justo, finibus a arcu sed, fermentum pulvinar lorem. Nunc porta commodo condimentum. Cras vulputate viverra porta. Nulla mollis urna ligula, eu feugiat felis volutpat mollis. Praesent vel efficitur sapien.

Pellentesque aliquam ultricies lorem in hendrerit. Curabitur maximus vel massa vel porttitor. Sed rutrum maximus molestie. Nam sed laoreet odio. Donec pulvinar id lectus sed eleifend. Nunc feugiat nibh vitae justo elementum, eu elementum massa vulputate. Donec aliquam nulla eu consequat blandit. Pellentesque lorem enim, ullamcorper at scelerisque sit amet, tincidunt nec ante. Praesent dapibus quam quis neque sodales tristique. Vestibulum ut pellentesque dui, vel mollis eros.

Nunc at enim fermentum, bibendum mi vitae, congue massa. Duis dictum mattis odio, in feugiat augue ullamcorper at. Suspendisse dignissim egestas nisl congue semper. Fusce eget dolor a eros rhoncus facilisis. Praesent placerat aliquam eros id fermentum. Quisque ut efficitur urna, ac elementum nunc. Praesent consectetur scelerisque leo, id rutrum magna malesuada at. Maecenas porta bibendum lectus. Mauris pretium maximus elit at auctor. Donec quam tortor, efficitur vel massa eu, consectetur pharetra justo. Praesent quis sollicitudin justo. Vivamus vehicula interdum nisi, et facilisis lorem consectetur sed. Integer sed ligula non mauris tempus aliquet.

Donec semper dui eget porta ullamcorper. Duis id tellus eleifend urna condimentum pulvinar quis at ante. Morbi efficitur commodo tempus. Aenean mollis placerat tincidunt. Cras id massa consequat, condimentum ante eget, hendrerit orci. Nam ut purus consectetur, facilisis mi quis, euismod neque. Nunc venenatis laoreet ligula in imperdiet. Vivamus ante felis, varius quis vulputate in, finibus non erat. Nunc suscipit viverra enim, vestibulum ultricies diam porta non. Nam molestie, urna ut finibus varius, lectus velit vulputate mauris, faucibus dignissim metus ipsum in mi.

Curabitur in arcu ligula. Nulla eu fermentum turpis, vel dictum urna. In sollicitudin mi quis ipsum aliquam cursus. Suspendisse pellentesque consectetur elit, ut posuere nisi. Nam mauris nunc, ullamcorper ac pellentesque ac, volutpat viverra metus. Donec imperdiet egestas felis vel vulputate. Nunc tristique diam volutpat, ullamcorper mi at, scelerisque massa. Nam convallis faucibus metus, in laoreet leo. Etiam aliquet odio ut ante gravida, sed blandit lorem varius. Ut non sagittis turpis.

Suspendisse quis fringilla dolor, at blandit justo. Vestibulum a dolor pulvinar, laoreet eros quis, iaculis dolor. Proin quis eros non sem dignissim vulputate. Integer vitae ante scelerisque, fringilla nunc at, porttitor erat. Morbi malesuada vel mauris sit amet auctor. Proin in mi dignissim, sagittis arcu vitae, sagittis tellus. Mauris ac luctus ante, quis mattis erat. Aliquam vitae ultricies ante. Etiam ut lectus sem. Sed eu tempor dolor. Etiam hendrerit vel eros eget ornare. Curabitur lobortis vel mi eget iaculis. In finibus orci et aliquet molestie. Aliquam sagittis est quis risus imperdiet elementum. Nam tempor sagittis nulla vitae auctor. Phasellus posuere nisl purus, nec finibus augue luctus non.

Sed maximus sed arcu sed eleifend. Maecenas mollis mi ac elementum tincidunt. Pellentesque sodales dictum dapibus. Aenean vitae blandit dui. Sed in lacinia nisi. Curabitur in orci mattis, dapibus enim at, finibus purus. Sed arcu lectus, sagittis vel nunc sit amet, tempor volutpat diam. Curabitur scelerisque nibh non faucibus faucibus. Maecenas congue nibh ac magna ullamcorper feugiat. Integer varius semper elit, a tincidunt erat rutrum quis. Morbi dignissim congue elit, ut eleifend urna feugiat quis.

Etiam eu tincidunt orci. Nulla eget est dictum purus tincidunt fermentum. Fusce eu leo ut neque lobortis varius sit amet a sapien. Lorem ipsum dolor sit amet, consectetur adipiscing elit. Pellentesque non ex sit amet sapien semper pulvinar. Integer id fringilla magna. Cras dignissim, turpis accumsan mattis suscipit, lacus enim consequat leo, et bibendum metus risus a orci. Aliquam tincidunt nunc vitae orci pharetra, et sollicitudin nibh tincidunt. Praesent nunc ligula, luctus eu bibendum et, volutpat quis metus. Duis vehicula vestibulum lorem, ac dignissim ante cursus id. Vivamus sapien turpis, posuere id tortor id, ultrices ornare risus. Etiam ut est iaculis, volutpat velit a, viverra sapien.

Morbi quis urna justo. Vestibulum et tellus hendrerit, porttitor nibh vel, hendrerit lacus. Sed ut semper diam. Nunc vestibulum tortor rutrum mauris hendrerit volutpat. Suspendisse sed tellus lacinia, tincidunt sem sed, dignissim felis. Maecenas placerat, tortor suscipit commodo condimentum, quam libero auctor est, eu placerat dolor nibh eu neque. In ut diam euismod, imperdiet turpis at, mattis leo. Sed pellentesque sollicitudin quam, semper dictum orci congue in. Nullam non auctor quam. Ut vel tincidunt libero, ut viverra nunc. Ut placerat ligula eget ligula dictum, ut pretium augue tincidunt.

In nec magna bibendum, sagittis nibh nec, ultricies erat. Curabitur fermentum hendrerit tempor. Etiam et metus felis. Nulla facilisi. Donec malesuada magna id neque sagittis, ut tristique orci pharetra. Fusce eleifend elit ipsum, tempus hendrerit orci tincidunt a. Sed laoreet mi a consequat mollis. Etiam vehicula, velit eu porta porta, enim neque volutpat dui, sed euismod neque tellus vel diam. Curabitur finibus pretium purus, at consectetur enim venenatis et. Donec vehicula mi nisl, eget malesuada risus auctor sit amet. Praesent ac dui venenatis, egestas sapien at, euismod quam. Nulla id quam sit amet ligula venenatis facilisis nec vel nunc. In vitae sodales tellus. Pellentesque habitant morbi tristique senectus et netus et malesuada fames ac turpis egestas. Integer quis iaculis mauris.

Cras ullamcorper enim vel lectus ultricies faucibus. Vestibulum auctor dolor a finibus facilisis. Nunc tempor, ipsum at scelerisque ultricies, turpis ipsum faucibus dolor, eu imperdiet ipsum ipsum vel urna. In tempus mauris risus, vitae feugiat elit tristique imperdiet. Lorem ipsum dolor sit amet, consectetur adipiscing elit. Proin rhoncus turpis nec commodo efficitur. Duis sed justo lobortis, mattis tellus sed, hendrerit arcu. Duis varius felis at gravida auctor. Fusce ornare metus at augue mollis, nec pellentesque tortor luctus. Sed magna nunc, efficitur id rhoncus et, mattis sit amet tortor. Nulla accumsan nec arcu eu malesuada. Fusce vitae neque aliquam, condimentum odio et, imperdiet mauris. Sed gravida, odio eget pellentesque egestas, quam diam lobortis purus, at vehicula mauris massa quis odio. Nulla facilisi.

Nulla ex elit, gravida placerat maximus a, egestas eget elit. Interdum et malesuada fames ac ante ipsum primis in faucibus. Phasellus tempus tortor libero, vitae suscipit lorem dignissim vitae. Sed non libero enim. Cras imperdiet, nisi consectetur placerat iaculis, nisi lacus faucibus quam, eu consequat augue tellus a ante. Morbi elementum commodo elit in scelerisque. Mauris dapibus nulla erat, sit amet egestas nulla consequat eget. Aenean vitae volutpat tortor, in facilisis lectus. Curabitur sit amet sem bibendum, aliquam nibh nec, elementum augue. Mauris nec libero felis. Fusce pretium commodo nunc in iaculis. In urna velit, placerat sit amet sagittis eu, venenatis nec quam. Nam blandit magna urna, nec ultricies diam sodales eu. In rutrum nulla ultricies nisi tempor, et viverra orci gravida. Aenean imperdiet eros ut enim sagittis, quis dignissim eros lacinia. Vestibulum consectetur odio sit amet erat vestibulum, eget pharetra mauris faucibus.

Aliquam tincidunt, eros a luctus auctor, libero odio blandit enim, sit amet vehicula mi magna ut ipsum. In blandit est id orci euismod, vel dictum sapien condimentum. Morbi sit amet est a neque gravida sodales. Cras luctus, nulla in eleifend dapibus, ipsum urna consequat magna, ac fringilla diam metus eget mauris. Nunc tincidunt eros ultricies tincidunt pellentesque. Sed sed erat ac tortor sagittis gravida. Sed scelerisque velit lorem, hendrerit egestas mi tempor quis. Nunc porttitor arcu sit amet turpis porta, a luctus turpis mattis. Donec viverra blandit lacinia. Cras non finibus mauris. In rutrum risus eu ligula iaculis, a tincidunt lorem elementum. Donec dignissim lacus sed arcu condimentum mattis. Donec lacus risus, iaculis a tortor vel, bibendum dignissim neque. Donec nec quam ipsum.

Duis laoreet ac diam a malesuada. Maecenas sed facilisis arcu. Pellentesque vitae tincidunt dolor. Praesent non magna at magna bibendum commodo at eget quam. Donec rutrum sed nunc quis condimentum. Curabitur sit amet nibh at augue fringilla ornare. Ut vulputate ac tellus vel rutrum.

Mauris vitae dui sit amet lorem vehicula gravida at a leo. Fusce efficitur, ante at venenatis vulputate, lacus nisl rhoncus magna, a malesuada justo neque semper tortor. Donec lectus justo, consequat sit amet tristique vel, tempus ut metus. Vivamus sed sem elit. Aenean elementum, sapien at tincidunt ultrices, erat ligula bibendum lacus, non rutrum metus felis vitae lacus. Donec egestas tellus id viverra vulputate. Fusce lectus massa, aliquet sit amet sapien et, efficitur pulvinar purus. In eget nulla ut risus tristique tempor ac et dolor. Donec dapibus orci at lobortis ornare. Morbi ultricies condimentum est, eget varius risus aliquam interdum. Fusce ut ante sit amet nulla ornare pellentesque. Sed faucibus lectus eu elit convallis, sollicitudin gravida arcu pharetra.

Nullam viverra, augue eget viverra condimentum, ante lectus ultricies sem, in tincidunt magna lorem vitae est. Nunc fringilla arcu eu faucibus pellentesque. Morbi consectetur tellus sed erat ornare, non ornare sem aliquet. Quisque iaculis scelerisque semper. Morbi porttitor iaculis laoreet. Sed eget tristique augue. Suspendisse ac viverra sapien. Proin eget turpis nisl.

Fusce lacinia tellus sapien, non euismod turpis varius eu. Nulla facilisi. Ut cursus enim ac convallis vehicula. Donec accumsan lacus sit amet mi efficitur fermentum. In vitae iaculis massa. Lorem ipsum dolor sit amet, consectetur adipiscing elit. Nulla malesuada convallis eros, eu interdum erat ornare sit amet. Etiam mattis bibendum orci sit amet interdum. Sed lorem velit, blandit in tincidunt posuere, congue at magna. Pellentesque efficitur lobortis enim, et elementum lacus imperdiet luctus. Donec non dolor in enim semper hendrerit. Nullam sollicitudin enim ac nunc sodales imperdiet fringilla a urna. Vestibulum accumsan, enim vel tempus suscipit, ex erat ornare nulla, nec eleifend libero nunc at urna. Fusce aliquet et arcu in feugiat. Vivamus quis neque quis magna euismod accumsan vitae quis lectus. Vestibulum efficitur eget metus eget interdum.

Duis eu dui lorem. Nunc ut tristique quam. Duis ut urna lacinia, ultrices augue sed, sagittis sapien. Mauris et vehicula urna. Praesent ligula augue, congue in ante sed, faucibus ullamcorper felis. Nunc lacinia felis nec turpis ultrices, non placerat velit laoreet. Maecenas pharetra neque et risus porta mollis.

Proin finibus dignissim urna a aliquam. Integer nec purus non sem sagittis scelerisque. Integer interdum, dui sit amet elementum hendrerit, ligula erat sodales metus, ut hendrerit elit odio et est. Suspendisse potenti. Quisque dictum sem neque, non aliquam tellus gravida sit amet. Cras eu placerat velit. Morbi dapibus, nisi et dictum mattis, odio magna pretium nunc, in lacinia magna quam et urna. Fusce sodales diam in ex placerat lacinia. In malesuada elementum purus, vel finibus dui congue non. Praesent urna erat, volutpat nec justo quis, volutpat cursus turpis. Sed urna justo, eleifend sit amet volutpat a, pharetra eget ante. Sed diam eros, semper eu lacinia a, rutrum sed lorem. Ut interdum ipsum commodo justo auctor facilisis. Vestibulum et iaculis nunc. Etiam libero sapien, mollis a ornare sed, laoreet et enim.

Aenean blandit sem sit amet sapien efficitur maximus. Aliquam tellus nibh, maximus vitae congue id, vestibulum eget magna. Suspendisse sollicitudin vestibulum lacus, ut bibendum odio hendrerit blandit. Praesent congue lorem at est tristique volutpat eu quis turpis. Donec ultricies accumsan laoreet. Aliquam non laoreet sapien. Fusce eu urna ac nisi tincidunt vehicula ac nec urna. Cras dolor nisi, convallis sed lacinia et, gravida et nibh. Praesent in velit imperdiet, elementum dui nec, pulvinar purus. Vivamus eu mauris vel erat tempor gravida sit amet sed nibh. Maecenas vitae turpis vitae nisi lobortis ultricies. Vestibulum non ullamcorper libero. Suspendisse eget tellus augue. Duis eleifend vel risus sit amet posuere.

Proin nibh nulla, lacinia efficitur mattis at, malesuada ut lorem. Duis accumsan leo vehicula porttitor tincidunt. Ut et risus pharetra, molestie velit et, tempus sapien. Nullam eros arcu, tristique ut dolor id, suscipit aliquam sem. Nam lacinia nunc in metus aliquet, sed rutrum felis suscipit. Morbi nec sagittis orci. Aenean condimentum arcu erat. Vestibulum semper mi id iaculis malesuada.

Maecenas et dignissim lorem, id luctus ante. Mauris placerat consequat erat vel euismod. Integer in finibus lectus. Nullam ut arcu eget turpis ultrices congue in ut lectus. Integer quis elit nec sem tincidunt efficitur eu vel quam. Aliquam quis arcu eu elit ullamcorper auctor laoreet et enim. Proin pellentesque blandit leo, vel accumsan magna tempus in. Cras fermentum purus nisi. Praesent fermentum turpis lacus. Cras consectetur tempor eros vitae vehicula.

Donec nec aliquet ex. Mauris euismod ligula libero, a elementum erat ultricies id. Morbi ac metus quis mi hendrerit cursus in at dolor. Curabitur vitae magna non tellus volutpat laoreet eu in urna. Vivamus sit amet quam tempus, interdum risus vitae, blandit velit. Donec at ante mattis, sagittis dolor et, suscipit massa. Praesent at lectus eu tellus dapibus elementum in imperdiet quam. Curabitur porttitor vulputate risus, vel vehicula turpis cursus sed. Sed suscipit felis at consequat mattis. Donec placerat finibus tortor. Suspendisse ac tortor neque. Integer tempor felis vel tellus cursus imperdiet. Pellentesque lobortis porta ante eget posuere. Sed at imperdiet dolor. Vestibulum id dictum ipsum.

Vivamus lacus risus, dictum vel augue nec, iaculis rhoncus urna. In hac habitasse platea dictumst. In eget erat vel felis dignissim ultrices. Vivamus volutpat vestibulum porttitor. Curabitur diam mi, hendrerit nec viverra nec, rutrum ac leo. Vestibulum lacinia, lorem at sollicitudin commodo, odio nunc ornare orci, venenatis efficitur sapien purus porttitor purus. Nunc vestibulum libero nisi, a vehicula lacus pulvinar suscipit. In vestibulum bibendum lacus, quis tincidunt neque. Pellentesque cursus condimentum risus vel efficitur. Fusce non dui ante. Nam laoreet felis at lacus egestas, quis aliquam risus pretium. Suspendisse efficitur, dui ut porta commodo, est quam sollicitudin lacus, vel pretium eros libero non urna. Vestibulum non ex elementum, ornare erat sed, facilisis diam. Donec imperdiet mi non dictum facilisis. Sed cursus odio lacus, quis semper orci rutrum vel. Nunc nibh orci, consequat sit amet interdum eu, placerat ac magna.

In dignissim felis sit amet volutpat faucibus. Nulla venenatis mi id elit ornare tristique. Fusce scelerisque interdum massa. Pellentesque non dui quis lacus aliquam fringilla. Proin tincidunt nunc lacus, sit amet imperdiet dolor vulputate non. Ut tristique magna nec ornare euismod. Sed scelerisque ex quis hendrerit ultrices. Aenean congue quam leo, facilisis vulputate enim varius imperdiet. Nunc lobortis ac velit non pellentesque. Integer feugiat massa nec varius bibendum. Sed ultricies nunc vitae purus sodales, at tristique augue imperdiet. Aliquam vel purus est. Ut laoreet vitae justo ut accumsan. Quisque ut molestie risus. Aliquam vestibulum porta tincidunt. Vivamus fermentum, tellus in dictum cursus, ipsum tellus suscipit sem, pulvinar posuere nunc ante luctus ipsum.

Phasellus ut nisi velit. Nullam consectetur blandit fringilla. Cras pellentesque diam urna. Vestibulum ac varius risus, a dignissim erat. Vestibulum ante ipsum primis in faucibus orci luctus et ultrices posuere cubilia Curae; Nulla mollis ante odio, at feugiat ipsum posuere congue. Morbi mollis erat quam, id porttitor orci lacinia eu. Vivamus eleifend, nibh vel consectetur rutrum, ante libero consequat purus, placerat convallis elit ex sit amet libero. Fusce finibus tristique convallis. Phasellus a augue sit amet libero sollicitudin pulvinar. Ut et ligula lobortis, ullamcorper justo ut, auctor purus. Donec tincidunt lectus ac ex faucibus, sit amet feugiat ligula tempor. Maecenas a velit risus. Integer ultricies, neque at commodo posuere, velit mauris bibendum metus, sit amet ornare massa nisi vitae urna. Mauris porta urna in lorem congue sollicitudin.

Ut vestibulum viverra nunc, nec malesuada ligula. In volutpat ullamcorper nulla. Suspendisse porta consectetur nisi, ut pretium enim porttitor a. Sed enim purus, dapibus vel tellus id, consectetur eleifend erat. Suspendisse eget sagittis justo. Proin tempus diam aliquet augue egestas, quis dictum neque facilisis. Aenean molestie quis massa sed euismod.

Interdum et malesuada fames ac ante ipsum primis in faucibus. Morbi vitae arcu a ipsum consequat sollicitudin. Proin faucibus ante a aliquet mollis. In ullamcorper egestas magna, sed ultricies diam auctor aliquet. Ut a eros vel felis sollicitudin pellentesque. Duis laoreet cursus leo sit amet faucibus. Maecenas vitae tempus lacus. Sed consequat urna id dolor convallis, sit amet faucibus libero euismod.

Sed eu sodales est, ut sagittis felis. Fusce porta enim sit amet est dictum, nec semper nisl convallis. Sed quis metus convallis, dictum urna non, commodo odio. Fusce mattis lacus sed leo ultricies pharetra. Curabitur vehicula enim eget consequat sodales. Aenean placerat commodo libero ac malesuada. Mauris justo urna, facilisis at rhoncus ut, porttitor non urna. Vivamus sollicitudin quis augue vel molestie.

Fusce at bibendum nisl. Suspendisse vel malesuada lorem. Sed aliquet mauris non ligula ornare, quis cursus nisl elementum. Fusce egestas arcu varius leo viverra, et dapibus quam cursus. Vestibulum at leo erat. Vivamus elementum tellus nulla, eu facilisis mi consectetur vel. Vivamus vitae nunc a risus tempor vehicula et non lorem. Phasellus tincidunt, dolor at placerat porttitor, ante mi bibendum justo, in condimentum nibh sem sit amet magna. In consectetur egestas leo tincidunt efficitur. In nec magna lacus. In sodales quam a porta vehicula. Fusce euismod id purus eu luctus. Nam leo erat, pulvinar in posuere ut, varius vitae nisi. Vivamus vel odio ac diam rhoncus molestie.

Nunc semper metus leo, pellentesque sodales tellus consequat sit amet. Duis ultrices, sapien id maximus tincidunt, quam lorem scelerisque tortor, id venenatis mauris arcu ac est. Integer turpis sapien, pharetra sed euismod in, dictum in leo. Sed ac iaculis tortor, non bibendum ipsum. Nam sem justo, hendrerit id sodales at, volutpat in felis. Praesent non pharetra velit. Quisque pharetra arcu in quam venenatis dictum. Suspendisse potenti. Fusce ut interdum dolor, id facilisis ex. Sed consequat vel velit nec auctor. Quisque egestas, nulla faucibus tincidunt luctus, libero lacus euismod dui, vitae commodo libero dolor quis justo. Curabitur tincidunt diam nec turpis consectetur cursus. Pellentesque tristique ex ut molestie euismod. Suspendisse gravida magna vitae nibh ultrices, at egestas ipsum facilisis. Sed sed lectus ipsum. Sed vitae nunc a magna dignissim euismod.

Nulla congue accumsan leo, ut luctus magna pretium quis. Suspendisse augue ipsum, pharetra a sem vitae, dapibus molestie velit. Proin libero sem, porta eu feugiat malesuada, commodo vel tellus. Nulla varius fringilla faucibus. Praesent tristique tincidunt egestas. Proin massa orci, scelerisque at turpis sagittis, vehicula euismod justo. Morbi sit amet congue sapien. Cras congue mollis risus vehicula rutrum. Integer molestie mi id malesuada maximus. Nulla sodales aliquam interdum. Nullam facilisis ligula quis mollis hendrerit. Nunc congue ante id massa gravida sagittis.

Sed viverra molestie auctor. Nam vitae ornare orci. Sed nisi dolor, consequat vitae tincidunt non, sagittis sed libero. Phasellus mattis eros non viverra venenatis. Ut facilisis consectetur ipsum, quis malesuada sem malesuada ac. Ut sit amet nunc vel lacus vehicula consequat eget eget sapien. Fusce eleifend ullamcorper dui, auctor varius leo. Duis maximus est nisi, a aliquet dolor cursus sed. Pellentesque at finibus purus. Vivamus consequat nisi at ligula aliquam egestas. Sed id arcu at nisi dapibus feugiat. Pellentesque vitae imperdiet erat, a scelerisque lacus.

Mauris elit neque, viverra ac ultrices vitae, efficitur malesuada est. Nunc tempus elit eros, quis dignissim libero porttitor vitae. Integer pellentesque, risus in pulvinar finibus, urna erat placerat ante, eu placerat elit purus in purus. Quisque quis odio ligula. Maecenas condimentum posuere ipsum at efficitur. Curabitur in dapibus diam. Mauris in ligula nec libero eleifend pretium. Ut aliquet libero a ligula auctor efficitur. In volutpat nibh eu blandit scelerisque. Suspendisse et pharetra odio, quis bibendum nulla. Phasellus tincidunt urna vitae ex lacinia, in vestibulum enim auctor.

Vivamus id dui ut augue venenatis blandit. Donec quis nisl purus. Quisque eu orci placerat, eleifend velit in, porttitor risus. Integer molestie dolor non augue egestas congue. Aenean eleifend ante vel odio volutpat imperdiet. Interdum et malesuada fames ac ante ipsum primis in faucibus. Maecenas pellentesque vulputate arcu, eget viverra lectus ullamcorper nec. Vivamus magna elit, rutrum eu purus id, imperdiet cursus ligula. Phasellus sodales tellus eget tellus pharetra, vel laoreet purus sollicitudin. Fusce quam dui, condimentum eu condimentum vel, blandit at massa.

Praesent hendrerit vehicula pretium. In vitae ante eget mauris blandit venenatis pharetra non ipsum. Pellentesque habitant morbi tristique senectus et netus et malesuada fames ac turpis egestas. Donec sapien turpis, tempus et laoreet sit amet, auctor eu velit. In hac habitasse platea dictumst. Aliquam vestibulum justo diam, at mollis lorem sagittis rutrum. Fusce posuere facilisis orci. Sed tincidunt aliquam lorem sed suscipit. Nunc eget egestas tellus. Etiam convallis leo commodo risus pellentesque, nec interdum nisi cursus. Nam ut sem quis massa vulputate egestas quis consequat lorem. Mauris accumsan mattis erat nec ultricies. In ac efficitur ipsum, sed consectetur arcu. Aenean eu libero iaculis, dictum nunc sed, interdum orci. Curabitur eu lectus venenatis, aliquet elit vel, tincidunt enim. Ut dignissim eleifend ex eget molestie.

Vestibulum in urna non lacus luctus condimentum. Aliquam condimentum ullamcorper ex, et dignissim lacus convallis non. Duis scelerisque pellentesque ultrices. In dolor dui, finibus vel nibh iaculis, sagittis tincidunt sem. Class aptent taciti sociosqu ad litora torquent per conubia nostra, per inceptos himenaeos. Ut quis lacinia leo. Ut pharetra justo magna, et convallis tellus pulvinar ac. Duis varius sapien a libero euismod, convallis blandit dolor convallis. Praesent id mattis dolor. Nunc placerat consectetur finibus. Nunc ut porta nisl. Proin vehicula eros id felis dapibus molestie. Vivamus eu tincidunt nulla, a feugiat orci.

Ut tempus condimentum lacinia. Proin vitae lacus in nulla dignissim maximus. Curabitur in elit maximus, dignissim nisl sit amet, euismod arcu. Vestibulum euismod enim vel nisl sagittis maximus. Aenean laoreet purus ac condimentum posuere. Nulla ac luctus ex, vel dapibus tortor. Donec sed tortor massa. Aliquam vel sodales augue. Nulla sit amet leo nec elit interdum pretium.

Etiam eleifend nunc ante, at tincidunt risus rutrum at. Vestibulum laoreet congue diam, a elementum purus eleifend auctor. Vivamus quis eros mi. Fusce a hendrerit tortor. Mauris id enim in velit vulputate condimentum id id massa. Etiam a consectetur ligula, id dignissim mi. Cras justo sapien, posuere sit amet felis eu, egestas viverra dolor. Duis congue et magna eget ultricies. Fusce feugiat libero id elit porttitor semper. In feugiat, mauris vitae fermentum finibus, diam sem tristique turpis, vel blandit neque nunc a enim. Nulla porttitor tellus eu nunc lobortis posuere. Vestibulum hendrerit vel elit id posuere. Nam lorem justo, gravida eget consequat at, volutpat quis dui. Suspendisse fermentum volutpat elit id porta. Morbi aliquam finibus lacus ac sagittis. Donec commodo ligula a venenatis maximus.

Nullam pellentesque, massa vel iaculis dignissim, ex nisl euismod orci, non congue orci purus a turpis. Vestibulum efficitur est justo, quis interdum lectus auctor sed. Integer eget massa tempus, vehicula elit nec, pulvinar erat. Mauris non justo molestie, ultrices augue a, convallis libero. Sed sit amet lorem a elit rhoncus tempor et at arcu. Nulla sollicitudin sem quis ligula feugiat pharetra. Etiam ut dolor odio. Integer pulvinar magna ac augue molestie tincidunt. Aliquam volutpat ultricies viverra. Aenean sed augue vestibulum, dapibus velit ut, porttitor urna. Aenean vel turpis vitae lorem venenatis blandit a sit amet massa. Proin porttitor magna facilisis tortor pulvinar pulvinar. Quisque tellus velit, scelerisque posuere felis in, interdum ultricies velit. Suspendisse potenti. Maecenas vel euismod sapien, eu dapibus urna.

Vestibulum sed tellus lectus. In sodales arcu vitae efficitur tincidunt. Quisque pharetra convallis dui eget laoreet. Aenean sagittis ipsum a augue vehicula interdum. Pellentesque consectetur tellus dapibus, elementum tellus sed, sollicitudin nunc. Nulla non scelerisque neque. Nam faucibus pretium sem at lobortis. Fusce sit amet eleifend ipsum. Sed vehicula condimentum turpis, ac consectetur massa ultrices a.

Nulla sodales porta varius. Morbi non viverra lorem. Aenean suscipit, elit in tincidunt venenatis, neque eros dictum est, ut lacinia odio arcu interdum purus. Donec nec malesuada leo. Donec in semper erat. Nam vel bibendum nibh. Sed tempor tellus sit amet arcu finibus, et consectetur nunc euismod. In egestas eros mi, sit amet malesuada est rutrum non. Sed vel tincidunt felis. Mauris auctor hendrerit neque, non vulputate augue consectetur vel. Nunc convallis magna nec nunc vehicula, finibus pulvinar justo facilisis. Mauris dui nunc, lobortis eget viverra nec, efficitur ut risus. Donec sed ultrices velit, sed porta metus.

Phasellus non mauris vehicula, rutrum erat at, dapibus metus. Phasellus venenatis finibus mauris ut congue. Duis ante neque, consequat id turpis a, dignissim venenatis urna. Nam in vehicula erat. Etiam ipsum urna, sodales at tellus sit amet, mattis blandit urna. Mauris lectus justo, maximus non orci ac, fermentum blandit libero. Integer nec bibendum augue, sed ultricies magna.

Vestibulum vestibulum sem nunc, eget blandit massa pulvinar non. Etiam posuere ligula nec enim aliquam convallis id vitae lacus. Praesent arcu quam, pretium vel ex ut, suscipit viverra dolor. Ut ultricies pulvinar eros in aliquet. Duis elit velit, pellentesque venenatis purus non, scelerisque sodales elit. Aliquam tempus turpis vel orci dapibus ullamcorper. Ut egestas massa sit amet lectus hendrerit, sed consectetur nunc posuere. Maecenas massa turpis, sagittis vel nisl at, consectetur consequat ex.

Pellentesque imperdiet, orci sit amet dictum interdum, arcu sem hendrerit leo, nec aliquet sapien neque quis felis. Donec molestie turpis sit amet velit blandit auctor. Aliquam ac dui leo. Duis lacus mi, pretium pharetra laoreet a, porttitor eget nisi. Phasellus congue, sapien mattis pellentesque sollicitudin, augue metus dictum erat, eget pharetra sapien tellus vitae odio. Nulla ac maximus massa. Morbi id condimentum risus. Donec commodo euismod dui, viverra tristique ex sodales non. Nullam tincidunt suscipit nibh, sed convallis eros dictum eget. Aliquam id hendrerit nisl, quis sagittis turpis. Nam fringilla urna ac consectetur lacinia.

Curabitur nec nulla nulla. Nulla facilisi. Vestibulum semper nisl et bibendum gravida. Mauris vel augue vel tellus rhoncus vulputate eget vitae quam. Integer id tempor dolor. Vestibulum turpis tellus, posuere sit amet enim a, tincidunt tempus magna. Nullam nec urna sit amet ex facilisis dictum. Sed blandit dignissim ante eget imperdiet. Pellentesque commodo neque viverra nunc blandit vulputate. Cras cursus ligula tellus, vel rutrum magna pulvinar at. Mauris eu dui fringilla, cursus dui quis, pellentesque dolor. Praesent nec felis hendrerit, egestas velit quis, pulvinar orci.

Phasellus sit amet tempor purus. Nullam sollicitudin odio nec malesuada auctor. Nam ornare non justo porta faucibus. Ut eget porttitor metus, vitae venenatis mi. Morbi interdum tincidunt turpis dignissim pharetra. Sed hendrerit neque sit amet neque volutpat eleifend. Mauris nunc libero, consequat id finibus eget, fermentum tristique odio. Quisque et sem varius, feugiat magna ac, dignissim neque. Duis sed aliquam purus. Integer nec magna a nisi feugiat aliquam. Aliquam est felis, placerat eget leo quis, vestibulum laoreet quam. Morbi convallis mi odio, ac egestas orci dapibus sed. Suspendisse euismod diam et finibus dapibus.

Nunc laoreet ultricies enim id sollicitudin. Nullam tristique pellentesque laoreet. Aliquam id enim a elit varius hendrerit. Vestibulum non sodales magna. Nullam consectetur interdum tortor id consectetur. Donec vulputate egestas tortor et iaculis. Sed ac sem a tellus tincidunt tincidunt. Duis auctor gravida gravida. Donec dignissim egestas tortor quis ornare. Mauris non vehicula ex, ultricies posuere ipsum. Morbi porta ligula lacinia, ultrices odio at, tempus sem. Pellentesque habitant morbi tristique senectus et netus et malesuada fames ac turpis egestas.

Nullam et diam vel lectus dictum ultricies. Integer quam mi, sollicitudin non massa id, malesuada mollis ante. Curabitur rutrum laoreet tincidunt. In porttitor, sem eu tincidunt interdum, orci ex egestas mauris, et porta arcu magna in purus. Proin vitae magna metus. Sed interdum lorem eu lorem feugiat, eu semper nisl molestie. Nam porttitor est neque, nec ullamcorper neque sagittis sed. Integer porttitor lectus id dui pretium, eget pharetra nisi sagittis.

Class aptent taciti sociosqu ad litora torquent per conubia nostra, per inceptos himenaeos. Aenean libero ligula, sodales vitae accumsan id, sollicitudin non nunc. Proin quis nulla placerat, dignissim tortor vitae, malesuada urna. Suspendisse potenti. Pellentesque id ex in dolor fringilla bibendum at sed augue. Phasellus mattis convallis congue. Proin fermentum sodales auctor. Nam pulvinar fermentum aliquet. Phasellus semper interdum ultricies. Maecenas ut commodo mauris. Fusce nibh nibh, fringilla ut turpis vel, ornare pellentesque turpis. Donec nec diam sed ipsum posuere dictum eget ut velit. Suspendisse feugiat eget arcu vitae porta. Sed vitae ornare augue. Cras consectetur, magna a rutrum fermentum, velit lectus fringilla risus, a ultrices dui augue id ex.

Ut ac volutpat massa. Duis ut tristique urna. Nulla ac nunc nec nunc cursus euismod non a augue. Nam eget velit iaculis, tincidunt purus blandit, tempus libero. Donec sit amet placerat tortor. Phasellus fermentum lacinia nisl, eget tincidunt urna porta a. Maecenas egestas viverra ex.

Vestibulum porta sem quis orci laoreet tincidunt. Quisque sit amet nibh placerat, ultricies metus ut, pellentesque dui. Nullam interdum tincidunt odio vitae suscipit. Suspendisse potenti. Morbi eu commodo nulla. Quisque egestas ut turpis dictum condimentum. Aenean consequat vel risus non condimentum.

Pellentesque risus erat, tincidunt quis sem nec, porta gravida mi. Fusce vitae nunc a nisl volutpat vestibulum. Praesent ac nibh tellus. Sed vulputate enim lectus, vitae volutpat diam dictum sit amet. Maecenas feugiat fermentum enim eget dapibus. Aliquam consectetur velit quis luctus consectetur. Duis commodo sit amet diam quis blandit. Vivamus metus ex, accumsan ut metus a, lobortis auctor metus.

Maecenas quis elit non nibh condimentum mattis. Sed eu sagittis odio. Ut blandit, orci a aliquam efficitur, nunc nisl aliquam mi, volutpat sollicitudin sem nisi et lorem. Integer ultricies ligula ut ante efficitur feugiat. Nulla sagittis lectus gravida, sagittis diam sed, maximus velit. Aenean ac augue mollis, facilisis urna vel, venenatis arcu. Duis elementum urna at scelerisque molestie. Maecenas tempor iaculis enim a mollis. Aliquam erat volutpat. Etiam consectetur nibh sed libero tristique, quis scelerisque velit semper. Curabitur mattis pellentesque dui, vel congue sapien sagittis bibendum. Quisque vel tortor eros. Cras condimentum metus vitae ultrices hendrerit.

Donec imperdiet urna a nunc faucibus fermentum. Morbi eget magna sed dui posuere auctor. Integer lectus libero, sollicitudin non dignissim nec, feugiat vestibulum nunc. In laoreet neque nisi, quis euismod arcu sagittis nec. Curabitur malesuada elementum sem, a vulputate massa rhoncus et. Aliquam erat volutpat. Fusce fermentum lectus ac imperdiet viverra. Ut pellentesque risus molestie molestie euismod. Pellentesque condimentum consequat laoreet. In eleifend, nulla sit amet vulputate tempor, lectus neque bibendum diam, id pretium ligula nisl sodales felis. Aliquam non arcu at arcu pharetra molestie eget eu diam. Nullam lorem elit, viverra tempus feugiat tincidunt, rutrum vitae est. Proin imperdiet placerat rhoncus. Maecenas vel lorem pulvinar lectus semper viverra eget eu nisi.

Duis sed lorem in nunc tristique egestas. In malesuada condimentum ex sit amet ornare. Phasellus quis quam eu augue gravida molestie ut non odio. Morbi quis luctus magna. In efficitur ex arcu, id rhoncus leo semper vitae. Interdum et malesuada fames ac ante ipsum primis in faucibus. Aliquam nec odio bibendum, interdum justo ut, posuere tortor. Donec eu quam vehicula, luctus lacus ac, vestibulum tellus. In lacinia metus vitae justo facilisis rutrum. Cras pellentesque, elit in ultricies commodo, mi urna sollicitudin dui, at accumsan mauris nisl ac metus. Nulla quis quam vel ipsum tempor scelerisque. In vel elit metus. Nullam neque erat, auctor dapibus justo vel, tincidunt egestas nunc. Fusce vitae vestibulum augue, quis egestas tortor. Donec et urna vestibulum, vestibulum turpis sit amet, luctus leo.

Praesent luctus risus leo, et commodo leo ornare vitae. Phasellus eu metus augue. Ut venenatis tortor sit amet enim porta viverra. Nulla euismod turpis lacus, at cursus leo dignissim in. Maecenas fermentum velit urna, sit amet sollicitudin arcu maximus in. Integer dictum erat sit amet lacus finibus finibus. Proin congue tortor quam, at posuere dolor tincidunt at. Nullam aliquet vulputate tortor vel feugiat. Vestibulum in lorem sem. Vivamus dignissim, eros in varius viverra, nunc sem porttitor arcu, ac ultrices ex justo id diam.

Sed non ex aliquet, tristique lacus id, egestas magna. Nulla viverra elit odio, ac auctor tortor faucibus eu. Mauris orci diam, finibus vel posuere nec, sagittis id odio. Proin velit ante, malesuada at malesuada ac, aliquet a nisl. Aenean vehicula velit vitae dolor posuere, non interdum magna laoreet. Curabitur vel orci eros. Mauris pretium odio sapien, sit amet rhoncus massa ultrices vel. Proin et euismod leo.

Vivamus in tempor ligula. Mauris accumsan, metus in sodales lobortis, erat nulla vulputate massa, cursus scelerisque velit arcu sit amet nunc. Nunc tellus purus, sagittis nec dui ut, cursus gravida neque. Nulla a urna nec lectus faucibus sodales ut eu nisl. Aliquam fringilla mi in nibh finibus porttitor. Fusce consectetur dui sit amet nisl interdum, vel laoreet nisi fringilla. Ut fringilla congue turpis, sit amet tempor tellus dignissim in. Curabitur eget mi in est facilisis commodo. Nam nec ornare felis, sit amet bibendum eros. In a augue non lacus consectetur interdum. Vestibulum ante ipsum primis in faucibus orci luctus et ultrices posuere cubilia Curae;

Sed auctor iaculis tellus a varius. In ut nisl ac mauris posuere iaculis eu vel ex. Sed volutpat dapibus turpis quis tincidunt. Integer quis scelerisque justo. Duis a sodales ex. Nullam elementum dignissim ex id fringilla. Sed sed est vitae nunc bibendum dignissim ac sit amet tortor. Sed mi eros, facilisis quis enim eget, aliquam egestas lectus.

Mauris ultricies ut felis quis volutpat. In posuere mattis ante, at gravida tellus commodo nec. Etiam luctus porta sollicitudin. Maecenas eu enim tempor, egestas leo sit amet, dapibus neque. Aenean fermentum lorem aliquet nibh posuere, vitae pharetra nibh tempus. Nam odio tortor, tempus nec ornare eu, ultrices nec odio. Integer porta risus nunc, quis pulvinar leo mattis non. Praesent bibendum elit nec tellus auctor, pretium vehicula enim pulvinar. Donec lacus massa, semper vel enim eget, molestie aliquam magna. Cras id diam elit. Mauris euismod ipsum sit amet metus euismod convallis. Donec porttitor aliquam purus a posuere. Duis arcu mi, malesuada non lacinia ac, iaculis aliquam neque. Aliquam erat volutpat.

Duis vel fringilla lectus, ac placerat est. In in faucibus ligula. Fusce urna neque, tempor sed metus et, varius luctus dolor. Sed hendrerit leo ante, in bibendum purus suscipit sit amet. Praesent nec interdum elit. Suspendisse potenti. Ut dolor erat, imperdiet et felis eget, tincidunt molestie ligula.

Ut convallis eros turpis, vel pulvinar nibh vulputate eu. Sed eget felis congue, pretium metus facilisis, sollicitudin sapien. Sed vehicula, purus convallis fermentum commodo, augue lacus consequat nisl, sit amet scelerisque leo mi in elit. Praesent ligula massa, pellentesque et condimentum vitae, consectetur vel turpis. Curabitur at placerat erat. Nulla scelerisque at ex at egestas. Etiam porttitor quis neque eget gravida. Aliquam maximus dolor quis dapibus imperdiet. Donec ornare sollicitudin ipsum, efficitur vestibulum arcu commodo sit amet.

Duis tempor malesuada odio, vel consequat arcu egestas eu. Maecenas vitae urna cursus, feugiat sem ac, pretium quam. Maecenas efficitur nisi eu hendrerit posuere. Vestibulum tincidunt rhoncus ultricies. Proin ac eros sodales, dapibus velit quis, porttitor odio. Nullam ut magna velit. Cras eros lacus, congue at consequat id, mollis in lectus.

Aliquam libero urna, blandit eu rhoncus sit amet, tempus sit amet odio. Praesent convallis congue tellus, auctor ultricies massa imperdiet vel. Fusce pharetra accumsan diam, ac varius arcu. Praesent mollis, turpis ac efficitur sodales, sapien felis efficitur dui, vitae venenatis augue neque et turpis. Curabitur vitae purus eget libero hendrerit consectetur a in risus. Nam consequat hendrerit mauris ut pellentesque. Donec non sapien ornare, molestie libero eu, pretium felis.

Nam aliquam lacus augue, quis elementum nunc aliquet sit amet. Orci varius natoque penatibus et magnis dis parturient montes, nascetur ridiculus mus. Praesent mollis dui neque, in posuere metus bibendum ac. Lorem ipsum dolor sit amet, consectetur adipiscing elit. Aliquam pretium ligula diam. Nunc mattis nulla sit amet magna accumsan viverra. Quisque lacinia, elit eu fringilla interdum, metus sapien tempus sapien, non scelerisque metus enim sit amet orci.

Quisque non lacus condimentum, volutpat libero eget, posuere odio. Curabitur iaculis ipsum elit, non dictum dui mollis at. Mauris cursus semper sagittis. Aliquam turpis ante, pretium in mi semper, accumsan imperdiet libero. Etiam quis odio eget mauris molestie gravida. Integer vulputate leo vitae pharetra aliquet. Donec lectus arcu, pulvinar mattis est a, scelerisque gravida massa. Proin nec fermentum odio. Aliquam convallis dolor urna, id gravida risus tincidunt ut. Orci varius natoque penatibus et magnis dis parturient montes, nascetur ridiculus mus. Vestibulum nec bibendum metus. Nullam ac varius lorem, vitae dignissim augue. Phasellus lobortis eget nulla vel euismod. Donec efficitur efficitur tellus egestas scelerisque.

Aliquam ut enim nunc. Nunc blandit ipsum ac nulla volutpat pharetra. Ut lacus mi, luctus vitae massa vitae, elementum venenatis urna. Phasellus quis dolor sapien. Morbi et nibh nec eros viverra ultricies. Sed vel nisi libero. Nunc leo dui, scelerisque a molestie eget, fringilla sed elit. Proin et congue felis, fringilla malesuada urna. Etiam tincidunt faucibus odio, a hendrerit nisi rhoncus at. Nunc semper porta nisi, vel porta velit.

Curabitur nec dui nibh. Vestibulum gravida eros auctor molestie facilisis. Cras lacinia sem ac dolor aliquet semper. Ut bibendum feugiat malesuada. Maecenas sed neque sit amet sem lobortis porta quis eget nibh. Etiam posuere quam ut varius venenatis. Mauris pharetra dignissim nisl, vel imperdiet mi consectetur ut. Nulla et dictum risus, varius auctor neque. Aliquam aliquet massa ipsum, quis tempus sem mollis in. Proin volutpat ut est sollicitudin eleifend.

Sed id augue ac dolor auctor pretium. Nunc gravida, metus congue efficitur viverra, leo orci malesuada massa, at interdum dui lorem a tellus. Curabitur consequat vel ex eget posuere. Donec vulputate rhoncus tellus nec aliquam. Proin at tellus lacinia, tincidunt ante blandit, interdum diam. Cras mollis odio massa, a ultricies nibh porttitor quis. Mauris vel luctus quam, id tincidunt est. Vivamus vulputate hendrerit nisl, sit amet condimentum justo pretium non. Nunc consectetur euismod nibh ac consequat. Nam congue, nisi at ultricies efficitur, sapien ligula dictum enim, a consectetur urna dolor in est. Morbi ac est non purus venenatis ornare a eget nibh. Maecenas neque nibh, semper at nisl at, feugiat vestibulum felis.

Nullam sed finibus metus. Nunc non ante posuere, aliquam erat nec, aliquet turpis. Phasellus ullamcorper accumsan tellus a consequat. Fusce id enim non nunc ullamcorper tempus. Quisque facilisis finibus dui nec eleifend. Nulla ullamcorper aliquam fringilla. Vivamus a pharetra odio. Mauris ac mauris fringilla, feugiat erat non, volutpat est. Aliquam vel lectus consectetur, tristique enim eget, rutrum ipsum. Cras ac dui libero. Ut eget mattis sem. Aenean viverra ultrices vehicula.

Pellentesque accumsan fermentum justo sit amet lacinia. Nulla lobortis elit vitae turpis pellentesque, quis egestas sapien consectetur. Lorem ipsum dolor sit amet, consectetur adipiscing elit. Nulla condimentum neque quis nisl scelerisque, eu interdum erat finibus. Maecenas laoreet nibh vitae suscipit tristique. Vivamus dictum mauris et augue malesuada, ac ullamcorper ex maximus. Cras sed odio vel justo pharetra eleifend a tempor eros. Maecenas nunc tortor, fringilla non fringilla et, pellentesque at orci. Vivamus non rutrum nisl. Cras tincidunt eu lacus sed aliquet. Suspendisse potenti. Vestibulum dignissim imperdiet turpis quis venenatis.

Nam nibh lorem, consectetur imperdiet dolor sit amet, scelerisque lacinia diam. Suspendisse ex nibh, tincidunt in interdum vel, venenatis ac sem. Vestibulum eu mi nisi. Etiam tellus arcu, commodo vitae finibus id, finibus id enim. In luctus malesuada lacus. Integer quis ligula eleifend, vestibulum nulla eget, posuere lorem. Vestibulum ante ipsum primis in faucibus orci luctus et ultrices posuere cubilia Curae; Ut non risus nibh.

Nullam eget condimentum nisi. Etiam fermentum nibh elit, a sagittis risus vestibulum a. Duis non venenatis ante, sed pretium velit. Nullam tristique, dolor at varius eleifend, purus erat tempus nunc, nec venenatis velit libero ac turpis. Nullam tortor nulla, vestibulum non hendrerit placerat, auctor nec urna. Cras id ornare turpis. Aenean blandit porttitor mollis. Donec a ipsum aliquet, aliquam lorem vel, egestas sapien. Maecenas consectetur venenatis turpis, sit amet maximus ligula malesuada vel.

Sed bibendum dolor non porttitor rutrum. Pellentesque accumsan felis fringilla ex lobortis blandit. In eget commodo ante. Morbi imperdiet eget orci nec gravida. Class aptent taciti sociosqu ad litora torquent per conubia nostra, per inceptos himenaeos. Donec rhoncus mauris ac bibendum fermentum. Donec consectetur erat vel vulputate pellentesque. Suspendisse ullamcorper augue eget ipsum aliquam, nec aliquam magna porttitor. Donec aliquet lacus porta felis tincidunt, ut dictum sapien fringilla. Cras tincidunt ex et tortor cursus blandit. Nunc malesuada tempus libero a placerat. Mauris id ornare massa, vel lobortis risus. Proin ut mauris mollis, fringilla mi a, iaculis augue. Proin sed venenatis velit, eget fringilla ex. Etiam erat nisi, tristique ut venenatis eu, tempor sed ante.

Pellentesque nec enim congue, pharetra velit vitae, venenatis enim. Sed sagittis, odio id faucibus rhoncus, augue est iaculis nulla, scelerisque porttitor lacus arcu condimentum metus. Aliquam dictum elementum risus, non porttitor mi sagittis et. Aliquam euismod finibus volutpat. Etiam gravida facilisis nunc, in mattis orci ullamcorper eu. Vestibulum eu turpis tempor, cursus ligula quis, venenatis tortor. Duis nibh leo, vestibulum vel libero eget, interdum viverra sem. Phasellus in venenatis lorem. Cras non tincidunt est.

Integer iaculis mauris velit, nec lacinia augue dignissim commodo. Sed iaculis est metus, porta imperdiet odio sodales nec. Vestibulum id sem at urna lobortis rhoncus. Phasellus molestie a libero eu accumsan. Proin in sollicitudin ipsum, vitae finibus velit. Maecenas vel laoreet tellus, sit amet condimentum elit. Integer ut tortor molestie, tincidunt dolor eget, pharetra felis. Nulla vel magna rutrum lectus porttitor pharetra. Orci varius natoque penatibus et magnis dis parturient montes, nascetur ridiculus mus. Nam tempus non magna eget suscipit. Duis aliquam et magna quis commodo. Sed tristique sem nisi, ac luctus sapien porttitor quis. Integer id tincidunt diam. Nam eu scelerisque massa, eget vestibulum orci.

Vivamus tincidunt orci vel libero gravida, volutpat semper ipsum ornare. Maecenas luctus erat quis scelerisque sollicitudin. Etiam interdum vestibulum enim, ut pellentesque massa consectetur tincidunt. Ut vehicula, purus in volutpat ultricies, odio felis malesuada orci, vel sodales erat justo quis enim. Pellentesque at molestie nunc, vel venenatis elit. Nulla in risus vel orci tempor sodales ac sed tellus. In vel risus suscipit, fringilla felis nec, mattis massa. Lorem ipsum dolor sit amet, consectetur adipiscing elit. Quisque bibendum, lorem at maximus pretium, turpis est efficitur lacus, volutpat sodales dui orci in lacus. Nullam porta non enim sit amet ullamcorper. Mauris sodales eros vulputate, hendrerit libero sit amet, laoreet ligula. Mauris rhoncus mauris ex, feugiat commodo orci lobortis et. Aliquam viverra, nibh a commodo imperdiet, neque quam tincidunt leo, id congue risus odio a mi.

Nulla at turpis vitae ex viverra fringilla id fermentum nulla. Nunc quis mauris fringilla, fringilla diam sit amet, rhoncus tortor. Phasellus eu nibh massa. Lorem ipsum dolor sit amet, consectetur adipiscing elit. Nunc ut sem nec purus maximus dignissim nec non libero. Donec molestie ante sollicitudin, fringilla diam non, consequat ipsum. Vivamus bibendum lectus in consequat tincidunt. Suspendisse placerat, quam ut imperdiet imperdiet, turpis nisl vestibulum augue, quis ullamcorper sapien metus non purus. Donec semper facilisis venenatis. Mauris vitae lorem purus.

Fusce condimentum in tellus sit amet rhoncus. In hac habitasse platea dictumst. Nulla elementum ipsum quis lobortis interdum. Vivamus at vehicula justo. Proin dui sem, faucibus a urna eget, interdum blandit purus. Vivamus ultricies, purus in tristique hendrerit, ante augue commodo justo, sed ultricies tellus urna quis tortor. Quisque elementum eget tellus vitae accumsan. Aenean lobortis rhoncus neque eget fermentum. Aenean consequat est et tristique fringilla. Suspendisse ligula mauris, rhoncus quis eleifend quis, mattis euismod sem. Nullam dictum et enim aliquam posuere. Integer bibendum tellus nec ante sagittis, rutrum blandit nisi rutrum. Ut diam ex, vehicula id maximus vel, vulputate eu quam. In consectetur accumsan quam eu eleifend. Praesent ut turpis quis lacus condimentum ornare. In tempor sollicitudin mauris vitae ultrices.

Fusce ac nisl id magna commodo accumsan. Phasellus eleifend eget mi a facilisis. Vivamus nec ante eget tellus elementum auctor id eget orci. Vestibulum suscipit malesuada lorem, non volutpat massa molestie vitae. Proin eu libero id felis gravida congue pretium eget velit. Vivamus volutpat vehicula feugiat. Maecenas commodo, nulla at aliquet tempor, nulla felis fermentum lectus, dapibus consectetur neque ex a dui. Nulla vel augue sit amet mi accumsan tincidunt. Vivamus ultricies ac lorem sit amet porttitor.

Nullam et justo tristique, mattis eros ac, ullamcorper mauris. Vivamus quis magna nec lorem interdum mollis. Praesent semper venenatis odio, id commodo augue pharetra a. Cras fringilla aliquam lorem sed iaculis. Pellentesque vestibulum non enim ac egestas. Suspendisse ut scelerisque leo. Cras at urna nec ipsum posuere mattis quis ac velit. Nulla cursus fringilla cursus. Nunc quis augue ut diam aliquet pharetra. Mauris non justo risus.

Nulla id nisi arcu. Orci varius natoque penatibus et magnis dis parturient montes, nascetur ridiculus mus. Curabitur efficitur odio non tellus faucibus aliquet. Donec eleifend dolor nisl, at volutpat tellus vestibulum nec. Vestibulum blandit maximus nisl feugiat accumsan. Nullam id laoreet mi. Etiam vel nibh nisl. In ornare massa ex, vitae finibus arcu accumsan id. Nullam at eleifend urna. Integer eget auctor lorem.

In hac habitasse platea dictumst. Nunc tincidunt justo odio, quis ornare libero posuere vel. Duis maximus diam ut lacus interdum, sit amet vehicula neque condimentum. Aliquam eget felis urna. Sed posuere magna interdum turpis mattis finibus. Vestibulum varius pellentesque congue. Etiam suscipit dapibus porta. Praesent sollicitudin egestas lacus, ac finibus elit suscipit a. Etiam fermentum eu odio porttitor ornare. Quisque ex nibh, mattis et augue quis, imperdiet faucibus libero.

Nunc vitae ultricies nisi. Maecenas vel nunc a augue interdum vehicula. Curabitur vestibulum nunc at consectetur elementum. Donec tincidunt feugiat lorem tempus hendrerit. Aliquam lobortis faucibus nibh, vel gravida mauris aliquet quis. Cras venenatis tempus lacinia. Duis tincidunt mattis velit in suscipit. Nam eget tincidunt nibh. In in lacinia justo.

Vivamus at mauris non tortor eleifend commodo. Praesent consequat, massa eu pulvinar suscipit, quam ligula accumsan mauris, auctor semper est ipsum a turpis. Aliquam et sem nulla. Aliquam molestie finibus velit, at mollis felis feugiat vel. Integer nec risus at tortor auctor tempus placerat in metus. Donec sit amet ligula tincidunt nibh pharetra maximus eu ut sapien. Vestibulum ante ipsum primis in faucibus orci luctus et ultrices posuere cubilia Curae;

Sed gravida aliquet elementum. Vestibulum ante ipsum primis in faucibus orci luctus et ultrices posuere cubilia Curae; Sed sagittis, lectus vitae sollicitudin facilisis, dolor felis convallis orci, nec mattis elit dolor vel metus. Nullam eu magna eleifend, dignissim odio ac, iaculis ante. Cras neque velit, suscipit eget efficitur ac, imperdiet eget metus. Nam sodales ex quis finibus feugiat. Nam lacinia tellus at augue euismod gravida. Suspendisse nunc erat, vehicula non tristique ut, sodales eget lectus. Curabitur vehicula dui id metus bibendum bibendum. Nullam vitae felis vitae quam eleifend tincidunt. Vivamus ultricies magna leo, sed cursus orci rutrum sit amet. Nunc orci quam, pharetra ut tincidunt ac, placerat viverra ipsum.

Duis consequat luctus quam quis feugiat. Nullam eget molestie enim, quis sagittis ex. Aenean ac faucibus sem. Aliquam tincidunt tincidunt magna, quis efficitur velit sagittis blandit. Aenean in pretium nibh. Sed vitae massa enim. Curabitur eget leo vel odio lacinia imperdiet. Nullam feugiat imperdiet tellus nec fermentum. Etiam a ultrices enim. Nam consequat velit quis eros egestas consequat. Donec dignissim vulputate malesuada. Morbi sit amet viverra leo. Proin tristique, sem ac mattis dictum, mi ligula elementum diam, in ornare nibh ipsum vel felis. Suspendisse et nisl eget elit varius placerat at et nibh. Phasellus egestas a sem vel ornare. Sed pulvinar hendrerit enim, id blandit magna tempor a.

Mauris molestie tincidunt felis, a tempus enim tempor eu. Morbi nec eros lorem. Aenean eget lacus hendrerit urna tempus varius ut in sem. Orci varius natoque penatibus et magnis dis parturient montes, nascetur ridiculus mus. Phasellus maximus lacus quis sapien interdum, facilisis gravida dolor efficitur. Integer libero magna, vehicula ac suscipit quis, bibendum et velit. Sed tempus dolor nisi. Integer facilisis erat quis felis sodales, viverra fermentum dolor eleifend. Nam pulvinar nulla dui, tempus pellentesque ante pellentesque ut.

Aliquam ac pretium magna, nec luctus lectus. Vestibulum vestibulum leo nec nisi facilisis, ut laoreet lectus imperdiet. Nulla lectus eros, posuere id diam ac, fringilla tempor nunc. Vivamus sodales luctus orci ut finibus. Ut eu semper mauris. Pellentesque habitant morbi tristique senectus et netus et malesuada fames ac turpis egestas. Duis at aliquam lectus, in aliquam dolor. Phasellus quis metus aliquam, accumsan arcu volutpat, viverra dolor. Ut at neque sit amet nibh laoreet interdum accumsan efficitur nulla. Maecenas vel massa porttitor, varius ipsum ut, mattis arcu. Quisque laoreet laoreet lacinia. Aliquam ac lacus interdum augue porta rhoncus ac ac nibh. Aenean eu hendrerit mi. Vestibulum sed risus sed metus fermentum mollis. Donec ornare dolor ut rutrum accumsan. Etiam id gravida felis.

Curabitur luctus nec lacus vel ultricies. Ut molestie leo ac suscipit mattis. Curabitur metus tellus, suscipit et massa sed, lacinia convallis ligula. Maecenas condimentum est ut ultrices cursus. Cras aliquet tempor nunc, non pharetra arcu volutpat in. Sed est lorem, consectetur quis mi sed, sodales placerat nibh. Praesent mattis placerat suscipit. Nunc porta odio sapien, vestibulum fermentum sapien condimentum eu. Pellentesque vel efficitur orci. Curabitur nulla ipsum, bibendum in leo eu, luctus pretium risus. Sed semper magna et ornare hendrerit. Nulla eget nisi eros. Donec imperdiet, diam sit amet congue auctor, felis mi mattis sem, malesuada consectetur purus tellus posuere nunc. Phasellus sodales condimentum consectetur. Suspendisse quis tempus neque, sed fermentum ante.

Praesent posuere viverra lectus in accumsan. In et blandit augue. Pellentesque rutrum felis vitae nunc posuere iaculis. Nam purus diam, consectetur sed tempor non, placerat gravida risus. Morbi commodo augue neque, at aliquet nunc tincidunt sit amet. Phasellus bibendum efficitur neque et auctor. Maecenas a ex at ligula consequat iaculis ut nec turpis. Etiam convallis faucibus nunc eget auctor. Vestibulum lacinia leo non tellus consequat pretium. Etiam sed aliquam leo, vel imperdiet quam.

Quisque fermentum convallis dapibus. Suspendisse scelerisque augue non nulla posuere, nec tempor mi fringilla. Fusce nisi mi, commodo ut auctor vel, tincidunt nec est. Aliquam ac quam suscipit, rhoncus libero at, mattis est. Phasellus accumsan, mi et tristique pellentesque, dui ipsum accumsan lectus, quis scelerisque libero massa vel libero. Pellentesque hendrerit sapien vitae neque gravida, at mollis nunc rutrum. Vivamus facilisis sapien nibh. Ut bibendum sem vel odio efficitur tincidunt. Quisque vulputate sem quis nulla tempor, et pretium magna blandit. Cras consectetur dolor quis ex convallis vulputate. Proin nec massa nec erat ullamcorper cursus. Donec a aliquam diam. Suspendisse potenti. Suspendisse et quam neque. In hac habitasse platea dictumst.

Vivamus neque neque, sagittis vitae mollis id, posuere non turpis. Nunc sed odio pellentesque, varius dolor in, porta nisl. Vivamus semper tellus dignissim iaculis accumsan. Donec efficitur dui nibh, a euismod enim condimentum venenatis. Integer quis ipsum diam. Sed in libero neque. Curabitur consectetur sodales risus, ac mattis ex tincidunt ac. Quisque nisl est, consectetur eu porta eget, tincidunt vitae magna. Phasellus nibh eros, elementum at blandit vel, cursus vel ipsum. Curabitur semper maximus elementum. Mauris eget purus ac sapien pulvinar accumsan quis et mauris. Pellentesque ullamcorper eget augue ac porta. Praesent consectetur posuere pretium. Aenean laoreet orci vitae posuere tempor. Suspendisse nec faucibus nisl, sit amet fermentum risus. Sed et sem quis arcu malesuada euismod.

Nulla sed augue sollicitudin magna fermentum ornare at eu lacus. Curabitur in ex gravida, porttitor magna non, faucibus enim. Suspendisse potenti. Etiam mauris elit, cursus eget diam sit amet, luctus lobortis elit. Maecenas vel eros vel ligula aliquam sollicitudin ut et odio. Integer gravida risus libero, eu efficitur ligula fermentum id. Aenean nec porttitor turpis. Nulla eu mauris a quam dapibus eleifend eu a massa. Class aptent taciti sociosqu ad litora torquent per conubia nostra, per inceptos himenaeos. Vestibulum ut dignissim leo.

Donec posuere augue urna, ac interdum diam convallis sit amet. Pellentesque ornare nunc in erat gravida viverra. Phasellus egestas scelerisque arcu tempor pellentesque. Suspendisse enim metus, dictum in condimentum fermentum, tristique mattis velit. Curabitur tincidunt velit ac pretium rutrum. Nullam et turpis neque. Ut diam lectus, egestas non justo quis, hendrerit porta elit. Quisque non quam urna. Nam eget iaculis purus. Quisque vitae iaculis libero, id laoreet nisl. Quisque pharetra diam vitae mattis vestibulum. Nulla pharetra venenatis volutpat. Pellentesque mattis leo facilisis lacus scelerisque, sed sollicitudin nulla molestie. Sed eu nisl tincidunt, pulvinar ante id, faucibus quam.

In interdum ultricies massa vitae imperdiet. Nam at volutpat lacus. Phasellus ornare dapibus velit, ac luctus lacus vestibulum eget. Quisque tristique fermentum orci sit amet vestibulum. Nunc vitae dictum ante, eget dignissim leo. Nulla aliquet luctus erat, eget ultrices nisi. Vivamus ullamcorper maximus tristique. Mauris a ligula fermentum, pretium dolor sit amet, ornare nisi. Donec id est dapibus, ultricies metus a, pellentesque massa. Quisque ac purus ut ex rhoncus suscipit.

Nulla facilisi. Etiam commodo posuere ipsum at euismod. Quisque dapibus metus nulla, non ultrices lorem scelerisque et. Etiam et fermentum velit. Sed sit amet volutpat urna. Suspendisse potenti. Integer vulputate sed risus vitae ullamcorper. Aenean tincidunt tortor non mauris eleifend, sed ullamcorper orci luctus. Suspendisse lacus ante, mollis at nulla sit amet, pretium condimentum mauris. Etiam tempor nibh in neque luctus pulvinar. Nunc ipsum felis, ultrices vestibulum lorem at, varius porttitor erat. Proin ultrices felis sed ligula sollicitudin condimentum. Maecenas vel rhoncus augue, vitae placerat nulla. Vivamus lacus arcu, faucibus fringilla vehicula vel, eleifend sit amet urna. In iaculis arcu eget massa ornare porttitor.

In consectetur eros ac semper hendrerit. Vivamus magna enim, laoreet id rhoncus sed, aliquam ut nibh. Donec ut luctus felis. Nunc bibendum eleifend tortor dictum maximus. Maecenas eu tempus lectus, id pulvinar mi. Donec lobortis, neque vel ornare vehicula, est neque dignissim diam, at maximus dui dui vel elit. In lorem libero, fringilla et ultrices at, fringilla eu leo. Orci varius natoque penatibus et magnis dis parturient montes, nascetur ridiculus mus. Vivamus et lorem nunc. Curabitur sagittis ipsum ac ornare congue. Donec nec mollis leo. Pellentesque nec mauris lacinia, ultrices erat nec, vehicula tortor.

Pellentesque ac sem dolor. Nulla facilisi. Etiam vel lorem ipsum. Nullam dapibus, justo ut euismod facilisis, turpis nibh volutpat nulla, nec tempus lorem risus eget velit. Vestibulum vehicula blandit sodales. Vestibulum faucibus eu justo id efficitur. Pellentesque consequat metus et congue vestibulum. Quisque et leo tempor, varius erat sed, interdum odio. Phasellus volutpat arcu molestie nunc cursus, vel molestie magna tempor. Cras auctor interdum justo ac eleifend. Sed velit arcu, mattis a lacus tincidunt, condimentum convallis ex. In magna justo, gravida sit amet facilisis nec, venenatis nec dui. Suspendisse accumsan commodo magna.

Phasellus nec interdum ex. Etiam porttitor vel felis sit amet egestas. Quisque vitae dapibus augue, ac sagittis diam. Praesent fermentum tristique quam eget euismod. Fusce in nisi sed nisl facilisis porta vel ac nisi. Vivamus dignissim aliquet elementum. Nunc malesuada dictum urna, at dapibus justo dictum vitae. Etiam ut semper magna. In vehicula nec quam quis placerat. Vestibulum fermentum metus nec quam semper, non elementum dui consectetur. Quisque porta malesuada vehicula. Vivamus sed pharetra odio.

Nullam vehicula, nulla non elementum porttitor, dolor augue molestie quam, et placerat quam sapien vel erat. Orci varius natoque penatibus et magnis dis parturient montes, nascetur ridiculus mus. Aliquam erat volutpat. Sed in dolor vel est pharetra egestas. Fusce blandit tempor nisi, vitae bibendum lorem ullamcorper egestas. Nam mollis ultrices mauris at ultricies. Mauris fermentum purus non elementum tempor. Cras at justo sed mauris condimentum cursus eget in nisi.

Sed aliquam eu urna posuere lobortis. Morbi consequat vehicula elit, eget gravida orci volutpat sed. In mattis, elit sed varius semper, tortor mi congue justo, ac posuere tortor dui tincidunt felis. Phasellus et hendrerit tortor. Proin eu elit ac nibh eleifend malesuada ut sit amet est. Sed mattis mauris eget odio iaculis egestas. Aenean fringilla eleifend lacus, dictum aliquet odio tincidunt et. Praesent risus ex, pretium ut pharetra in, interdum id eros. Donec semper risus quam, vitae ultrices lorem malesuada a. Proin venenatis nibh a pharetra mattis.

Aliquam neque lorem, congue vel molestie nec, rutrum vel orci. Integer condimentum quam sed erat elementum tristique. Integer non nunc nec tellus euismod euismod ac quis dui. Curabitur tincidunt tellus a feugiat commodo. Proin in volutpat massa, ac vehicula ligula. Cras quis arcu lacus. Fusce iaculis ante nec nisl cursus, in gravida justo hendrerit. Etiam auctor ornare viverra. Cras ac vehicula tortor, semper auctor arcu.

Integer vulputate tristique justo, eget volutpat sem vulputate at. Vivamus ac libero sed nunc convallis aliquam. Etiam non quam elit. Nullam ex massa, porta nec efficitur ac, semper nec ante. Maecenas posuere congue risus vitae iaculis. Donec egestas ac purus non commodo. Nam at arcu et nunc varius placerat. Phasellus efficitur felis id lacus mattis lacinia. Proin sit amet tortor vitae erat facilisis pharetra. Nam vel facilisis magna, lobortis aliquam odio. Vestibulum id quam eu enim blandit tincidunt. Proin convallis odio lorem, eu maximus dolor maximus in. Aliquam leo leo, rhoncus non sodales non, dapibus quis ante. Etiam sagittis urna sed lectus lacinia, sed consequat mi suscipit.

Etiam vel quam sagittis, posuere nunc quis, tincidunt augue. Aliquam sed eleifend ipsum. Duis ac dapibus quam. Maecenas rhoncus dapibus turpis nec ultricies. Suspendisse a nunc in ante hendrerit sollicitudin. Interdum et malesuada fames ac ante ipsum primis in faucibus. Integer sit amet aliquet erat, in gravida lorem. Etiam nunc dui, pellentesque a lacus sit amet, sollicitudin imperdiet diam. Ut iaculis urna nec risus tristique scelerisque. Cras euismod, nibh id eleifend dictum, turpis arcu semper risus, et iaculis justo mauris eu tortor. Phasellus pharetra tincidunt hendrerit. Nulla volutpat a purus sed mollis. Duis vitae finibus dolor, in consectetur tortor. Aenean a ipsum vitae lacus bibendum volutpat at quis lacus. Suspendisse eget augue felis.

Vestibulum ante ipsum primis in faucibus orci luctus et ultrices posuere cubilia Curae; Nullam pharetra commodo dui, eget tempus tortor tempor quis. Donec scelerisque semper pharetra. Morbi commodo laoreet turpis, ut interdum orci imperdiet et. Pellentesque eget placerat magna. Integer gravida augue quis lacus eleifend, ut faucibus leo fringilla. Duis maximus tristique magna. Donec venenatis finibus nibh, id finibus nibh ornare sit amet. Nunc vitae elementum massa, at luctus ex.

Mauris ipsum purus, lacinia ut eleifend in, pellentesque eu nisl. Mauris tincidunt mi elit, vel pretium augue volutpat ac. Vestibulum ante ipsum primis in faucibus orci luctus et ultrices posuere cubilia Curae; Aliquam consequat accumsan semper. Aliquam volutpat molestie urna, quis posuere velit accumsan et. Mauris porttitor libero tortor, nec feugiat leo suscipit id. Sed mattis maximus posuere. Phasellus bibendum augue porttitor ipsum tincidunt pellentesque. Quisque imperdiet viverra ipsum, vitae dapibus ligula tincidunt sit amet. Quisque a arcu eget magna ultricies consequat.

Nunc sagittis euismod elit, eu placerat est venenatis at. Aenean justo libero, egestas nec varius a, rhoncus et lacus. Aliquam mollis arcu id ornare aliquet. Donec rutrum at urna sed efficitur. Sed sed urna mollis, fermentum nulla at, venenatis tortor. Sed egestas fringilla neque, ac feugiat mauris tempor a. Quisque fringilla leo vitae est tempor iaculis. Etiam sagittis eu justo et finibus. Nullam at erat ante. Ut nec metus nisi. Nullam diam urna, ornare non auctor eu, ornare eu ex. Cras ut odio sit amet velit tempus finibus. Vivamus a lacus tincidunt, malesuada arcu ac, varius eros. Curabitur pellentesque, orci vitae condimentum malesuada, lacus ante feugiat urna, vel varius risus erat non augue.

Proin scelerisque lacus in lorem feugiat, ut auctor metus consectetur. Interdum et malesuada fames ac ante ipsum primis in faucibus. Aliquam condimentum vestibulum tortor eget iaculis. Maecenas vulputate nibh maximus lectus convallis, quis rutrum nisi tempus. Nulla imperdiet lorem et magna dignissim, eget ultrices nulla rhoncus. Aenean ut erat rhoncus, dictum orci et, venenatis neque. Curabitur fringilla imperdiet turpis ac fringilla. Etiam vitae nibh enim. Etiam magna ligula, tristique id sollicitudin non, pharetra id eros. Morbi lacinia mauris arcu, ac ullamcorper ligula semper a. Curabitur vulputate fringilla eros eget venenatis. Proin congue, lectus eget consectetur aliquam, risus erat varius tellus, ut commodo ipsum velit sed sem. Maecenas rhoncus massa at tempor molestie. Donec tristique semper volutpat. Nulla auctor luctus orci lacinia mattis.

Nunc malesuada placerat vehicula. Pellentesque tempus condimentum ligula non tincidunt. Quisque dictum maximus leo, sed pellentesque turpis tristique a. Vestibulum fermentum nunc erat. Fusce luctus nunc sit amet rutrum pretium. Nulla id auctor tellus. Quisque non semper quam. Nam sodales ornare fringilla. Vestibulum eget iaculis mauris, mattis aliquam libero. Ut fermentum, dolor sit amet semper dignissim, felis nibh interdum nulla, eu mattis eros lectus ac elit.

Sed ultrices rutrum velit, ut laoreet nibh tristique ut. Etiam tempus tincidunt metus, eget ornare lorem venenatis suscipit. Mauris condimentum interdum urna in aliquet. Etiam non nulla euismod, cursus massa quis, bibendum ipsum. Maecenas sollicitudin eu leo sit amet volutpat. Etiam laoreet sagittis nulla, eget porttitor orci. In maximus ac nibh in porttitor. Nullam vitae dignissim nibh. Nulla ac euismod lorem. In hac habitasse platea dictumst. Sed ut lectus at velit facilisis suscipit. Mauris porta tempus posuere. Nullam ultricies sem erat, vitae laoreet ante luctus non. Sed vel facilisis lorem, a tincidunt nunc.

Nullam iaculis ipsum non velit finibus aliquam. Curabitur mollis pellentesque orci sit amet suscipit. Vestibulum sed quam lacus.

In hac habitasse platea dictumst. Cras cursus mauris ac lacus suscipit, sit amet rutrum felis luctus. Phasellus at imperdiet ante, vel varius ante. Nulla eget lacinia nisl, et interdum neque. Vestibulum accumsan dictum ligula, ac posuere nunc sodales vitae. Praesent vehicula, dolor eu vulputate sollicitudin, nulla lectus semper elit, vitae volutpat lacus mi id nibh. Donec at urna a ipsum tempus auctor eget a massa.

Aliquam et eros vestibulum, dapibus elit nec, accumsan diam. Curabitur facilisis gravida mi, vel efficitur dui blandit vitae. Maecenas mi libero, pellentesque et sapien quis, semper ornare nibh. Mauris id mi a purus bibendum posuere. Morbi imperdiet, ante ac suscipit interdum, augue neque ultricies risus, nec aliquet turpis odio ac dolor. Pellentesque feugiat id urna vel tempus. In aliquam dapibus turpis at ultrices. Sed quis metus nec sem efficitur placerat nec a nisl. Ut massa eros, lobortis sed vestibulum eu, luctus at ipsum. Nunc porta nisl in felis ultricies, in blandit leo mattis. Suspendisse potenti. Praesent neque odio, malesuada nec est at, iaculis vehicula urna. Suspendisse potenti. Ut magna felis, fermentum non risus rutrum, pharetra pellentesque turpis. Maecenas varius justo a arcu imperdiet convallis. Mauris sit amet magna et nunc vulputate sagittis vitae at dui.

Vestibulum mattis odio sed orci laoreet sodales. Suspendisse vel massa efficitur, maximus ligula sed, molestie sapien. Nulla at laoreet elit, scelerisque imperdiet augue. Donec leo lectus, mattis a mattis non, porttitor vitae erat. Pellentesque scelerisque efficitur eros, a malesuada odio. Suspendisse potenti. Nullam luctus feugiat urna. Pellentesque habitant morbi tristique senectus et netus et malesuada fames ac turpis egestas.

Sed placerat, ex in blandit euismod, est massa posuere nisl, at posuere erat mauris ut lacus. Morbi sagittis velit in nunc finibus aliquam. Duis cursus volutpat ante a fringilla. Nunc quis lorem dignissim, commodo lacus quis, interdum metus. Sed tincidunt scelerisque dui, in tristique quam mattis vel. Vestibulum maximus, velit vitae tincidunt ultrices, nibh massa feugiat massa, sit amet bibendum dui velit nec dui. Sed pellentesque odio nec lacus luctus, at eleifend quam viverra. Nulla tincidunt arcu vel arcu euismod ullamcorper. Phasellus sed massa volutpat nunc semper euismod id eget odio. Duis finibus, massa id posuere maximus, ex massa elementum purus, vitae aliquet ex turpis vitae neque. Vivamus sed ultricies urna. Nullam condimentum sed arcu sed porta.

Duis malesuada justo at velit hendrerit, id malesuada felis congue. Praesent vitae quam urna. Phasellus et vulputate leo. Phasellus eu malesuada odio, ullamcorper efficitur sem. Donec non magna vitae tortor tristique fermentum. Suspendisse ac mauris eleifend, aliquam nisi nec, aliquet lorem. Sed tristique in risus non dapibus. Proin ut lectus eget ex consectetur pulvinar sit amet id ante. Sed lorem lorem, venenatis semper libero a, luctus hendrerit odio. Nullam vulputate magna mollis pulvinar ultrices.

Aliquam tristique neque ut dolor fringilla lobortis. Praesent ac risus facilisis massa dignissim ultricies. Orci varius natoque penatibus et magnis dis parturient montes, nascetur ridiculus mus. Phasellus mollis dui at tincidunt imperdiet. Donec aliquet facilisis velit, non consequat orci. Praesent imperdiet lectus quis magna hendrerit, at tincidunt diam ultricies. Sed et nisl ut mi eleifend pharetra.

Etiam ut massa libero. Nam sed auctor sapien. Morbi ornare turpis et est gravida tincidunt. In hac habitasse platea dictumst. Cras tristique ultricies porta. Sed consequat venenatis mi, molestie volutpat urna efficitur in. Donec at cursus nibh. Curabitur non mi sapien.

Pellentesque id ante quam. Nam sed rutrum urna, eget varius magna. Nulla egestas, enim eu accumsan sagittis, tellus diam lacinia nisl, nec aliquet sem est id erat. Aliquam ac faucibus ex. In ultrices accumsan ante, ut luctus sem elementum feugiat. Aenean tincidunt dapibus mattis. Pellentesque feugiat scelerisque leo vitae feugiat. Aliquam convallis, nibh et tempor laoreet, nibh sapien porttitor metus, nec consequat ipsum eros sed nibh. Ut sit amet nulla vel sem gravida facilisis quis vitae velit. Ut vel justo fermentum, pretium lacus sed, vulputate libero.

Ut in mauris turpis. Nam a nisl eu diam blandit laoreet ac id neque. Curabitur posuere turpis arcu, pellentesque varius ex congue eget. Nullam ultricies lacus orci, eu feugiat arcu vehicula vitae. Vivamus hendrerit lacus et enim imperdiet pharetra. Nam malesuada elit non est commodo sodales. Nulla lectus tortor, interdum eu dignissim vel, scelerisque sed augue. Pellentesque quis libero a elit finibus pellentesque. Vestibulum ante ipsum primis in faucibus orci luctus et ultrices posuere cubilia Curae;

Duis quis dolor commodo velit mollis finibus a sit amet velit. Aenean fermentum lobortis nisl eget sodales. Fusce rhoncus tellus sapien, ac scelerisque sem tincidunt eget. Vestibulum ante ipsum primis in faucibus orci luctus et ultrices posuere cubilia Curae; Vestibulum mollis, lectus convallis malesuada maximus, lacus neque lacinia est, non consequat ipsum lacus at ex. Cras a odio urna.

Integer a tellus vel erat aliquam pretium. Cras tincidunt blandit massa, ut placerat ligula. Aliquam vel felis ultrices, sodales sapien in, ullamcorper sem. Praesent a leo sagittis, molestie enim vel, scelerisque odio. In gravida neque non dictum facilisis. In tempor, risus vitae volutpat interdum, dolor nisl viverra ligula, nec vulputate lorem odio et diam. Donec aliquet viverra interdum. Nam a lacus tellus. Praesent id metus vulputate, interdum nisl eu, consectetur mi. Mauris convallis odio sem, non hendrerit tellus rhoncus sit amet.

Etiam pulvinar sodales diam, in lacinia mi volutpat nec. Sed eget fringilla ante, vel ultrices erat. Interdum et malesuada fames ac ante ipsum primis in faucibus. Phasellus mattis, enim vel dictum rutrum, magna risus efficitur velit, ac malesuada libero quam a lacus. Suspendisse finibus nulla ac lacus pellentesque, nec semper est ultrices. Suspendisse gravida laoreet varius. Maecenas at magna non turpis cursus finibus ac eget turpis. Ut commodo ultrices augue ac consectetur.

Donec at sollicitudin nisi. Etiam elementum est quis urna mattis, eu tincidunt turpis porta. Mauris non magna elementum, viverra metus in, tempor quam. Quisque faucibus tincidunt nulla eu sollicitudin. Donec ullamcorper in velit ac facilisis. Quisque accumsan rutrum sem, id ultrices nulla maximus non. Integer risus diam, consequat eget malesuada ac, pretium sit amet orci. Phasellus lacinia sit amet libero eu pretium. In dolor felis, iaculis vitae ligula vel, porttitor scelerisque leo. Vivamus et efficitur neque. Maecenas dictum nec ipsum non pretium. Nulla aliquet cursus augue, eget consequat nibh imperdiet maximus. Aliquam vel tincidunt libero, faucibus rhoncus justo. Vivamus a consectetur neque. Cras gravida augue in mauris mattis maximus. Donec urna lorem, tincidunt vitae orci at, imperdiet lobortis dui.

Pellentesque habitant morbi tristique senectus et netus et malesuada fames ac turpis egestas. Duis in turpis varius, rhoncus augue at, accumsan ligula. Nulla convallis ullamcorper dolor sit amet finibus. Nunc sit amet augue consectetur, eleifend nisl eu, facilisis libero. Maecenas mattis eget elit et imperdiet. Nunc interdum lectus ultrices nunc sodales aliquet. Duis id pharetra leo, id vulputate est. Curabitur ultrices venenatis aliquet. Proin ac tempus enim. Fusce ut maximus turpis.

Ut in diam et enim condimentum sagittis aliquam ut mi. Maecenas lectus nunc, tristique ut ligula ut, semper vestibulum sem. In ac ante efficitur, hendrerit lacus eget, eleifend orci. Donec feugiat, enim ac convallis gravida, ante justo iaculis tellus, sed commodo nunc ante vel augue. Cras sit amet sapien volutpat, lobortis erat a, posuere urna. Cras sit amet lacus in est condimentum luctus. Donec blandit mauris nec erat rhoncus volutpat. Vestibulum consequat ante in ligula fringilla, a dictum ex blandit. Integer ac finibus ligula. Praesent hendrerit aliquet mi, a ultrices nulla fermentum non. Nunc tincidunt diam a efficitur vulputate. Sed vulputate orci nibh, sed auctor leo semper nec. Suspendisse id ultricies elit.

Vestibulum ante ipsum primis in faucibus orci luctus et ultrices posuere cubilia Curae; Duis auctor, nulla id condimentum posuere, turpis risus volutpat quam, vel gravida magna eros sed neque. Orci varius natoque penatibus et magnis dis parturient montes, nascetur ridiculus mus. Sed eget eleifend nunc. Fusce hendrerit feugiat interdum. Mauris et augue nunc. Suspendisse potenti. Proin malesuada sodales tempor. Donec interdum id ipsum vitae vestibulum. Duis rutrum porttitor luctus. Sed et rutrum leo, ac maximus orci.

Quisque nibh massa, gravida vel lectus sed, venenatis sagittis leo. Maecenas varius tortor lectus, in rutrum ex cursus sed. Curabitur enim quam, fermentum et eros sed, rhoncus tincidunt elit. Nunc et dignissim ligula. Ut ultrices velit sit amet sollicitudin tincidunt. Curabitur pretium rutrum suscipit. Maecenas eget velit arcu. Sed euismod molestie ipsum, vel facilisis lorem egestas a. Aliquam metus sapien, congue nec malesuada sit amet, accumsan non nisi. Nulla nunc ipsum, gravida id metus ac, lobortis posuere arcu.

Curabitur sapien velit, ullamcorper quis elit vitae, vehicula vehicula nisl. Curabitur pretium urna vel nunc faucibus gravida. Curabitur fringilla vel erat sit amet tincidunt. Cras eu mollis erat. Etiam enim risus, euismod in enim sit amet, fermentum luctus velit. Proin varius odio odio, eget ultrices ante sodales eget. Vestibulum ultricies, turpis in lacinia laoreet, quam velit finibus nulla, nec cursus nisi magna quis nisi.

Aenean efficitur pharetra augue a ullamcorper. Nullam eleifend, turpis vel facilisis blandit, justo dui faucibus urna, eget commodo tortor enim eu ex. Fusce pharetra vulputate nisl nec hendrerit. Aenean venenatis urna metus, non venenatis dolor placerat sit amet. In tempor sem vulputate diam lacinia sagittis. Curabitur et ultrices turpis. In hac habitasse platea dictumst. Sed nisl mauris, condimentum sit amet ornare ac, volutpat ut magna. Curabitur nec odio laoreet, suscipit sapien vel, lacinia eros.

Duis et feugiat arcu. Nunc nec purus egestas, eleifend massa sed, pretium metus. Aliquam lorem tortor, varius vitae condimentum nec, lacinia vitae lectus. Donec sit amet euismod felis. Nunc a felis et magna elementum vulputate. Mauris iaculis aliquet dolor a laoreet. Donec non orci mollis, venenatis purus eget, euismod quam. Aenean lacinia arcu et mollis interdum. Cras eu dapibus leo. Cras lacinia diam non ante porta aliquet. Vestibulum bibendum enim a neque mollis accumsan. Phasellus nec turpis nec leo dignissim bibendum. In molestie massa sed sapien iaculis bibendum.

Pellentesque quis sapien ut sapien tincidunt euismod. Sed a nisl tellus. Cras fringilla lectus accumsan, egestas nisi non, elementum neque. Phasellus eget lorem ac diam porta tempor. Donec posuere facilisis ex, eu vestibulum sem laoreet eget. In venenatis mi vel urna sagittis fringilla a nec felis. Vestibulum ante ipsum primis in faucibus orci luctus et ultrices posuere cubilia Curae; Sed eu lacus placerat, eleifend est eget, laoreet dui. Nunc vulputate elit sit amet aliquet imperdiet. Curabitur condimentum blandit sem. Integer vel purus nec lacus volutpat egestas id eu velit. Nullam non gravida libero. Cras eget ligula laoreet, placerat odio at, iaculis eros. Quisque non quam ac metus pretium rhoncus eget ac magna. Suspendisse eu elementum lectus. Proin fringilla hendrerit magna at luctus.

Morbi tincidunt et nisi non tempus. Phasellus elit nulla, consequat vel urna id, hendrerit dignissim mi. Integer gravida erat libero, sed varius nibh condimentum nec. Sed ullamcorper sed nisl at sodales. Suspendisse egestas ante ut ligula aliquam, id fermentum nisi consequat. Cras congue magna sed purus varius, eget iaculis leo volutpat. Quisque turpis mi, tempor porttitor elementum at, convallis sit amet quam.

Ut semper, enim vel vehicula gravida, arcu lectus tincidunt nibh, in rhoncus est magna nec augue. Suspendisse sed pellentesque libero. Maecenas placerat dolor at posuere fermentum. Fusce maximus ut justo sed pulvinar. Integer tincidunt, nunc sed molestie pretium, libero tellus sollicitudin lectus, nec luctus urna nisl id purus. Mauris viverra sodales neque mattis volutpat. Donec tempor odio ac nunc volutpat facilisis. Vestibulum ante ipsum primis in faucibus orci luctus et ultrices posuere cubilia Curae; Vestibulum ante ipsum primis in faucibus orci luctus et ultrices posuere cubilia Curae; Nam eleifend ullamcorper blandit. Sed hendrerit ipsum massa, at ullamcorper libero rhoncus sed. Nunc augue odio, venenatis ac sollicitudin eget, eleifend sit amet dolor. Mauris maximus leo nunc, at volutpat est tempor eu. Vivamus vitae magna id tortor hendrerit luctus ac ac diam. Integer fringilla lobortis dui. Quisque eros erat, luctus vel dui ut, blandit elementum ipsum.

Quisque quis venenatis eros. Vivamus justo diam, bibendum a hendrerit a, egestas id massa. Donec vitae pharetra lacus. Fusce a sagittis metus. In hac habitasse platea dictumst. Morbi tempus auctor enim, eget volutpat odio sodales sed. Proin ut elit mollis, vulputate nisl ut, mollis diam. Mauris leo massa, rhoncus at lacinia a, vestibulum vel ligula.

In hac habitasse platea dictumst. Curabitur vitae mauris vitae erat faucibus viverra. Nulla felis ligula, dapibus vel semper id, pharetra in augue. Praesent venenatis, eros a tempus ornare, lorem enim vehicula odio, at blandit quam sem eu augue. Cras pretium vel metus sit amet dictum. Cras vitae purus augue. Ut efficitur turpis in libero bibendum, rhoncus sollicitudin mauris tempus. Mauris tellus eros, iaculis eu vestibulum eget, dignissim vel nunc. Quisque consectetur fermentum nisi, in posuere risus consequat non.

In vestibulum eget nisl vel tempus. Ut placerat posuere lorem at luctus. Sed eu est luctus, auctor magna consequat, ultrices nisl. Pellentesque habitant morbi tristique senectus et netus et malesuada fames ac turpis egestas. Aliquam pretium dui eu diam placerat rhoncus. Cras facilisis, elit dictum malesuada tristique, tellus nunc pellentesque nisi, eget vehicula ligula lectus in purus. Nulla felis elit, bibendum id ipsum sed, aliquet fringilla mauris. Praesent dapibus tortor sit amet nibh luctus pellentesque sit amet et nisl. Donec posuere imperdiet magna faucibus egestas. Nunc bibendum id mauris ac aliquam. Nunc elementum congue iaculis. Etiam elementum luctus nibh non varius. Proin sit amet sem vel turpis ullamcorper consequat ut quis eros. Donec a hendrerit metus.

Morbi nec dignissim arcu. Phasellus cursus vulputate suscipit. Vivamus eu mauris ac lorem ullamcorper sollicitudin. Quisque et convallis tortor. Ut ut est urna. Ut id sapien laoreet, vulputate enim eu, scelerisque ligula. Vivamus consequat aliquet sollicitudin. Ut posuere mauris eget nibh facilisis maximus. Curabitur lacinia gravida leo, ut fringilla massa auctor vitae. Donec lacinia, diam et posuere congue, libero magna tempus tellus, in ultrices nunc lectus ut neque. Integer sit amet erat blandit urna sagittis pellentesque eu id lorem. Ut condimentum blandit odio, quis molestie urna fermentum sed. Nam sit amet tellus id ipsum varius facilisis sit amet vel nisi. Mauris at augue dui. Vestibulum in libero et orci vehicula finibus. Suspendisse potenti.

Aenean nec pharetra augue. Integer eget dolor euismod, congue arcu quis, finibus turpis. Fusce in nulla eget tortor porta eleifend. Pellentesque tempus id elit in pharetra. In quis placerat quam. Aliquam faucibus quis libero et consequat. Ut mauris libero, scelerisque eu dui ut, luctus sollicitudin augue. Nam cursus, orci nec interdum rutrum, leo metus venenatis quam, id tristique quam felis ut nunc. Praesent sed libero mauris. Praesent sed tempor turpis. Etiam pretium massa quis arcu cursus dapibus.

Pellentesque hendrerit id purus ut efficitur. Sed quis dolor nisi. Morbi sed nisi ultrices, convallis ante interdum, auctor ex. Pellentesque eu tristique erat, eu aliquet urna. Cras libero dolor, volutpat et cursus a, posuere vitae lorem. Nunc vitae magna sed nunc pretium tincidunt at id ante. Sed justo mi, efficitur eget ultricies quis, ornare at lectus. Nunc ipsum enim, bibendum eget convallis eu, porta sed justo. Mauris volutpat, ex eu pulvinar euismod, tellus leo vulputate metus, in dignissim lacus neque vel sem. Integer placerat quam vitae enim pharetra, ac ornare massa malesuada.

Duis bibendum leo sed odio ullamcorper elementum. Curabitur nibh arcu, hendrerit eu consequat vel, tincidunt id sem. Curabitur nisi dolor, lobortis sit amet diam non, malesuada iaculis elit. Nam hendrerit et magna id maximus. Etiam vehicula commodo erat, euismod convallis mauris hendrerit vel. Nunc mi neque, vehicula nec consequat vel, sollicitudin non nisl. Maecenas non enim est. Praesent ligula urna, tincidunt nec egestas at, malesuada quis tellus. Aenean lectus lectus, ullamcorper nec nisi vitae, tempor ultricies dui. Aliquam blandit fermentum quam. Praesent in purus eu velit convallis hendrerit lobortis id felis. Donec quis massa eget est pellentesque porta. Quisque sagittis est leo, sed tincidunt erat feugiat eget. Sed tortor augue, maximus sed ligula vel, mollis aliquam enim. Sed nec bibendum leo. Mauris rutrum quam id urna porttitor ornare.

Vivamus lacus tellus, suscipit sit amet efficitur at, semper auctor diam. Cras augue nisl, aliquet id massa quis, lacinia convallis velit. Maecenas turpis neque, eleifend sed suscipit eget, aliquam eu nulla. Ut nec molestie tellus. Aenean efficitur risus velit, sed ultrices neque rhoncus quis. Fusce sem tortor, volutpat id malesuada at, vehicula vitae nisl. Praesent posuere gravida nulla. Pellentesque maximus vehicula finibus. Suspendisse et pharetra mauris, finibus gravida elit. Sed varius sem nec mollis mollis. Suspendisse potenti. Nunc convallis vehicula sem, vitae dapibus erat ornare non. Vestibulum sem eros, porttitor sit amet nunc ut, porttitor sodales lectus.

Sed vel diam id ex dignissim condimentum. Duis vestibulum tortor et massa pretium tincidunt. Ut tincidunt ex eu arcu tincidunt viverra. Proin mattis tempor eros, ut rutrum tellus consectetur et. In volutpat, enim vel pretium convallis, felis mauris imperdiet tortor, eget ultrices enim nunc eget nisl. Etiam ipsum mi, pellentesque vitae ipsum ac, convallis hendrerit urna. Aliquam ut auctor sapien. Fusce egestas sapien id velit pulvinar, vel tincidunt tellus elementum. Curabitur vehicula ipsum at fermentum efficitur.

Donec eu tortor at augue sollicitudin finibus. Suspendisse et massa dignissim, euismod urna at, accumsan sapien. Quisque efficitur a turpis sit amet finibus. Suspendisse sagittis neque mi, porta aliquet libero finibus a. Praesent vel pulvinar mauris. Nunc nec ante iaculis, aliquet neque nec, rhoncus quam. Aliquam pretium tellus magna, id efficitur enim suscipit at. Aliquam auctor, mauris non rhoncus mattis, enim ligula mollis sem, vitae euismod justo ipsum ut felis. Aenean pellentesque sed elit vel tincidunt. Pellentesque at ligula eu mi laoreet pharetra in et justo. Proin ac nunc egestas, congue tellus sed, venenatis ipsum. Mauris vehicula erat et ullamcorper sagittis. Nulla eget ligula sed arcu vestibulum lobortis. Phasellus varius posuere est, in mattis justo molestie in.

Suspendisse eu efficitur justo. Integer sagittis, neque at accumsan faucibus, eros orci consequat ipsum, ac tincidunt odio velit id urna. Nunc dolor risus, rhoncus sed massa nec, fermentum luctus tellus. Cras ac ex nibh. Donec venenatis, sem sed pretium mollis, orci ligula tincidunt ipsum, id sagittis libero est non neque. Cras vulputate viverra neque et posuere. Fusce turpis quam, viverra in odio sed, ullamcorper imperdiet velit. Aenean vestibulum velit sed lectus elementum tincidunt. Ut malesuada, dui eget ullamcorper porta, nisl augue varius ex, ac rutrum urna nibh sed mi. Phasellus vitae mattis diam. Ut nisi nunc, ultrices sed mi id, viverra semper neque. Quisque non lectus lectus. Nunc consectetur interdum finibus. Duis at risus ultrices, consectetur ex ut, aliquet orci.

Aenean condimentum nibh ac lacus mollis, sed condimentum dui dictum. Nullam et vestibulum felis, sed convallis nisl. Aenean sed sodales mauris, nec vehicula velit. Quisque bibendum dolor leo. Aliquam consequat non est ut volutpat. Donec a faucibus nisi. Proin ligula nisl, rutrum et bibendum non, dictum at erat.

Pellentesque varius ac orci non laoreet. Vestibulum efficitur, quam sed lacinia pharetra, erat turpis porta quam, nec tincidunt turpis mauris eu purus. Aliquam id lacus interdum, consectetur libero vel, maximus orci. Quisque libero metus, maximus eget suscipit eu, euismod nec orci. Maecenas lacinia, elit sit amet dapibus tempus, turpis sapien suscipit ligula, et gravida mi lacus sit amet dui. Curabitur at lacus sem. Vivamus feugiat felis nec turpis accumsan venenatis. Quisque accumsan sapien vel aliquet malesuada. Vivamus tempor sapien at sem egestas tincidunt. Ut blandit nulla in dictum ornare. Maecenas sit amet facilisis augue, id finibus risus. Suspendisse nunc ligula, tempor ut enim consectetur, tempor accumsan quam. In volutpat nulla auctor, vestibulum orci nec, elementum nisl. Aenean faucibus orci mi.

Proin eu molestie quam. Sed accumsan risus non diam fermentum, id viverra diam condimentum. Sed dignissim metus sagittis nulla mollis tempor. Morbi vehicula tincidunt arcu a egestas. Morbi porttitor aliquam tortor, sit amet porta lorem vehicula at. Curabitur sagittis orci mauris, ac consectetur nibh luctus in. Donec libero metus, mollis elementum sem sit amet, facilisis rhoncus massa. Aenean iaculis ornare lacus, eget dapibus neque scelerisque id. Cras dui felis, commodo eget eleifend eget, tristique a elit. Vestibulum ante ipsum primis in faucibus orci luctus et ultrices posuere cubilia Curae; Aenean cursus venenatis tortor, quis tempus mi malesuada maximus. Vivamus facilisis eros quis justo sollicitudin pretium. Ut suscipit id sem at ullamcorper. Etiam rhoncus felis vel mauris tincidunt iaculis. Aenean gravida urna nec diam suscipit venenatis. Aenean a bibendum dolor, vel pharetra leo.

Integer eleifend sem non ex porta, eget accumsan erat facilisis. Vestibulum ante ipsum primis in faucibus orci luctus et ultrices posuere cubilia Curae; Pellentesque habitant morbi tristique senectus et netus et malesuada fames ac turpis egestas. Duis non enim sed dui malesuada eleifend. Duis enim elit, accumsan at purus quis, mattis ultricies diam. In bibendum tortor vel magna interdum, quis porta sem volutpat. Proin et venenatis est. Morbi nec odio feugiat lacus hendrerit pulvinar at id turpis. Morbi nibh elit, iaculis vestibulum dolor a, vehicula tristique mauris. Aliquam dictum velit vitae nunc varius, id pharetra neque lobortis.

In tempus facilisis sem, sed laoreet dolor ornare in. Donec turpis urna, lacinia id placerat ut, lacinia ut nunc. Curabitur in nunc at sapien molestie gravida. In hac habitasse platea dictumst. Integer a enim at dolor eleifend euismod. Nunc non enim a leo faucibus congue. Sed sit amet felis at elit eleifend blandit ac vel orci. Proin finibus pharetra nisi, sit amet fermentum ex sollicitudin eu. Phasellus a tortor in erat vehicula dignissim semper eget lectus. Nulla viverra nulla eget massa scelerisque lacinia. Sed condimentum risus sed posuere accumsan. Fusce at pellentesque nisl, at aliquet mi.

Mauris interdum fermentum ex at condimentum. Integer pharetra elementum tortor, vel suscipit purus efficitur vel. Mauris non lacus at elit vestibulum viverra at sed arcu. Fusce iaculis aliquam vehicula. Aliquam commodo cursus urna et faucibus. Suspendisse pharetra sed libero et fringilla. Etiam tempor imperdiet placerat.

Donec pulvinar varius egestas. Suspendisse mattis risus vel euismod venenatis. Nullam gravida molestie diam non semper. Morbi blandit diam massa, vitae vestibulum nisl egestas in. Fusce ut tempor augue. In a tortor semper, finibus elit pharetra, rutrum ante. Donec porta, velit non vulputate semper, eros est vestibulum purus, sit amet vehicula purus sapien at massa. Sed et velit ex. Suspendisse eu risus eu ligula luctus interdum eget ac metus.

Duis sit amet tincidunt orci, vel vehicula velit. Maecenas a rhoncus nibh. Donec in nunc eget eros suscipit varius. Sed fermentum lacus vitae rhoncus blandit. Lorem ipsum dolor sit amet, consectetur adipiscing elit. Donec nec rutrum magna. Duis pulvinar lectus nunc, id accumsan erat vestibulum sed. Donec egestas molestie diam et accumsan. Pellentesque pellentesque interdum diam ac sagittis. Sed mattis efficitur arcu, at varius sapien ultrices et. Nunc pretium libero et metus viverra venenatis. Quisque vel laoreet nunc, nec accumsan ex. Sed mollis turpis leo, in sollicitudin erat scelerisque sed. Nam mattis purus vehicula tempus accumsan. Ut ut dui hendrerit nisi finibus euismod ac eget sem.

Aenean efficitur erat quis convallis bibendum. Vivamus eget est tortor. Aliquam malesuada justo sit amet sem ornare, at porttitor ante fringilla. Integer viverra ligula vitae dui condimentum consequat. Nulla semper, tortor vitae porta malesuada, enim libero aliquet turpis, non molestie nibh diam ac felis. Aenean laoreet, turpis quis blandit tincidunt, magna purus pharetra magna, in condimentum massa ipsum ut sapien. Nulla pretium vulputate finibus. Proin suscipit vulputate ullamcorper. Aenean augue ex, tincidunt consectetur convallis ultrices, varius vel felis. Nunc placerat, sem vitae rhoncus lacinia, lacus leo tristique ante, quis interdum sem nisi non urna. Phasellus eleifend tellus sed sapien ornare, eget mattis leo ultricies.

Aliquam ullamcorper vel dui at condimentum. Curabitur ultrices pretium convallis. Etiam vel orci sit amet nibh scelerisque placerat. Vestibulum nunc lectus, tempus sit amet mollis ut, consectetur eu justo. In tincidunt massa mauris, et tincidunt nisi tincidunt nec. Etiam ut maximus tellus. Phasellus sit amet augue non leo venenatis rhoncus. Vivamus pellentesque sem justo, vel rutrum sapien auctor id. Phasellus vitae eros eget nibh congue laoreet ac a est. Sed metus erat, ullamcorper ac velit eu, luctus cursus ligula. Ut ultrices malesuada convallis. Proin laoreet vehicula velit, sit amet pharetra enim fringilla sed.

Integer efficitur molestie augue, at dignissim orci porttitor vitae. Aenean pharetra mi lobortis nisi maximus rutrum. Nullam non justo id ipsum sagittis semper id ac est. Suspendisse potenti. Proin non tempus eros. Class aptent taciti sociosqu ad litora torquent per conubia nostra, per inceptos himenaeos. Donec pretium varius congue. Sed at leo sit amet quam dictum bibendum id id ipsum. Integer ut lacus feugiat, laoreet quam ut, elementum lectus.

Suspendisse ipsum eros, placerat et nunc quis, bibendum vehicula dolor. Mauris quis aliquam erat, et dapibus ligula. Ut egestas, nulla id finibus lobortis, sem magna mollis nisl, ut volutpat libero lacus sit amet leo. Vivamus id purus finibus est gravida auctor. Quisque facilisis massa bibendum justo euismod tristique. Duis cursus convallis iaculis. Sed sollicitudin elit leo, eu faucibus leo consequat interdum. Fusce sodales tempus nibh non scelerisque. Cras lobortis eleifend enim ac molestie. Ut aliquam suscipit nunc, eu interdum orci egestas sit amet. Donec in ipsum volutpat, gravida leo vitae, fermentum nulla. Nullam tempor nisi id varius eleifend.

Phasellus pretium vulputate placerat. Vivamus sit amet ex quis lacus gravida accumsan. Quisque eget pharetra erat, id pellentesque nibh. Proin placerat molestie enim, sed efficitur leo aliquet a. Pellentesque pretium, nibh eget faucibus feugiat, tellus arcu pellentesque lectus, nec sodales velit mi eget mauris. Vestibulum lacinia blandit lacus, eget tempor libero dictum id. Fusce quis mi volutpat, aliquam sapien eget, pulvinar nunc. Nunc eleifend, nunc sed porta porttitor, urna dui luctus nulla, vel pharetra enim ex in ligula. Etiam hendrerit enim eu condimentum semper. Aenean ultricies interdum lacus, sit amet vehicula dui porta id. Nullam sit amet lorem et odio pellentesque eleifend. Interdum et malesuada fames ac ante ipsum primis in faucibus. Donec quis leo metus. Sed pretium malesuada fermentum. In accumsan dictum turpis, in volutpat magna venenatis id. Fusce accumsan risus vitae viverra facilisis.

Morbi suscipit tellus nec velit egestas, id posuere mi dictum. Suspendisse tincidunt augue eget velit dignissim euismod. Quisque venenatis mi nec dignissim varius. Nullam at erat euismod, vestibulum metus in, fermentum odio. Nulla imperdiet arcu ut dui porta, nec mattis dolor imperdiet. Pellentesque in lectus at nibh tempor feugiat id eu dolor. Sed lacus nisi, consequat id pulvinar ac, fringilla id erat. Donec molestie massa a augue congue, sed sollicitudin sapien maximus. Proin feugiat quam et massa volutpat, sed iaculis felis commodo. Phasellus at rhoncus tortor.

Donec ut lectus non elit semper convallis. Vivamus vestibulum consectetur urna, ut pretium ipsum. Ut placerat fermentum scelerisque. Etiam eget quam iaculis, lobortis nisi ac, vestibulum felis. Vivamus ut ipsum facilisis, sollicitudin diam sed, posuere augue. Vestibulum interdum fringilla posuere. In lacus odio, cursus sit amet nulla eu, cursus dignissim justo. Curabitur sed ullamcorper neque. Donec eu rhoncus turpis, quis elementum eros. Suspendisse et nulla sit amet odio pellentesque gravida. Nam semper est sed purus ultrices, in aliquam nunc imperdiet. Fusce mattis ipsum et enim finibus sagittis. Nunc magna orci, vehicula nec lorem sed, pretium condimentum turpis. Integer vulputate urna dolor, id luctus diam ornare ac.

Cras odio nunc, ultrices a elit id, iaculis malesuada dolor. Morbi tempor, eros id commodo luctus, lacus neque convallis quam, id tincidunt sapien nulla in enim. Suspendisse faucibus vehicula dolor, nec commodo magna finibus vitae. Pellentesque in accumsan neque. Nam sit amet egestas orci, sit amet eleifend nibh. Morbi sollicitudin eleifend purus, quis tincidunt tellus varius quis. Donec at dolor tempor, pharetra massa at, condimentum turpis. Donec id tincidunt est, non condimentum nulla.

Duis tristique mauris quis diam facilisis pulvinar. Proin aliquam sapien turpis, in sodales orci tristique id. Proin sed interdum metus. In congue diam lorem, sollicitudin placerat est rhoncus nec. Donec ac ligula vel tellus ultricies ullamcorper non nec risus. Suspendisse nec libero quam. Nulla aliquam mauris condimentum turpis vestibulum, sit amet suscipit odio aliquet. Phasellus commodo mollis augue. Suspendisse ante odio, tempor eget fermentum ut, semper quis ante. Aliquam eu ornare ligula. Maecenas fringilla enim et condimentum ultrices.

Phasellus fringilla volutpat enim, ut laoreet justo faucibus in. Class aptent taciti sociosqu ad litora torquent per conubia nostra, per inceptos himenaeos. Pellentesque pulvinar nulla et dui luctus, non consequat urna fringilla. Ut vel eleifend metus. Mauris vitae felis at neque fermentum elementum. Suspendisse augue tellus, malesuada eget orci pretium, ultrices mollis nunc. Fusce posuere ornare neque at maximus. In vestibulum vulputate mauris. Vestibulum pretium, mauris ac mollis scelerisque, dolor dui convallis lectus, quis varius eros tortor a lectus. Suspendisse ut neque enim. Sed et arcu sed urna faucibus elementum.

Praesent arcu magna, dapibus a enim eu, iaculis luctus turpis. Praesent mattis imperdiet viverra. Nam iaculis a metus at interdum. Aenean sed purus neque. In ut enim sed est vestibulum commodo at non sem. Cras vitae est nibh. In elementum laoreet arcu nec rutrum. Sed sit amet imperdiet ligula. Etiam varius molestie fringilla. Sed malesuada dignissim sodales. Nam suscipit viverra ligula. Integer urna dolor, venenatis a luctus sed, ultrices sed nibh. Sed auctor tempor lectus, a dictum mi egestas ut. Maecenas id nisl est. Quisque varius sem ut justo facilisis condimentum. In id rhoncus erat.

Nulla ultrices turpis est, vel malesuada diam faucibus vitae. Curabitur venenatis facilisis diam vel fermentum. Vivamus pellentesque dui magna, in rutrum est tristique sed. Phasellus et placerat dui. Praesent vitae laoreet libero. Donec ac magna nibh. Fusce ut elementum erat, id ultricies tortor. Praesent venenatis vitae ex eu bibendum. Proin lobortis rutrum dictum. Suspendisse vulputate risus pulvinar diam mollis tristique. Praesent non pellentesque purus. Curabitur dignissim tempor nulla, et elementum eros interdum non. Duis ac mollis nulla.

Vestibulum dictum, felis vel ullamcorper porttitor, dolor mauris venenatis lacus, et sollicitudin nunc arcu ut nisi. Pellentesque dignissim augue ac egestas viverra. Integer neque est, faucibus non luctus non, tincidunt in nulla. Aliquam tincidunt nulla non sagittis pharetra. Proin blandit rutrum dui. Sed faucibus eros diam, non imperdiet lorem mattis ac. Suspendisse potenti. Sed massa urna, blandit imperdiet posuere a, venenatis quis tortor. Duis vitae diam egestas, luctus ipsum sed, posuere lectus. Lorem ipsum dolor sit amet, consectetur adipiscing elit. Nulla eget tristique nisl. Aenean consequat nisl quis interdum euismod. Morbi non maximus lectus. Proin gravida nisi eu tristique faucibus. Fusce eros velit, porttitor id varius vel, euismod sit amet sapien.

Nullam tempor vehicula diam at pharetra. Integer tincidunt massa id ligula mollis convallis. Pellentesque faucibus lacus a velit laoreet, lacinia tempus ligula molestie. Aenean nec nisl eget nisl sodales pharetra sed id lacus. Nunc faucibus, velit a lacinia faucibus, nunc nisi volutpat dui, vel laoreet tortor nisi quis odio.

Mauris aliquam mi in mi eleifend porttitor. In eleifend faucibus tempor.

Ut libero leo, elementum a gravida in, venenatis sit amet purus. Duis ut tortor facilisis, rutrum nunc eu, tincidunt urna. Duis dignissim quis magna et fermentum. Vivamus malesuada sagittis lacus ac molestie. Proin mattis nibh at lorem commodo, eget placerat quam aliquam. Donec euismod consequat pharetra. Maecenas posuere libero sit amet dui condimentum, vitae ornare diam gravida. Sed tincidunt eget enim eget egestas.

Cras bibendum egestas aliquam. In eget convallis augue, at vulputate mauris. Donec lobortis tincidunt efficitur. Quisque ultrices accumsan ex, in consequat justo pretium non. Class aptent taciti sociosqu ad litora torquent per conubia nostra, per inceptos himenaeos. Nam sit amet semper tellus. Fusce pulvinar quam ut arcu pretium, sed dictum magna dictum. Vivamus nec posuere magna. Aenean sed eleifend ante. Nam vel accumsan risus, quis consectetur turpis. In venenatis, mauris nec laoreet consectetur, turpis velit vulputate arcu, et bibendum nulla orci ac nibh. Cras bibendum nunc eu est congue faucibus. Curabitur nec augue nunc. Aliquam lacinia convallis nisl at tincidunt.

Suspendisse potenti. Vestibulum ultricies nisi porttitor elit luctus, sit amet mattis turpis tincidunt. Curabitur ac tristique risus, non accumsan eros. Integer non ipsum vel lectus euismod tincidunt vitae nec nulla. Maecenas pharetra velit vitae dignissim fermentum. Mauris sit amet orci augue. Nullam consectetur, tortor sit amet mollis sagittis, nunc neque eleifend augue, ut ullamcorper arcu ipsum vel erat. Proin accumsan sapien nisl, non finibus lectus convallis a. Integer sed augue massa. Morbi vitae viverra sapien. Maecenas ullamcorper tincidunt gravida. Mauris aliquam eget sem at efficitur. Duis porta vulputate sem, nec consequat ante laoreet id. Quisque interdum sapien et risus molestie luctus. Nullam at nunc in justo accumsan commodo. Sed a dapibus mi.

Morbi fermentum mi non tincidunt congue. Integer lacinia non massa in finibus. Aenean arcu leo, ornare ultrices fermentum sit amet, rhoncus nec urna. Vivamus congue sollicitudin justo vel mattis. Nulla facilisis ligula a cursus posuere. Aenean iaculis lobortis velit, ac molestie sem dignissim facilisis. Quisque euismod quam tellus, ut luctus justo tempor vel. In vulputate odio metus, id tristique ipsum laoreet quis. Nam interdum lectus ac lectus imperdiet accumsan. Fusce nec est vel nunc finibus bibendum vel et purus. Cras pellentesque venenatis mi non mattis. Fusce fermentum malesuada diam nec laoreet. Sed suscipit, ipsum at pretium faucibus, felis ipsum malesuada mauris, vitae fringilla augue justo at mi.

Maecenas vel ligula eu nibh vehicula ultricies pretium sit amet leo. Aenean vel magna ut metus suscipit faucibus vel et sapien. Fusce sit amet accumsan mi. Nulla sit amet vestibulum tellus, eget egestas lacus. Ut feugiat nibh nunc, ac faucibus turpis suscipit ut. Fusce vel tristique ipsum, eleifend pulvinar erat. In hac habitasse platea dictumst. Nullam mollis, diam in tempus fermentum, quam eros cursus elit, ac ultrices enim libero sed turpis. Nulla at elementum est. Curabitur ullamcorper, eros ac luctus finibus, enim felis volutpat turpis, sed elementum est purus sed est.

Sed sed magna erat. Quisque lobortis eleifend bibendum. Duis egestas venenatis pulvinar. Maecenas porttitor lectus sit amet leo vulputate pellentesque ac a turpis. In vel maximus libero, non varius mi. In hac habitasse platea dictumst. Vivamus molestie eget turpis eget malesuada. Vivamus ac vulputate nisl. Aliquam finibus elit id libero auctor mollis. Etiam ante ligula, pellentesque ac quam eu, ultrices aliquam orci. Nulla mollis pharetra dapibus.

Nunc tincidunt purus non velit aliquam cursus. Maecenas gravida lacus leo, non maximus leo volutpat gravida. Sed ac elit id lacus venenatis varius. Integer pretium, nibh nec aliquam eleifend, elit diam rhoncus tellus, sit amet ullamcorper ante libero vel diam. Nulla et turpis a velit auctor consequat eget at dolor. Aenean sagittis, magna ac laoreet aliquam, mauris orci consequat orci, id lobortis lacus nisl eget dolor. Mauris ut eleifend odio. Aenean sit amet libero viverra, tempus arcu sit amet, interdum dolor. Orci varius natoque penatibus et magnis dis parturient montes, nascetur ridiculus mus.

Etiam eleifend neque ac diam aliquam, a tempus erat volutpat. Integer elit eros, efficitur ac vehicula vitae, laoreet sit amet odio. Mauris placerat urna vel diam laoreet pretium. Quisque consectetur efficitur ex ac gravida. Aenean quis turpis ut nibh convallis efficitur. Nullam vestibulum pretium velit. Nam aliquam finibus leo, ut ornare purus iaculis ut. Pellentesque in maximus ipsum. Mauris ultricies arcu nisi, sit amet hendrerit felis auctor eget. Phasellus hendrerit neque ante, sed semper tellus malesuada ut. Donec euismod congue cursus. Sed magna enim, venenatis quis massa sed, dapibus tempor velit. Vivamus vulputate sapien eros, eu faucibus nulla sollicitudin ut. Nam nec sagittis purus. Pellentesque habitant morbi tristique senectus et netus et malesuada fames ac turpis egestas. Ut volutpat posuere sapien, nec pretium erat rutrum quis.

Phasellus nec urna efficitur, bibendum est at, viverra lacus. Integer consectetur lectus turpis, a accumsan lectus fermentum sit amet. Vivamus rhoncus erat ipsum, in viverra mi tristique eu. Sed congue eros sed turpis eleifend, et vulputate erat posuere. Phasellus risus tellus, commodo id interdum non, vestibulum tempus eros. Vestibulum diam nisi, semper nec erat vel, volutpat vehicula urna. Morbi eget velit vulputate, aliquam tellus et, gravida risus.

Sed vitae eros sit amet lorem sagittis viverra pulvinar et tortor. Donec pharetra vehicula congue. Donec vel orci ut odio rhoncus lobortis. Proin a placerat felis. Integer metus sem, elementum vel feugiat euismod, egestas ut lorem. Proin at sapien ac justo ultricies malesuada varius nec nisl. Nam id viverra ante.

Nulla ac ipsum mi. Vestibulum ante ipsum primis in faucibus orci luctus et ultrices posuere cubilia Curae; Sed consectetur id libero quis dictum. Quisque eu luctus orci, sit amet pulvinar nulla. Suspendisse pellentesque suscipit est sed pellentesque. Fusce ac velit bibendum dolor ultricies consectetur tincidunt in lacus. Donec vehicula interdum purus sit amet vulputate.

Sed ut odio turpis. Etiam volutpat ex et mauris suscipit, vel porttitor tellus bibendum. Nulla volutpat ipsum et libero malesuada, ac tincidunt nibh sollicitudin. Donec feugiat neque elit, ut feugiat ex viverra sed. Nullam lobortis eget nunc vitae elementum. Suspendisse potenti. Vestibulum ante ipsum primis in faucibus orci luctus et ultrices posuere cubilia Curae; Suspendisse tristique elementum pharetra. Etiam vel blandit libero. Ut at rhoncus magna.

Sed ultrices quam sollicitudin, auctor mi sed, blandit quam. Nunc laoreet, turpis quis imperdiet euismod, lacus ipsum mattis sem, sit amet aliquet nisl lorem non leo. Sed orci ex, vestibulum at sagittis vitae, faucibus sit amet ex. Maecenas ut sollicitudin lacus. Donec varius enim ex, eget placerat tellus venenatis id. Mauris maximus pellentesque neque nec iaculis. Nam ultricies libero urna. Aenean dapibus nulla et tincidunt accumsan.

Phasellus rutrum bibendum eleifend. Proin semper massa at leo facilisis, ut bibendum metus tincidunt. Fusce lobortis vitae orci nec laoreet. Ut ornare, augue eget sagittis tincidunt, nisi felis lobortis lacus, ut viverra est nisi lobortis nulla. Maecenas eget sapien justo.

Aenean sed orci imperdiet, pulvinar sapien et, laoreet nulla. Pellentesque mi nunc, fermentum at molestie a, consequat posuere lectus. Praesent viverra sit amet justo consectetur tincidunt. Proin commodo tristique dolor, sit amet consectetur nibh. Cras finibus scelerisque tincidunt. Etiam sed odio in felis varius luctus. Nunc molestie fringilla sem a pharetra. In ut mi dignissim, consectetur sapien eu, feugiat mi.

Cras fringilla a ipsum at euismod. Integer nec est risus. Etiam congue lectus iaculis, sodales metus a, ullamcorper nunc. Cras porttitor ornare mauris ac scelerisque. Cras quis leo sit amet dolor interdum tristique id sed orci. Nunc euismod interdum justo quis finibus. Suspendisse potenti. Cras maximus massa ac lacinia ornare.

In gravida, dolor eget luctus porta, massa tortor aliquet magna, eget aliquet tellus massa ut felis. Ut nec massa nisi. Cras sit amet neque sit amet nisl placerat rutrum. Ut maximus ut dolor id fermentum. Nunc viverra, tellus in blandit lobortis, nibh arcu molestie neque, id mattis metus ante sed urna. Pellentesque luctus nunc in sem vulputate accumsan. Sed non arcu leo. Duis a sapien vitae magna commodo imperdiet. Mauris a posuere quam. Nulla suscipit facilisis eros non iaculis. In hac habitasse platea dictumst. Donec laoreet leo ac sollicitudin bibendum.

Pellentesque fringilla nulla quis neque pharetra, vulputate accumsan elit egestas. Mauris at lacus ac tortor fermentum iaculis ut ut felis. In hac habitasse platea dictumst. Donec efficitur elit non arcu faucibus, et pulvinar nulla viverra. Morbi nec hendrerit elit. Vestibulum in dui eget lorem feugiat pretium. Duis aliquet arcu quis sapien suscipit, vel viverra diam pretium. Mauris congue massa in arcu convallis, a imperdiet ante pharetra.

Mauris quis feugiat odio, sit amet lobortis eros. Sed et laoreet felis, in cursus massa. Suspendisse euismod, urna sit amet lacinia elementum, sapien mi volutpat metus, faucibus vulputate ex mauris eu diam. Donec rhoncus metus nunc, nec euismod dui tristique non. Ut luctus est vitae elit efficitur, eget tempus orci varius. Nullam tempor dui in diam tempus ultricies. Curabitur luctus orci a molestie fermentum.

Praesent scelerisque dictum est, eget sollicitudin neque euismod et. Cras egestas lorem non molestie convallis. Phasellus quis ligula ligula. Phasellus id commodo dui, vel pretium neque. Phasellus porttitor a felis in eleifend. Pellentesque efficitur egestas accumsan. Aenean interdum dapibus mi, vitae vehicula turpis tempus eu. Donec porta ex vitae sem cursus, nec rutrum ex efficitur. Morbi id quam nisi. Suspendisse sit amet libero quis lectus semper venenatis sit amet ac urna. Nullam sollicitudin ut lacus vitae convallis. Nullam volutpat, purus eget tempor mattis, lacus nisl feugiat sapien, eget convallis lacus turpis eu nunc. Vestibulum vehicula magna vitae quam sollicitudin, sed facilisis mauris sodales. Mauris ultrices feugiat lectus. Proin ac lectus orci. Curabitur erat tortor, mollis in mi sed, malesuada rutrum mauris.

Suspendisse potenti. Fusce sagittis pretium sem non facilisis. Vestibulum mattis mi vel lorem dictum scelerisque. Morbi hendrerit metus eu ex cursus volutpat. Pellentesque habitant morbi tristique senectus et netus et malesuada fames ac turpis egestas. Interdum et malesuada fames ac ante ipsum primis in faucibus. Donec aliquam nulla vel lacus rhoncus laoreet. Praesent lectus neque, elementum auctor rhoncus et, porttitor sed lacus. Integer rhoncus sem eget aliquam porta. Class aptent taciti sociosqu ad litora torquent per conubia nostra, per inceptos himenaeos. Donec eu augue quis dui blandit scelerisque vel sit amet tellus. In pretium a risus at euismod. Etiam in orci tempor, convallis arcu sit amet, dapibus mi. Integer eu rutrum ligula. Cras maximus finibus vehicula. Curabitur eu mi diam.

Quisque semper justo non nulla rhoncus, sagittis ullamcorper velit imperdiet. Aliquam efficitur nec tellus vel consequat. Praesent id nisi et ligula scelerisque molestie. Ut finibus risus quam, sed rutrum purus condimentum non. Vestibulum ante ipsum primis in faucibus orci luctus et ultrices posuere cubilia Curae; Sed eget condimentum turpis, ac ullamcorper urna. Etiam ipsum dui, facilisis ac purus et, iaculis volutpat orci. Nunc ultricies accumsan nunc, eu suscipit orci lacinia ut. Maecenas gravida elementum magna quis congue. Nunc ullamcorper volutpat fringilla. Nunc in ipsum non metus pulvinar egestas a eu mauris. Nulla mollis lorem vel velit ullamcorper imperdiet. Orci varius natoque penatibus et magnis dis parturient montes, nascetur ridiculus mus. Mauris dictum dolor bibendum neque euismod, at interdum massa facilisis.

Morbi dignissim est ipsum, vitae auctor arcu commodo eget. Maecenas non metus purus. Maecenas ex nisl, malesuada id mattis vel, ultricies id velit. Aenean nec risus imperdiet, facilisis velit eu, lobortis turpis. Proin pulvinar ante cursus nisl sodales elementum. Vestibulum aliquam commodo dapibus. Pellentesque urna urna, consequat sit amet mauris eget, cursus vehicula ligula. Sed suscipit, urna nec pulvinar tincidunt, est massa tempor lacus, interdum condimentum leo sem vitae ipsum.

Etiam vitae magna tristique, viverra mi vel, mattis quam. Duis venenatis nisi a elementum vestibulum. Duis finibus posuere mauris vitae consequat. Quisque at augue pretium sem molestie finibus non non nisl. Nulla a risus vestibulum, tincidunt risus quis, lacinia orci. Proin mattis vulputate purus et ullamcorper. Curabitur quis dignissim quam. Donec accumsan vulputate felis. Nulla pretium vestibulum cursus. Vivamus rhoncus leo eget odio sagittis tempor. Maecenas orci justo, aliquet non sollicitudin et, congue nec neque. Curabitur volutpat dolor at euismod auctor. Duis non est nisi.

Curabitur rhoncus nisl sem, vel pharetra tortor finibus vel. Pellentesque condimentum velit id turpis volutpat ultrices. Nunc urna magna, facilisis vel turpis et, lobortis mattis augue. Praesent vel eros nec leo malesuada mattis. Phasellus fermentum nisi et eleifend consequat. Nulla facilisis eros eget eros pretium tempus. Pellentesque viverra sapien nec sollicitudin facilisis. Vestibulum consectetur dui id odio dictum, ac tincidunt quam feugiat.

Quisque bibendum volutpat erat. Nam in elit nec ex egestas gravida. Praesent lacinia eu velit vitae porttitor. Etiam et consectetur nisl. Pellentesque et urna diam. Cras aliquam id arcu vel pharetra. Nullam placerat sem libero, et egestas erat posuere ut. Fusce semper tortor ultrices mauris tristique, in hendrerit tellus consequat. Fusce vitae mauris nibh.

Aliquam lorem odio, mattis sed rhoncus vitae, porta sit amet metus. Mauris dapibus consectetur lorem. Aenean a ullamcorper lorem. Proin in aliquam magna. Pellentesque blandit, nunc a semper ultricies, leo arcu bibendum tortor, et pretium turpis orci eget ante. In semper orci et sapien viverra, id fringilla ante tristique. Ut vitae quam vitae nulla bibendum hendrerit sed vel libero. Curabitur et accumsan mi, vel venenatis enim. Sed iaculis magna in faucibus dapibus. Nullam commodo lorem consequat, laoreet nisl sit amet, accumsan eros. Proin placerat finibus vulputate. Lorem ipsum dolor sit amet, consectetur adipiscing elit. Cras vestibulum arcu nunc. Donec pretium dui eu nibh tempus condimentum. Nunc in sapien mollis, dignissim odio ut, suscipit lorem. Donec consequat feugiat ex nec vestibulum.

Vestibulum dictum volutpat neque eget cursus. Praesent eget lobortis lacus, nec luctus eros. Morbi et felis blandit ipsum aliquam accumsan a vitae risus. Fusce aliquam quam ut viverra sagittis. Fusce suscipit tortor sit amet lacinia commodo. Aliquam erat volutpat. Pellentesque augue eros, molestie a lobortis vitae, cursus sed tellus. Proin varius nisi id mauris consequat tristique. Nam odio ante, hendrerit a viverra laoreet, ullamcorper sit amet ante. Etiam in hendrerit nulla, non vulputate est. Donec varius erat et tristique lacinia.

Maecenas quis diam tortor. Fusce facilisis finibus lacinia. Proin tristique erat magna, et fringilla massa dapibus sed. Sed eu lobortis ipsum, eget mollis ex. Proin commodo elit ac dictum vestibulum. Etiam cursus id mauris rhoncus scelerisque. Cras a lacus sollicitudin, posuere enim vitae, mollis tortor. Vestibulum euismod massa est, in imperdiet libero pulvinar in. Mauris bibendum risus in mollis blandit. Morbi viverra, ligula feugiat fermentum porta, neque nunc tempus dui, ac ornare dui magna ac justo.

Aenean dolor enim, porttitor non arcu id, luctus cursus ipsum. Etiam ac mauris et tortor placerat mattis ac sed justo. Phasellus vitae elit sit amet sapien semper sodales ac at tellus. Pellentesque at magna id felis auctor efficitur sit amet nec elit. Proin nisi odio, mollis vel aliquam eget, porttitor ut est. Nulla sit amet nulla commodo elit imperdiet vehicula vitae id metus. Proin rutrum pretium pharetra. Maecenas vel leo id turpis maximus tempus. Phasellus at elit tristique, scelerisque mauris ultricies, vehicula est. Fusce in diam velit. Pellentesque elementum non lacus vitae viverra. Curabitur aliquet commodo lacinia. Mauris faucibus condimentum ipsum eget imperdiet.

Sed aliquam vulputate erat vel dapibus. Integer ut posuere nunc, ac feugiat urna. Suspendisse sed nisl convallis, pulvinar metus vitae, varius nibh. Orci varius natoque penatibus et magnis dis parturient montes, nascetur ridiculus mus. Fusce et nunc eros. Integer congue convallis enim lobortis auctor. Vestibulum ante ipsum primis in faucibus orci luctus et ultrices posuere cubilia Curae;

Integer blandit dolor quis facilisis gravida. Aliquam commodo egestas eros quis lacinia. Class aptent taciti sociosqu ad litora torquent per conubia nostra, per inceptos himenaeos. Aliquam finibus, turpis eu ultrices faucibus, eros orci ornare nunc, in efficitur quam nisl at nisi. Maecenas egestas in felis ac congue. Sed ut arcu a odio pellentesque blandit. Integer bibendum vel nisl at posuere.

Sed faucibus, tortor at tincidunt viverra, neque purus euismod quam, vel mollis lectus libero at lacus. Phasellus varius est at nunc efficitur facilisis. Duis ornare faucibus consectetur. Etiam hendrerit ornare tincidunt. Mauris nec leo et purus vehicula dignissim in quis orci. Duis in tortor id ante ultrices mollis vel sit amet nibh. Aenean dolor nisl, sodales non aliquet sit amet, consequat placerat ipsum.

Sed tellus lorem, vulputate sed arcu a, condimentum eleifend nisl. Nulla gravida justo quis magna efficitur maximus. Vestibulum laoreet finibus erat pretium consectetur. Maecenas sollicitudin tortor sit amet lectus viverra vehicula. Ut ac semper neque. Duis neque leo, fermentum dapibus magna quis, suscipit ullamcorper nulla. Fusce est magna, dictum eu lacinia ut, mattis vel orci. Duis commodo dignissim libero ac lacinia. In a aliquet tellus. Praesent in pulvinar lectus. Cras maximus dui id commodo egestas. Praesent eget dui aliquam, sodales dui quis, commodo mi.

Nulla vitae lacus lectus. Duis neque dui, venenatis in laoreet ut, vestibulum eget mi. Proin suscipit felis quis lacinia congue. Nulla nisi diam, vestibulum vitae elit eu, semper egestas nisi. Praesent turpis eros, ultrices a massa eu, feugiat volutpat leo. Integer sed ante eleifend, ornare dui ut, vestibulum tellus. Nulla at arcu sed eros tempor hendrerit. Donec efficitur vitae turpis quis finibus. Phasellus auctor vehicula aliquet. Morbi nec felis non sem placerat malesuada vitae at tellus. Fusce facilisis pretium dui vitae vestibulum. Donec nec libero varius augue bibendum vehicula. Suspendisse volutpat nunc ac arcu congue, tempus pulvinar lectus vestibulum. Proin euismod ante orci, in accumsan justo ultrices at. Nulla a lorem porttitor, maximus velit vel, porttitor orci. Praesent ullamcorper dolor ut sem tempor condimentum.

Proin non lobortis massa. Phasellus sem elit, laoreet ac congue in, vulputate eu justo. Ut consectetur dignissim metus, sit amet dictum nisl luctus eget. Proin commodo non dolor quis pulvinar. Vivamus sodales ut arcu id faucibus. Suspendisse nec massa sollicitudin, placerat tellus id, tincidunt lorem. Donec vel bibendum diam. Duis semper libero ut convallis maximus. Donec turpis purus, ultricies non condimentum sed, lacinia sit amet felis. Curabitur malesuada faucibus ornare. Donec feugiat, libero vel sagittis varius, metus enim rutrum ipsum, sit amet congue metus lacus sit amet sem. Nam vitae bibendum magna, eget finibus dolor. Donec id orci id est porttitor facilisis. Nulla et justo diam. Praesent sed erat accumsan justo imperdiet consectetur sed sit amet enim.

Quisque auctor efficitur dui, sit amet volutpat lorem iaculis sit amet. Ut vitae tellus sed nunc sagittis congue. Nulla feugiat velit nulla, nec feugiat odio convallis tincidunt. Nullam consectetur ultrices pellentesque. In dictum efficitur turpis, semper tristique dolor viverra quis. Sed id erat sed enim venenatis semper. Maecenas maximus imperdiet odio, eu aliquet purus cursus non. Donec id mi orci. Curabitur dictum sem eu neque sodales pharetra. Donec blandit lacus quis nisl elementum, vitae tristique neque posuere. Vivamus ac neque in libero commodo finibus. Aenean laoreet orci sapien, a ultricies ex lobortis ac. Integer et efficitur enim.

Suspendisse potenti. Orci varius natoque penatibus et magnis dis parturient montes, nascetur ridiculus mus. Ut lectus tellus, gravida ut feugiat at, fringilla non nulla. Etiam iaculis semper justo at dictum. Proin eu ligula ut urna lobortis aliquam. Etiam vehicula velit ut ornare lacinia. Quisque at fringilla augue.

Quisque nec eleifend velit, sit amet sagittis libero. Etiam in orci a dui eleifend sodales. Pellentesque id pulvinar diam, ac fermentum tortor. Morbi tincidunt, magna in pharetra facilisis, lectus sapien pretium nibh, in semper est tellus at mi. Cras consequat lorem risus, vestibulum imperdiet erat pellentesque ac. Aenean varius risus in leo tincidunt ultrices. Integer ut tempor ligula. Aenean quam ipsum, venenatis tempor nisl in, ullamcorper gravida eros. Suspendisse at congue urna. Vestibulum venenatis, felis nec aliquam tincidunt, ipsum sem vulputate orci, sit amet varius turpis nisl at dui. Vivamus pretium lorem commodo gravida finibus. Phasellus nec orci rutrum, ornare nisi at, bibendum mauris. Etiam ullamcorper vestibulum placerat. Integer tempor erat vitae velit rutrum eleifend. Phasellus ut mauris ut tortor consequat ultricies. Quisque faucibus vestibulum diam sed porta.

Donec varius nibh ac fermentum pretium. Vestibulum quis est hendrerit, dictum tellus id, iaculis risus. Nullam dignissim, diam non tempor condimentum, turpis nisi sagittis urna, id condimentum ex sapien sit amet eros. Integer fermentum ipsum libero, vel sollicitudin nulla sodales in. Sed mattis sit amet enim at suscipit. Nam mauris nulla, elementum nec mauris sed, pharetra pellentesque est. Aliquam erat volutpat. Maecenas at tellus dui. Curabitur pharetra purus consequat, fermentum nulla ac, posuere augue. Donec pellentesque varius nisl, bibendum viverra magna congue interdum. Nam non est id lorem commodo vehicula ut maximus odio. Etiam feugiat vulputate interdum. Proin varius, ex vel imperdiet sollicitudin, tortor nibh finibus ipsum, ac commodo ligula velit quis lectus. Quisque et magna sit amet justo suscipit ultricies sit amet ac nunc. Fusce maximus lorem non erat viverra, at ultricies nunc interdum. Integer imperdiet ac risus quis scelerisque.

Phasellus vel leo elit. Integer fringilla, leo eu sollicitudin volutpat, risus turpis tempor felis, in tincidunt felis quam nec quam. Proin convallis risus sit amet lobortis iaculis. Praesent pellentesque nulla ut dignissim gravida. Aliquam sollicitudin ligula eget tortor luctus viverra. Integer nunc nunc, cursus vitae metus quis, tempus venenatis magna. Nunc suscipit velit sed turpis accumsan, vitae placerat enim ornare. In hac habitasse platea dictumst. In blandit sem et odio rhoncus, a iaculis est imperdiet. Nulla feugiat iaculis gravida. Integer tempor felis sit amet augue volutpat porta quis ut risus. Ut consequat sit amet ex et pharetra. Vestibulum a mattis mauris, ac tristique arcu. Nullam finibus elit at neque congue, eu suscipit justo mollis. Aliquam maximus eros tristique ante tristique, id dictum elit tristique.

Nam pharetra metus nec facilisis dapibus. Sed malesuada pellentesque tellus, sit amet dignissim quam consectetur vel. Etiam eget dui eget est pharetra commodo sed at metus. Sed massa enim, posuere et lobortis nec, viverra sed sapien. Morbi enim sapien, convallis ac nunc in, elementum ullamcorper odio. Etiam et varius enim. Morbi cursus cursus augue cursus facilisis.

Fusce lacus urna, lacinia in porta in, varius nec elit. Nulla aliquet metus ac mauris sagittis, in lobortis odio accumsan. Quisque vulputate lobortis accumsan.

Aenean facilisis mi sagittis mauris porttitor, non faucibus ligula malesuada. Suspendisse varius leo vel fermentum eleifend. Vivamus sed iaculis odio. Sed et arcu non tortor hendrerit ullamcorper non ut magna. Maecenas efficitur libero sed urna faucibus, sit amet ornare magna varius. Suspendisse potenti. Aenean nibh libero, gravida vel velit non, rhoncus lacinia nulla. Vestibulum fringilla, nulla vitae dignissim efficitur, ipsum augue hendrerit nisi, nec molestie leo tortor eu nibh. Fusce tempus id elit eget sagittis. Nullam scelerisque enim id mauris ornare ultricies. Nulla dapibus vestibulum vestibulum. Nulla consequat iaculis imperdiet. Mauris ultricies blandit nisi. Nulla nunc sapien, efficitur vel augue vitae, malesuada placerat ex. Aliquam dictum aliquet semper. Sed pellentesque, ipsum ac sagittis facilisis, risus lorem pretium urna, vitae ultricies orci enim sit amet felis.

Class aptent taciti sociosqu ad litora torquent per conubia nostra, per inceptos himenaeos. Donec aliquet congue metus ac efficitur. Nulla porttitor dui id turpis fringilla, tincidunt elementum magna lacinia. Sed aliquet sodales sem. Proin a eros nisi. Vivamus eget pretium urna. Phasellus consequat lorem ut urna semper semper. Pellentesque luctus magna eget turpis eleifend placerat. Quisque non augue id nibh dapibus sollicitudin. Phasellus pellentesque faucibus nisi non tristique. Proin elit magna, lacinia et euismod eget, fringilla in diam. Sed fringilla et purus id dictum.

Pellentesque dignissim accumsan risus, in fermentum nibh consectetur eget. Curabitur pharetra dolor a nisl faucibus, eu mollis mauris rhoncus. Sed sem elit, dapibus nec mauris id, gravida pharetra enim. Nullam ultrices, ante id pellentesque sollicitudin, leo lectus suscipit elit, ut scelerisque arcu turpis a mi. Sed et faucibus arcu, quis egestas odio. Ut mattis vulputate diam, in tristique ex auctor nec. Praesent sed augue varius, vulputate ipsum vel, eleifend elit.

Pellentesque elit neque, varius quis luctus nec, dignissim eu urna. Pellentesque habitant morbi tristique senectus et netus et malesuada fames ac turpis egestas. Sed est magna, iaculis sit amet erat laoreet, maximus faucibus dolor. Praesent orci purus, mollis et sollicitudin vitae, gravida pharetra risus. Sed elementum mattis ex, et tempus magna sollicitudin quis. Quisque faucibus sodales nisl viverra sagittis. Maecenas lacinia lectus ut ante vestibulum, dapibus eleifend ligula ullamcorper. Fusce ac vestibulum enim, sed suscipit risus.

Mauris molestie felis nec vestibulum lacinia. Nunc semper eros sed arcu placerat, a placerat felis scelerisque. Nunc rhoncus ex et augue dictum dapibus. Mauris eros magna, consectetur sit amet nibh elementum, faucibus feugiat purus. Sed ligula augue, facilisis varius nisl eu, aliquam sollicitudin quam. Aliquam sapien nulla, tincidunt non lobortis non, varius eget est. Interdum et malesuada fames ac ante ipsum primis in faucibus. Nunc eget lobortis lorem, ut aliquam lectus. Vestibulum felis nibh, sodales in sodales non, ornare eu ante. Praesent hendrerit at elit eget aliquet. In sollicitudin dapibus pellentesque. Aliquam erat volutpat. Vivamus vel odio vel est venenatis tristique ac a sem. Quisque vel molestie velit. Donec fringilla est vel elit varius, a scelerisque lectus interdum.

Integer et tortor sed dolor lobortis suscipit. Vestibulum ante ipsum primis in faucibus orci luctus et ultrices posuere cubilia Curae; Aenean ut tempus ex. Fusce vitae metus consectetur, vestibulum ipsum id, volutpat lacus. Class aptent taciti sociosqu ad litora torquent per conubia nostra, per inceptos himenaeos. Integer euismod nisi quam, at dictum velit imperdiet ac. Etiam dapibus velit fermentum, euismod velit in, rhoncus mi. In hac habitasse platea dictumst. Maecenas rhoncus lorem eget ex cursus, ut bibendum neque pharetra. Quisque ultricies maximus est, id euismod justo tempus eget. Quisque lacinia, orci nec aliquam vestibulum, lorem erat venenatis odio, eu lobortis massa purus eu lectus.

Nulla tempus consectetur risus vitae vehicula. Nulla sit amet ante tincidunt, venenatis arcu semper, convallis tellus. Phasellus maximus mi non commodo finibus. In consectetur, odio in tincidunt porttitor, ante nulla dictum ex, sed tincidunt justo augue ut felis. Pellentesque dapibus purus eu pellentesque sagittis. Maecenas ut ipsum magna. Morbi interdum quam nec leo sagittis eleifend. Mauris at porta purus. Etiam scelerisque tristique felis, eu auctor tellus. Maecenas malesuada arcu lectus, sed finibus leo volutpat eu. Nunc rhoncus ipsum eu lectus maximus auctor. Praesent libero lorem, ullamcorper eu tincidunt a, facilisis ac lorem. Fusce vitae tincidunt risus, tempor convallis nisl. Vivamus vel tortor non odio porta fermentum at gravida nunc. Quisque vestibulum venenatis massa ut vestibulum. Nam viverra pellentesque nisl, ut vulputate urna accumsan a.

Integer et ex est. Nulla faucibus aliquet suscipit. Proin sapien ipsum, tincidunt in felis ac, vehicula dignissim turpis. Mauris molestie euismod auctor. Vestibulum vitae erat sit amet elit dapibus elementum et id mauris. Proin sollicitudin leo sit amet leo laoreet, ut faucibus magna tincidunt. Suspendisse sapien ligula, cursus ac tincidunt vitae, imperdiet eu felis. Proin tortor justo, rutrum a quam eget, dictum consequat purus. Aliquam eu tempus turpis. In leo tortor, porttitor et mi nec, posuere scelerisque arcu.

Mauris ut cursus tortor. Praesent id odio vulputate, mattis est et, placerat justo. Donec dictum neque risus, eget volutpat velit bibendum accumsan. Quisque metus tortor, consequat vitae orci id, fringilla egestas augue. Proin et erat tincidunt, lobortis erat eget, semper magna. Pellentesque mollis malesuada ultrices. Praesent faucibus at purus condimentum finibus. Fusce tincidunt lorem pulvinar fringilla faucibus. Mauris id magna porta, bibendum erat nec, lobortis nibh. Aenean eget scelerisque nisi.

Ut mattis nulla ut tincidunt dapibus. Nulla facilisi. Fusce in efficitur tellus, ac malesuada leo. Quisque scelerisque eu ex eget porttitor. Mauris imperdiet, erat eu volutpat mattis, leo velit ullamcorper neque, at porttitor nulla quam eu lorem. Phasellus bibendum, magna ac vestibulum viverra, est nisi accumsan erat, tristique feugiat mi purus ac mauris. Sed erat nisl, hendrerit id enim nec, ornare mollis risus. Proin non odio magna. Nunc laoreet diam eros, et congue velit luctus a. Curabitur vehicula libero vitae eleifend posuere.

Aenean vestibulum eros a viverra malesuada. Quisque ac accumsan turpis. Nulla lacinia nec tellus eget lacinia. Etiam fringilla risus commodo diam lobortis, in pulvinar massa pharetra. Praesent mollis eget mauris at fermentum. Duis fermentum euismod congue. Maecenas velit urna, ullamcorper ut bibendum pulvinar, facilisis ac urna. Ut turpis magna, ullamcorper non lectus vitae, iaculis tempus augue. Ut vitae enim vulputate, tincidunt nisi ac, convallis sapien. Sed at aliquam arcu. Aenean porta, est eu ultricies fringilla, ligula quam aliquet libero, id sagittis nisi justo in turpis. Fusce egestas libero quis purus molestie feugiat. Nullam pretium sed velit quis aliquet. Etiam sit amet porta nibh, in porta ante. Integer sit amet commodo mauris. Donec mattis egestas iaculis.

Etiam et neque euismod, cursus lectus vel, maximus est. Phasellus enim massa, volutpat eget tincidunt quis, porta ac magna. Curabitur vulputate pellentesque laoreet. Nulla ac interdum orci. Etiam imperdiet tortor vitae pretium lobortis. Maecenas iaculis ex et accumsan tempus. Mauris libero nulla, lobortis at varius ut, consequat eu ante. In mattis eleifend orci, a vulputate justo luctus nec.

Proin massa felis, interdum nec iaculis vel, blandit id turpis. Etiam elementum odio viverra lacus faucibus pharetra. Maecenas pulvinar consequat lectus, a finibus quam. Sed quis porta diam. Mauris sit amet arcu ac risus feugiat mollis. Lorem ipsum dolor sit amet, consectetur adipiscing elit. Duis malesuada gravida neque, a suscipit lorem egestas in.

Quisque laoreet porta arcu id tincidunt. Orci varius natoque penatibus et magnis dis parturient montes, nascetur ridiculus mus. Vestibulum elementum augue ac interdum volutpat. Quisque dui ante, tristique sit amet quam eu, hendrerit commodo magna. Proin a felis eget ante pellentesque ullamcorper quis id diam. Nam rhoncus et nunc quis mollis. Donec ac eros eget nisi ornare commodo nec eget nisl. Nunc eu turpis egestas, mollis enim vitae, ullamcorper ex.

Nulla nec rhoncus lorem. Nunc pretium leo ac purus iaculis, non rutrum leo feugiat. Aenean fermentum placerat enim. Aenean et consectetur leo, vitae semper odio. Ut at vulputate dui. Proin in mollis eros. Pellentesque facilisis iaculis metus. Proin varius ex nec felis finibus laoreet. In porta nisi ex. In vitae eros et quam sodales consectetur. Morbi vel augue id felis porttitor cursus et id nulla. Pellentesque vitae elit maximus, vulputate diam ac, ultrices dolor. Vivamus consequat est felis, sed cursus quam tristique bibendum. Duis metus magna, aliquam sed ipsum nec, convallis fringilla lacus. Quisque bibendum vulputate dolor sed semper. Ut massa dolor, auctor non libero id, commodo imperdiet nisi.

Phasellus vitae eros augue. Morbi mattis mattis ante ac mattis. Duis condimentum leo sit amet tincidunt elementum. Pellentesque nulla urna, maximus ac urna ac, consectetur vehicula ante. Etiam eu cursus elit, vitae iaculis nibh. Aenean vulputate tincidunt lectus id consequat. Morbi congue vulputate metus non consectetur. Etiam non scelerisque nibh. Suspendisse sed odio fermentum, fermentum est sit amet, mollis metus. Integer felis erat, dignissim quis augue non, lacinia laoreet augue.

Praesent et volutpat urna. Donec gravida dictum venenatis. Suspendisse nec felis ultricies, tristique magna at, accumsan neque. Sed eu convallis turpis, vel rutrum mauris. Ut non eros at metus blandit malesuada. Sed nulla erat, vehicula eget velit eget, elementum mollis libero. Ut fringilla felis ac turpis ultrices, sed lacinia mauris maximus. Integer at convallis erat, id feugiat neque. Pellentesque vitae nunc nulla. Phasellus congue, nisl eget molestie pellentesque, urna ante dignissim justo, eget imperdiet justo leo in quam. Vivamus dapibus vulputate ultrices. Phasellus lobortis et lacus id lacinia. Sed nec sapien rutrum, luctus massa id, luctus ipsum. Aenean eu luctus purus. Proin facilisis scelerisque augue eu tincidunt.

Nunc ultrices vehicula rutrum. Nulla facilisi. Proin dui est, lobortis vitae efficitur non, sagittis commodo ex. Sed porta nunc vel elementum placerat. Donec nec varius felis. Curabitur id iaculis nisi. Proin ut velit a mi dapibus vehicula. Maecenas feugiat velit vitae gravida posuere. Sed fermentum, lectus pulvinar fringilla rhoncus, mi metus malesuada dui, quis condimentum odio nulla ut nisl. Vestibulum consectetur tempor sem, mattis mattis quam euismod nec. Mauris non commodo lacus. Cras eu finibus mi, ornare placerat odio.

Morbi non neque sed dui tincidunt laoreet. Sed iaculis eros ut mollis dapibus. Fusce in ligula felis. Phasellus placerat id tellus id vestibulum. Quisque dolor velit, sagittis ut ligula sed, vestibulum egestas turpis. Duis at eros lorem. Nulla ac fermentum nisl. Quisque arcu mi, iaculis vel nulla non, ultrices condimentum mauris. Donec at eros elit. Phasellus at consectetur enim, quis sollicitudin libero.

Integer volutpat ultricies velit in eleifend. Nulla vitae nulla velit. Nulla facilisi. Aliquam consectetur at erat at aliquet. Quisque eget orci eget elit blandit euismod ac ut nibh. Nullam finibus nulla nisi, ac placerat purus elementum et. Suspendisse ut felis placerat, posuere velit bibendum, convallis massa. Morbi sit amet rhoncus orci.

Sed luctus viverra volutpat. Aenean nisi augue, malesuada eu eleifend ut, convallis ac ipsum. Mauris faucibus, libero sit amet vulputate vehicula, lacus leo fringilla magna, eleifend sagittis mauris leo in magna. Aenean hendrerit purus orci, eget imperdiet velit suscipit sed. Vivamus bibendum mauris diam, vel fermentum eros euismod ac. Aliquam eu sollicitudin quam, ut venenatis tortor. Orci varius natoque penatibus et magnis dis parturient montes, nascetur ridiculus mus. Suspendisse odio neque, pellentesque in magna quis, convallis suscipit tortor. Aenean vitae tortor dui. Fusce turpis quam, congue sit amet ipsum nec, convallis egestas massa. Phasellus posuere nunc et erat convallis condimentum.

Sed vestibulum commodo mi. Donec fermentum placerat accumsan. Integer cursus libero quis aliquet venenatis. Fusce eget orci imperdiet tortor eleifend viverra nec ac felis. Suspendisse potenti. Fusce a tincidunt eros. Nunc non velit ac libero dapibus hendrerit in eu sapien. Proin in pharetra est. Nunc magna diam, facilisis eget eros finibus, luctus consequat massa. Vestibulum pharetra elementum ligula tempor sagittis. Curabitur mauris libero, semper at ante id, pharetra dignissim ante. Mauris elit orci, vulputate a massa quis, accumsan hendrerit sapien. Sed vehicula aliquet ex, eget egestas mi lacinia at. Nullam placerat odio vitae ligula vestibulum, vitae elementum nibh volutpat. Donec malesuada arcu vel tellus dignissim rutrum. In tristique, tortor a semper ullamcorper, orci ante vestibulum odio, quis lacinia turpis ipsum eget est.

Proin nibh ante, vehicula sit amet tincidunt id, gravida nec lacus. Curabitur quis ligula quam. Suspendisse est quam, ultrices vel lobortis ut, vestibulum a metus. Fusce bibendum orci in ex euismod, eu viverra felis cursus. Mauris eget hendrerit dolor. Vivamus dapibus accumsan luctus. Sed rhoncus orci leo. Phasellus blandit vel metus vitae feugiat. Nunc rhoncus risus velit, at convallis mauris consequat quis. Aenean nisi nibh, volutpat vel neque id, viverra condimentum massa. Donec scelerisque, libero vel tempus aliquet, ligula ante lobortis est, posuere lacinia mi turpis sit amet arcu. Aliquam erat volutpat. Nunc et mattis ligula. Sed in faucibus lacus.

Vivamus lacinia risus tincidunt fermentum euismod. Nulla dolor mauris, fringilla pulvinar mollis at, ultricies sed turpis. Phasellus malesuada diam vitae eleifend volutpat. Donec bibendum leo eu neque accumsan, ac lobortis nisl volutpat. Nam convallis blandit enim, tristique sagittis arcu fermentum non. Curabitur blandit sit amet neque et laoreet. Proin dui purus, venenatis non luctus sit amet, congue ac lectus.

Duis maximus nunc quis lorem maximus commodo. Proin vitae semper enim, sit amet ornare massa. Vestibulum facilisis odio leo, et tempor nulla porttitor nec. Cras sodales velit sodales, lobortis urna a, malesuada augue. Nulla quis rhoncus lectus. Curabitur dignissim mi augue, ut egestas risus aliquet sit amet. Cras pulvinar eget turpis ut tincidunt. Nunc vehicula iaculis congue. Etiam non est tortor.

Nunc et quam magna. Vivamus vulputate imperdiet sem, sed accumsan felis vehicula sed. Mauris magna neque, mollis sed efficitur nec, ultricies at sem. Etiam eleifend leo sit amet turpis molestie, vitae rutrum nunc dapibus. Class aptent taciti sociosqu ad litora torquent per conubia nostra, per inceptos himenaeos. Aliquam vel venenatis nulla. Aenean a velit lacinia, egestas erat vel, bibendum nunc. Donec mollis sapien dolor. Phasellus efficitur consequat condimentum.

Vestibulum ante ipsum primis in faucibus orci luctus et ultrices posuere cubilia Curae; Phasellus nec lorem elit. Donec justo sapien, rhoncus eu mi ut, fringilla semper urna. Maecenas nec commodo elit. Donec vehicula neque sed elit semper bibendum. Vivamus varius tellus scelerisque gravida luctus. Mauris nisl est, lacinia ut placerat at, euismod et orci. Proin molestie imperdiet semper. Donec ut laoreet ante. Nullam venenatis, magna eu lobortis vulputate, felis metus consectetur sem, luctus lacinia urna augue sit amet sem.

Morbi pulvinar eget sapien vitae ullamcorper. Vivamus lorem ex, euismod id eros eu, venenatis rhoncus ante. Morbi venenatis lorem justo. Sed elementum felis non eleifend viverra. Maecenas pulvinar, ex at ornare vulputate, velit ante iaculis mi, ut vehicula erat lectus nec arcu. Nulla augue tortor, imperdiet et orci lobortis, rutrum euismod orci. Ut neque neque, hendrerit porta luctus a, faucibus nec ligula. Integer in lacus ipsum.

Maecenas ipsum dui, faucibus ut luctus non, aliquet vitae ante. Sed eleifend tempus nisl, vitae convallis nibh hendrerit placerat. Maecenas eu nisi vehicula, egestas neque eu, porta erat. Donec tincidunt euismod ultricies. Duis sed faucibus tortor, sed interdum dui. Vivamus commodo est enim, quis consectetur lectus lobortis at. Proin nunc ipsum, dignissim sed tellus in, luctus posuere odio. Donec scelerisque mi ut facilisis tincidunt. Nulla non erat quis urna condimentum gravida at a massa. Duis ut cursus nunc. Ut vel mauris eget dui pellentesque tempor. In et odio mi. In tristique nunc eget velit lobortis, eget dapibus lorem aliquam.

Cras cursus pellentesque commodo. Pellentesque maximus consequat ligula, tempor sollicitudin metus laoreet et. Maecenas porttitor massa ac mi fermentum, sit amet placerat eros aliquet. Integer elit mauris, commodo quis sem nec, accumsan interdum tellus. Fusce eu dapibus dolor. Nulla facilisi. Class aptent taciti sociosqu ad litora torquent per conubia nostra, per inceptos himenaeos. Integer dignissim urna libero, ut ultrices est efficitur ornare. Pellentesque non enim orci. Duis tristique arcu sed ullamcorper efficitur. Pellentesque hendrerit imperdiet varius.

Sed sed elementum nunc. Cras mollis sapien et nisi rhoncus mollis. Ut semper ante sit amet faucibus lobortis. Phasellus sit amet purus viverra, vulputate tortor sodales, sodales felis. Pellentesque eu pharetra risus. Vivamus molestie semper dolor, non porta velit viverra id. Phasellus sit amet lacus sagittis, rhoncus nunc euismod, eleifend odio.

Proin vitae porta tellus, ac rhoncus nisl. Phasellus at congue diam. Integer eleifend nisi ut purus fermentum rutrum. Etiam finibus tempus leo, eu auctor mauris accumsan ac. Donec nec nisi tortor. Phasellus non viverra diam, ac lobortis libero. Integer vehicula sed turpis non consectetur. Nulla fringilla turpis a augue ultrices interdum. Vivamus et nibh eros. Integer in suscipit ex.

Integer ullamcorper condimentum quam eget eleifend. Integer gravida, libero tincidunt posuere placerat, mi justo rhoncus nisi, vitae fermentum quam nisi sed lectus. Aliquam feugiat posuere imperdiet. Proin sed maximus purus. Donec eros mauris, maximus mattis aliquet quis, feugiat et quam. Praesent interdum lobortis blandit. Nulla dignissim ex eget mauris pellentesque, nec porttitor mi sollicitudin.

Donec quis tempor elit, quis accumsan arcu. Aliquam hendrerit, ipsum eget sagittis eleifend, est ex molestie ligula, non porttitor nisl tortor non augue. Quisque congue, ante ut iaculis feugiat, neque diam auctor quam, ut tincidunt risus sapien nec orci. Duis vel elit non ipsum rhoncus condimentum non eget est. Pellentesque porttitor, neque ut blandit mattis, neque odio auctor lacus, et rhoncus dolor leo in quam. Sed libero neque, rutrum in sollicitudin ut, vestibulum sed lectus. Proin pharetra tempor nisi, eu accumsan risus tempor nec. In ut felis a dolor porta efficitur. Sed faucibus ipsum quis placerat semper. Sed commodo orci quis ultrices faucibus. Aliquam et vulputate turpis, id tristique magna. Sed laoreet dolor sem. Integer faucibus scelerisque ante ut semper.

Lorem ipsum dolor sit amet, consectetur adipiscing elit. Maecenas suscipit fermentum lacus scelerisque tempus. Duis pellentesque nisl non pulvinar facilisis. Nullam fermentum tellus sed massa pellentesque posuere. Duis suscipit purus id sapien feugiat, in molestie elit imperdiet. Sed ac justo semper, faucibus metus id, pharetra arcu. Fusce rutrum posuere tortor, id molestie ligula consectetur id. Nullam sit amet convallis risus. In tristique dolor metus, at vestibulum dui consequat id. Fusce molestie ex nulla, id faucibus mauris accumsan non. Nullam blandit urna ac odio pretium ultrices. Nulla iaculis erat a massa suscipit, non tristique tortor viverra.

Phasellus hendrerit ante leo, eu consequat arcu suscipit vitae. Nunc convallis ullamcorper tellus eget aliquet. Praesent rhoncus fringilla nisi id gravida. Sed in sagittis tortor. Maecenas lectus nulla, malesuada in magna vel, mollis pulvinar massa. Phasellus tempus massa in sem iaculis, non convallis leo porta. Pellentesque eleifend felis risus, tempus finibus libero faucibus at. Etiam id ligula eu massa tristique tristique quis nec lacus. Proin pretium accumsan congue. Vestibulum eu tortor egestas, rhoncus mi eget, dignissim dui. Morbi in faucibus nulla.

Pellentesque non felis metus. Duis nulla nibh, euismod eget fringilla in, vestibulum vel libero. Mauris pharetra eleifend mi a ornare. Suspendisse ut odio turpis. Phasellus ipsum sem, porttitor non pharetra non, iaculis a dui. Mauris tincidunt, diam et suscipit posuere, leo sem fringilla orci, dapibus dapibus tellus enim in lectus. Morbi a justo elementum augue finibus blandit. Aliquam euismod malesuada purus, sed lobortis nunc varius vel. Vivamus in purus velit. Mauris nunc sem, viverra quis lorem ut, aliquam lacinia nisl. Sed ornare metus ut interdum maximus. Curabitur molestie purus sit amet libero congue, quis sodales justo ullamcorper. Maecenas at fermentum quam, sit amet condimentum nunc.

Praesent ultricies volutpat odio vitae efficitur. Ut mollis arcu convallis, fringilla dui sit amet, sodales lectus. Sed ullamcorper nisl nulla, vitae scelerisque tellus mollis vel. Suspendisse sodales augue nunc, et pellentesque urna mattis vel. Ut vitae consequat nisl. Sed ut nulla lectus. Ut malesuada est turpis, vitae faucibus lacus feugiat non.

Phasellus purus libero, maximus eu tortor at, tincidunt aliquam tellus. Aliquam erat volutpat. Suspendisse eu leo massa. Morbi libero risus, porta sit amet urna ut, bibendum auctor mauris. Nam dolor eros, laoreet nec lectus eu, accumsan dignissim nunc. Fusce semper arcu eu nisi auctor, vitae ullamcorper nunc dictum. Aliquam cursus odio vitae nisl iaculis, ut vulputate metus tempus. Cras molestie massa eu mauris bibendum, viverra feugiat ipsum ornare. Ut et tristique nunc. Mauris cursus pellentesque arcu, eu pretium metus tempor eu. Nulla at nulla porta, placerat quam quis, commodo erat. Phasellus in ipsum nisl. Sed iaculis massa sit amet mattis interdum. Nullam scelerisque sit amet dui a suscipit. Aliquam risus ligula, euismod non viverra quis, commodo sit amet neque. Ut quis auctor nunc, sed fringilla metus.

Phasellus mattis nulla et convallis imperdiet. Maecenas gravida mi vel risus venenatis cursus. Aliquam erat volutpat. Etiam vel commodo neque. Phasellus imperdiet lacus sit amet dolor placerat, vel mollis quam consequat. Vivamus id nulla aliquam, auctor sapien in, efficitur ex. Vestibulum viverra lorem non justo hendrerit vehicula. Fusce elementum porta orci, vel dictum arcu congue nec. Nam feugiat ultrices nibh, eu pellentesque ipsum rhoncus sed.

Curabitur sit amet justo a sapien sollicitudin tempus. In tempor risus ipsum, eu fermentum ipsum feugiat eget. Maecenas mattis ultrices turpis, a commodo ipsum ornare vitae. Ut venenatis odio vel rhoncus ornare. Donec malesuada velit ut pretium congue. Donec auctor ornare lacus. Morbi pulvinar leo eget molestie blandit. Quisque a nibh vitae nisi efficitur condimentum ut sit amet turpis.

Aliquam aliquet aliquam eros, vel laoreet mi imperdiet sit amet. Proin at elit libero. Donec at sagittis lectus. Integer tincidunt velit neque, et tristique lorem porta vel. Ut ornare tincidunt nisi nec aliquam. Pellentesque rutrum ligula vitae placerat interdum. Donec ac dictum quam, ac rutrum risus. Praesent nec enim congue, venenatis justo ultricies, tempor massa. Sed in felis et dui lobortis laoreet eget quis tortor. Morbi posuere consequat sapien.

Curabitur et ex velit. Praesent suscipit sodales velit, et consectetur sem laoreet vel. Praesent eu facilisis sapien, id finibus tortor. Cras aliquam lorem eu dolor viverra scelerisque. Aenean aliquam commodo sapien eget pharetra. Aenean lobortis, odio vitae vehicula accumsan, tellus leo ullamcorper magna, in aliquam sem dolor ac est. Etiam ultrices suscipit eros sit amet ullamcorper. Sed metus diam, imperdiet eget sollicitudin eu, efficitur non risus. Vestibulum vel velit interdum, sollicitudin mauris at, scelerisque nisi. Nunc efficitur, arcu eu posuere consectetur, leo magna ultrices dui, ultricies bibendum elit neque at ligula. Fusce imperdiet interdum erat, condimentum mattis justo fermentum ut. Suspendisse semper a elit sit amet malesuada. Mauris tellus dui, consectetur id venenatis eu, condimentum vehicula metus.

Nullam porttitor luctus tempor. Integer at laoreet augue. Praesent ullamcorper orci nunc, non porta felis placerat ut. Proin scelerisque ex vitae rhoncus pretium. Aenean in arcu sed felis volutpat commodo. Pellentesque mattis risus sed efficitur euismod. Nam risus eros, mollis vel porttitor in, accumsan eget nunc. Proin in condimentum dui, sed posuere justo. Duis at ullamcorper mauris, vitae tempus urna. Curabitur vitae eleifend mauris.

Maecenas porta urna magna. Nam ultricies arcu sit amet dignissim feugiat. Phasellus vitae ante efficitur, egestas dui viverra, aliquam nulla. Aliquam tellus neque, aliquet id nulla ut, pharetra posuere nulla. Aenean vel commodo leo, molestie rutrum quam. Maecenas faucibus massa nec erat maximus feugiat. Pellentesque aliquam lobortis efficitur. Maecenas consequat quam massa, non ultricies ante placerat eget. Aenean mattis augue neque, sed mattis sapien suscipit eu. Sed gravida mauris vitae consequat scelerisque. Aliquam et tristique elit. Interdum et malesuada fames ac ante ipsum primis in faucibus. Fusce non facilisis ipsum. Integer eget metus tellus.

Sed varius ante nulla, pulvinar ultricies nunc consectetur in. Proin ut elit feugiat, imperdiet tortor eu, efficitur dui. Nullam quis arcu nisi. Vivamus tincidunt purus lectus, a semper mauris dictum in. Donec non porttitor lectus. Donec fringilla, tortor vehicula tempus dignissim, elit arcu feugiat massa, vitae sodales mi est at libero. Praesent tempor semper orci sit amet gravida.

Vivamus enim elit, sodales sed ipsum vitae, tristique cursus nulla. Phasellus ut felis ut risus eleifend pharetra malesuada id nunc. Duis ac neque orci. Fusce scelerisque, ipsum in commodo cursus, leo purus ullamcorper leo, ac egestas libero dolor eget mauris. Curabitur elit diam, fringilla eget iaculis vitae, commodo sit amet ipsum. Nunc in ipsum eu risus ornare dignissim sit amet vel turpis. Nullam quis est fringilla, placerat sapien quis, sollicitudin nibh. Vivamus at feugiat libero. Duis pellentesque vulputate justo lobortis sagittis. Aliquam at sem ac ex cursus ultricies. Integer maximus arcu arcu, sed tempus est auctor nec. Mauris interdum ex sed arcu porttitor, non fermentum sem auctor. Sed et quam ex. Praesent tincidunt velit risus, sed euismod erat lobortis at. Nulla eget erat nibh.

Fusce et aliquam nisi. Nulla ac ornare lacus. In quis quam urna. Aliquam id ipsum nec felis auctor consequat. Cras mattis nisi eu libero porta imperdiet et quis elit. Vivamus tempus varius vehicula. Donec pharetra risus urna. In hac habitasse platea dictumst. Duis nec lorem varius, efficitur sapien non, semper ipsum. Ut vitae massa a ante posuere feugiat eu vel leo. Phasellus in ligula risus.

Aliquam maximus non tellus non rhoncus. Nulla facilisi. Ut cursus enim elit, vel gravida odio varius nec. Fusce ac purus at dolor pellentesque gravida. Donec rhoncus tincidunt eros. Aenean et pharetra nunc. Pellentesque sit amet luctus odio. Phasellus feugiat feugiat nisl, a bibendum risus dapibus et. Morbi in convallis tortor. Cras nec quam in nisi aliquet feugiat non quis odio. Nulla facilisi. Interdum et malesuada fames ac ante ipsum primis in faucibus.

Vivamus viverra nunc vitae lacus pulvinar commodo. Cras euismod nulla ac quam tristique, non vulputate mi dictum. Nullam iaculis ut nibh et dignissim. Nam id luctus ante, at porttitor augue. Praesent condimentum massa at tempor ultricies. Vivamus sit amet interdum diam, sed facilisis orci. Vivamus scelerisque neque enim, vel volutpat quam efficitur vulputate.

Quisque porta tempor erat, vitae efficitur ligula tempor vitae. Nullam ullamcorper iaculis odio, a vulputate arcu lacinia ac. Fusce vulputate lorem tortor, sit amet gravida nisi laoreet ut. Donec aliquam enim eget velit fermentum finibus. Aliquam vulputate egestas lacus, non hendrerit ipsum placerat non. Duis aliquam eleifend quam id congue. Donec hendrerit consequat nunc, vitae pretium felis pulvinar in. Duis eget tempor ligula. Maecenas vel mattis tortor. Nulla tempus odio urna, ac dictum sapien bibendum quis. Maecenas in rutrum eros, vitae aliquet tortor. Phasellus porttitor mattis ex ut mollis.

Aliquam sed augue tempor, consequat leo sit amet, consectetur mi. Aenean quis nisi odio. Mauris convallis hendrerit justo quis lobortis. Donec scelerisque rhoncus mauris, ut cursus mauris feugiat ac. Maecenas ut faucibus nulla. Cras sed consectetur nunc, a aliquet mauris. Nunc neque nisi, sollicitudin sit amet leo ut, mollis vestibulum orci. Cras tristique, lacus non imperdiet tincidunt, diam dolor suscipit sapien, in aliquam nisl lacus sed lacus. Nullam ut tempus arcu. Aenean ultricies faucibus augue, vitae ornare eros vestibulum id. Sed ipsum quam, mollis non luctus in, fermentum viverra mi. Pellentesque at turpis euismod, ultricies neque eget, pulvinar mi. Sed vulputate non risus non consequat.

Maecenas ultrices feugiat elit sed hendrerit. Praesent ac efficitur mauris. Nam hendrerit nisl eros, in consectetur arcu faucibus in. Pellentesque vestibulum, massa in eleifend pretium, felis lacus laoreet odio, ac porta libero urna a diam. Aenean suscipit risus vitae lorem suscipit feugiat. Fusce odio lacus, vulputate nec lectus id, euismod tincidunt arcu. Donec ac elit eget elit aliquet egestas. Aenean quis metus in ipsum ultrices ultricies. Nam egestas imperdiet elit.

Duis dignissim faucibus urna id bibendum. Vestibulum ante ipsum primis in faucibus orci luctus et ultrices posuere cubilia Curae; Donec suscipit scelerisque neque sit amet aliquam. In posuere diam id elit aliquet, eget tincidunt tellus molestie. Nunc sed commodo odio. Duis nibh nisl, varius ut magna sit amet, molestie iaculis est. Donec sagittis dolor erat, ut consequat arcu facilisis eu. Ut id aliquet nibh, eu mollis orci. Nulla nec lorem eros.

Nam eget auctor ipsum, eget lobortis lectus. Nullam metus justo, bibendum id eleifend non, gravida dignissim orci. Aliquam quis odio nec augue porta viverra a ut massa. Vivamus faucibus justo et nisl porttitor imperdiet. Donec eu lectus tincidunt velit porta lacinia vel nec ligula. Phasellus mattis vitae quam in venenatis. Pellentesque eu lectus lacinia, pretium enim congue, pulvinar tortor. Sed non lectus eget libero tincidunt faucibus. Pellentesque tincidunt ante a varius blandit. Aliquam luctus elit quis turpis pharetra feugiat. Cras dapibus ultricies bibendum. Nunc in metus neque. Donec sed sapien finibus turpis consectetur sodales.

Curabitur pharetra, orci tempus dignissim ullamcorper, nunc ante porta nisl, et maximus libero odio vitae urna. Nulla pretium malesuada nisl, sed malesuada turpis gravida et. Quisque a convallis nisi. Cras malesuada sodales consectetur. Phasellus posuere neque a dui congue fringilla. Curabitur et elit sed augue gravida elementum. Sed ac malesuada mauris. Nam mollis urna eu sem molestie hendrerit. Aenean in metus in elit lobortis dapibus eget id sapien. Vestibulum sit amet gravida risus.

Quisque eu aliquet justo. Vestibulum accumsan tempor pulvinar. Nullam a ipsum odio. Integer et accumsan ligula. Morbi congue congue dolor, eu tristique nulla rutrum at. Pellentesque id tellus suscipit, consequat metus sed, ullamcorper mauris. Vestibulum lacinia vitae sem eu tincidunt. Suspendisse vitae feugiat purus, fermentum dapibus eros. Sed commodo dignissim eleifend. Nulla facilisi. Nam in sapien quis diam porttitor placerat et viverra urna.

Nulla et vestibulum mi. Vivamus fermentum, erat sed hendrerit hendrerit, nisi massa rutrum elit, sed auctor sem erat at felis. Aliquam at felis quis ante ullamcorper luctus. Donec sem purus, dapibus eu augue et, lobortis facilisis leo. Donec vel posuere nisi, consequat posuere ligula. Proin et auctor nulla, vitae dignissim nulla. Fusce maximus, sapien quis pretium aliquet, magna erat porttitor diam, sed viverra dui turpis in leo.

Nulla non ornare lacus. Nunc placerat ac magna dapibus finibus. Fusce elementum nisi id lectus dapibus tempus. Etiam vel lobortis mi. Maecenas vel massa venenatis, malesuada nibh nec, pretium lectus. Duis at felis in neque blandit laoreet. Cras nec eros ut tellus vehicula sodales. Etiam gravida quam et tortor aliquam, ac tincidunt lectus aliquet. Morbi lacinia convallis varius. Nullam posuere sem ut massa convallis, blandit porta ante ultrices. Sed eget quam dui. Sed fringilla urna quis odio facilisis, eu vestibulum erat dignissim.

Quisque tempus lobortis interdum. Vestibulum a hendrerit mauris. Maecenas placerat aliquet dolor a hendrerit. Duis congue eu sapien non efficitur. Cras quam purus, bibendum a justo tincidunt, venenatis luctus sapien. Sed imperdiet, odio vel fringilla commodo, erat felis mollis lorem, quis dictum est neque a velit. Donec faucibus dictum nunc, efficitur cursus ex cursus vitae. Nam at eros a nunc venenatis eleifend. Mauris condimentum facilisis diam, ac elementum nibh elementum pellentesque. Phasellus suscipit ac libero ut auctor. Etiam vestibulum dictum est eu pharetra. Nullam vel auctor justo. Nulla nulla neque, faucibus a aliquam vel, mattis rutrum ex.

Aliquam egestas enim eu lacus ornare, vel gravida mi euismod. Praesent volutpat elit a lacus vehicula vehicula non sed dui. Donec metus elit, laoreet vitae felis in, imperdiet tincidunt odio. Morbi porttitor lorem et enim semper, sed tristique leo dignissim. In dictum nibh sit amet fermentum pretium. Aenean id faucibus ipsum, scelerisque dictum lorem. Class aptent taciti sociosqu ad litora torquent per conubia nostra, per inceptos himenaeos. Suspendisse potenti. Quisque tempus sed urna iaculis sodales. Pellentesque ut nisl at dolor egestas facilisis luctus vitae erat. Aliquam aliquet purus ut purus hendrerit, sit amet accumsan metus lobortis.

Donec ipsum ipsum, egestas ut ipsum vel, elementum accumsan nulla. Sed eget mauris malesuada, vehicula felis at, rhoncus tortor. Duis ullamcorper faucibus dui, et scelerisque felis feugiat et. Morbi vulputate purus eu dolor congue tincidunt. Phasellus consectetur diam vel magna rutrum fermentum. In at ultricies nisl, a sagittis urna. Curabitur volutpat vulputate blandit. Maecenas aliquet, est eget feugiat porttitor, ipsum turpis mattis libero, sit amet consectetur dolor est in augue. Nunc ullamcorper, justo quis facilisis venenatis, risus nibh condimentum arcu, at sollicitudin lacus odio eu leo. Duis lacinia sed sem id vestibulum. Praesent felis quam, ornare a ante in, accumsan euismod sem.

Duis ac urna tellus. Duis at lorem iaculis, luctus neque pharetra, placerat felis. Vestibulum venenatis semper orci, vel tempus sem malesuada ut. Suspendisse potenti. Proin iaculis vehicula ornare. Ut luctus tortor id metus sollicitudin aliquet. Duis et elit in diam ultrices blandit. In condimentum justo sit amet maximus vulputate. Nullam odio ante, mattis nec blandit a, feugiat nec ante. Vivamus eu malesuada felis. Cras cursus eleifend venenatis. Pellentesque non purus accumsan, interdum odio sed, dictum massa. Donec eleifend ultrices sapien, sit amet tempus nulla eleifend non.

Mauris tincidunt suscipit neque quis ultricies. Etiam luctus velit in erat fermentum, at dignissim felis posuere. Aliquam tempor nisi ut elementum maximus. Mauris vel bibendum risus. Vivamus non eleifend urna. Phasellus dignissim est at gravida finibus. Nunc finibus in erat ac viverra. Pellentesque pulvinar et ipsum vitae ultricies. Suspendisse rutrum fringilla dolor, at pellentesque mauris volutpat in. Interdum et malesuada fames ac ante ipsum primis in faucibus. Curabitur cursus consequat viverra.

Nunc ante augue, tincidunt eu arcu et, venenatis condimentum felis. Aliquam nec ipsum sed lacus vulputate tristique ut id odio. Phasellus luctus, purus ut tincidunt scelerisque, urna sapien tempus nulla, sed molestie turpis arcu et justo. Maecenas eu enim urna. Mauris ex dui, facilisis ut porttitor eget, condimentum eget magna. Donec lectus nunc, hendrerit ac mollis vitae, maximus id tortor. Aenean venenatis condimentum tortor, id bibendum libero convallis eget. Quisque id tempor ex.

Nam ultricies lacinia tincidunt. Donec quis tellus ultricies, rhoncus massa eget, laoreet ex. Praesent et ante at ipsum mollis dapibus et at nisl. Maecenas eget purus quis dolor porta semper finibus et nulla. Integer ac nisi diam. Suspendisse et dolor viverra, interdum dui in, rutrum nibh. Curabitur eu ultrices enim. Nunc id ultricies erat, a imperdiet lorem. Suspendisse eget luctus lectus. Donec ultrices dapibus rutrum. Nullam lacinia pretium nunc a scelerisque. Donec mattis tortor turpis. Nam semper quam quam, in aliquam nunc pretium ut.

Duis vitae accumsan leo, et accumsan metus. Integer eu leo augue. Suspendisse mollis odio sit amet lacus varius fermentum. Aliquam aliquet egestas finibus. Interdum et malesuada fames ac ante ipsum primis in faucibus. Pellentesque gravida nulla tortor, laoreet bibendum leo vulputate id. Pellentesque elementum in nunc et imperdiet. Suspendisse faucibus volutpat justo eu consectetur.

Quisque elementum, enim eu accumsan malesuada, augue massa malesuada urna, id fringilla magna odio ac ex. Integer tempus tempor sem, ut dapibus metus porttitor vehicula. Praesent sit amet feugiat urna. Maecenas semper tempus cursus. Fusce varius pretium tortor eget porttitor. Pellentesque mauris sem, pharetra vel est ac, auctor fringilla eros. Vivamus id nunc arcu.

In faucibus, purus eget tempor blandit, erat est laoreet lorem, in posuere purus ipsum vitae risus. Vestibulum ex magna, pretium id massa vel, vehicula condimentum mi. Quisque sit amet interdum purus. Etiam nec metus faucibus, volutpat diam non, suscipit tortor. Phasellus vel vehicula urna. In elit tortor, vulputate et tincidunt et, facilisis quis magna. Nulla facilisi. Proin eu ipsum eleifend lectus fermentum condimentum. Vivamus venenatis, sem et dapibus suscipit, magna purus finibus dolor, eget elementum eros arcu et erat. Nullam ut leo eu lectus pellentesque molestie sit amet eu dui. Etiam et nisi diam.

Sed tincidunt interdum urna, nec mattis sem varius eget. Nunc et ullamcorper orci. Donec pretium mauris et vulputate sagittis. Cras condimentum enim eget arcu interdum vestibulum. Aliquam vel nisl at odio fringilla mattis. Quisque posuere dolor id ultricies faucibus. Vivamus ac libero vel orci placerat pharetra. Nulla auctor orci urna, quis malesuada libero ultrices non. Ut ut egestas enim, eu efficitur felis.

Pellentesque maximus, enim in fermentum varius, neque mi tempus sem, lobortis dignissim tellus libero in diam. Quisque a fermentum eros. Maecenas suscipit finibus nibh quis tempor. Phasellus vel magna libero. Duis tincidunt est sed orci facilisis pretium. Vivamus pharetra turpis ac tellus rutrum, sed luctus magna tempor. Cras eleifend nisi semper laoreet scelerisque. Morbi tristique elementum euismod. Integer turpis est, egestas in nibh a, sodales mollis lorem. In dignissim sem nulla, eget varius magna vestibulum vel. Integer consectetur dapibus quam, eget consectetur mi commodo ut. Sed vel ultricies eros, vitae auctor elit. Nunc a convallis quam.

Duis faucibus blandit tincidunt. Pellentesque habitant morbi tristique senectus et netus et malesuada fames ac turpis egestas. Pellentesque sodales ex metus, in eleifend sem posuere vitae. Morbi quis lacus vel libero gravida vestibulum euismod sed augue. Vestibulum cursus sit amet justo quis pharetra. Maecenas purus sapien, mollis ac sem et, ullamcorper euismod metus. Morbi tortor dui, fermentum quis erat gravida, interdum scelerisque turpis. Ut cursus ante libero, in porttitor nunc aliquam eget. Phasellus condimentum augue id ullamcorper venenatis. Suspendisse rhoncus felis eget sem accumsan, a tincidunt arcu facilisis. Etiam eget molestie nisl.

Quisque a sollicitudin enim. Curabitur non felis nulla. Cras porttitor imperdiet libero, vel lobortis nisl auctor id. Fusce a orci dictum, pharetra lectus at, ornare sem. Cras accumsan vel magna nec porttitor. Sed rhoncus fringilla tincidunt. Phasellus interdum ornare pharetra. Ut in ante a massa accumsan maximus. Vestibulum interdum purus lectus, vel posuere sem venenatis sit amet. Suspendisse ac ullamcorper velit. Morbi tristique volutpat nisl id molestie.

Ut vestibulum dolor nec tellus luctus, at dignissim ante feugiat. Phasellus at sagittis felis. Donec ultricies dui enim, sed finibus nunc lacinia in. Etiam a urna egestas, convallis mi ut, aliquet dolor. Class aptent taciti sociosqu ad litora torquent per conubia nostra, per inceptos himenaeos. Praesent ullamcorper lectus in vestibulum ornare. Vivamus sodales, ante at venenatis dignissim, dui nulla pharetra diam, ac ornare eros nulla et justo. Suspendisse fermentum, nisi id molestie malesuada, nisl nibh faucibus odio, id sodales nulla est lobortis enim. Proin mi enim, vulputate rhoncus facilisis quis, aliquam a sem. Curabitur placerat faucibus finibus. Vestibulum non venenatis arcu. Etiam ultrices, ligula nec eleifend vehicula, lacus magna lobortis erat, accumsan lobortis risus turpis in nibh. Nullam convallis ex id cursus pellentesque. Maecenas ante lectus, molestie nec ipsum vitae, eleifend maximus risus. Vestibulum maximus mi ligula, ac tempor tortor tincidunt sed.

Etiam a pharetra est, rutrum dictum lorem. Integer dapibus lectus non dolor rhoncus, dignissim pulvinar ante consequat. Quisque mollis augue at diam finibus ultricies. Donec porttitor quam quis risus bibendum pellentesque. Pellentesque eleifend rhoncus ex eu convallis. Duis et tortor a est vestibulum fringilla finibus eget tortor. Praesent sit amet dolor nec mi ornare luctus. Vivamus ac nisi tempus sapien lacinia faucibus. Mauris eu gravida orci. Phasellus dolor dolor, vehicula blandit eros quis, ullamcorper vestibulum justo.

Suspendisse metus nunc, luctus quis nunc lobortis, tempor commodo sem. In urna arcu, convallis non massa at, varius tincidunt augue. In posuere in ipsum id rutrum. Etiam placerat nisl vitae justo finibus, sit amet suscipit mi finibus. Donec vulputate libero faucibus tellus rutrum dignissim. Nunc bibendum bibendum feugiat. Proin vel ornare ex. Suspendisse et tortor volutpat, posuere quam quis, tincidunt ante. Ut consectetur quam quam, sed dapibus magna pellentesque in. Vivamus turpis felis, eleifend id eleifend eget, dapibus eleifend justo. Pellentesque habitant morbi tristique senectus et netus et malesuada fames ac turpis egestas. Nullam gravida ipsum mauris, eu facilisis odio viverra nec. Etiam nec quam venenatis, tempor ex at, fermentum nisl. Nulla id tincidunt justo.

Suspendisse elit nibh, gravida tempus pellentesque nec, consectetur ac dolor.

Vivamus auctor purus ac tellus eleifend finibus. Maecenas ullamcorper urna a mi dignissim tempus. Donec mattis iaculis tincidunt. Praesent nisl leo, vehicula eget dolor vitae, aliquet pellentesque ex. Morbi id ipsum rutrum, lacinia odio aliquam, lacinia nunc. Integer et ipsum tortor. Sed efficitur felis vitae dictum semper. Nunc rhoncus lobortis quam in mollis. Fusce posuere sit amet elit congue maximus. Pellentesque habitant morbi tristique senectus et netus et malesuada fames ac turpis egestas. Donec turpis ligula, dapibus et aliquet sit amet, fringilla quis nulla. Curabitur at metus eu ex sagittis feugiat in aliquam purus. Pellentesque ut purus laoreet, sollicitudin lorem nec, hendrerit dui. Fusce congue odio eu augue scelerisque, sed tristique tellus sodales. In dolor velit, luctus a accumsan vel, posuere et justo.

Etiam sed pharetra dui. Proin id luctus mi. Sed semper ex ut nibh convallis, quis finibus augue consectetur. Curabitur non elit hendrerit, vestibulum tortor id, sodales velit. Pellentesque pellentesque nisl risus. Proin vel lacus mauris. Morbi posuere vehicula quam id aliquet. Duis eu volutpat arcu, at elementum nisi. Fusce ipsum ex, efficitur at massa nec, laoreet pulvinar massa.

Nullam fermentum aliquet mattis. Maecenas ultrices libero id nisi sodales euismod. Donec eget volutpat ligula. Proin quis magna sollicitudin, mattis enim in, malesuada massa. Donec lacus mauris, tincidunt nec quam malesuada, porta congue nisl. In id fermentum ex. Pellentesque varius, lorem id tempus tempus, sem velit commodo ante, vitae mollis tortor mauris vitae ante. Mauris massa arcu, sagittis sit amet dignissim in, vestibulum sed sapien. Cras nec dolor massa. Nam malesuada leo eget turpis volutpat faucibus. Vestibulum ante ipsum primis in faucibus orci luctus et ultrices posuere cubilia Curae; Maecenas risus eros, vestibulum eu tortor nec, cursus laoreet mi.

Pellentesque vel velit vestibulum, pharetra felis eleifend, lobortis purus. Pellentesque commodo justo eget odio fermentum volutpat. Phasellus eu risus nec risus volutpat aliquet. Sed et luctus augue, ut rutrum lectus. Curabitur in tortor vel massa volutpat ultricies eget a metus. Etiam eu egestas massa. Sed sed egestas nisl, at dignissim elit. Proin feugiat odio a rutrum scelerisque. Praesent at lacus id nisi egestas volutpat in rhoncus tellus. Vivamus tortor nunc, tempus in blandit sed, lacinia ac massa. Sed ut volutpat odio, et dignissim libero. Nam libero nulla, semper in vulputate ac, mollis vel sapien. Maecenas tempus eleifend quam eu imperdiet. Integer sit amet vulputate tellus, sit amet tempus lorem. Nullam mollis nunc nec mi auctor, sed maximus mi hendrerit. Nunc ac lobortis quam, sed ultricies erat.

In sem justo, consequat in facilisis fringilla, accumsan ullamcorper tortor. Pellentesque finibus dui a quam sollicitudin tincidunt. Praesent in enim iaculis, imperdiet sapien sit amet, sollicitudin diam. Praesent a nulla congue, facilisis odio elementum, molestie turpis. Sed eget nisi id nunc blandit efficitur. Mauris nulla enim, fermentum id lectus luctus, rutrum laoreet felis. Aliquam mi arcu, viverra et consectetur in, consectetur ut lacus. Ut ultricies pulvinar vestibulum. Nulla laoreet mauris vel turpis iaculis luctus. Nunc eget augue lacinia, lobortis nulla facilisis, bibendum massa. Donec malesuada placerat risus, in fringilla est sagittis ut. Nam pulvinar orci magna, vitae dapibus tortor dictum in. Nullam facilisis sodales lorem, ultricies ultrices mauris lobortis non. Duis varius pretium ullamcorper. Suspendisse ullamcorper nec quam et commodo. Phasellus malesuada urna ut tincidunt auctor.

Maecenas non nisl elit. Mauris euismod laoreet magna vitae facilisis. In malesuada, erat sit amet eleifend semper, odio metus rhoncus nisl, eu egestas mauris enim scelerisque sem. Suspendisse sagittis lorem quis orci feugiat, vel rhoncus turpis cursus. Suspendisse velit velit, semper id maximus in, molestie vitae lacus. Duis nec lorem quis dui commodo lacinia. Pellentesque ante sapien, hendrerit in suscipit rhoncus, condimentum eget ipsum. Vestibulum eu velit semper, imperdiet diam a, ultrices enim. Proin id ipsum ac nulla ultrices convallis ac iaculis tellus. Donec enim ligula, tristique sit amet rutrum vitae, efficitur vitae velit. Aliquam sit amet lorem non libero mollis suscipit. Pellentesque elementum placerat porttitor. Aliquam erat volutpat. Vivamus condimentum massa nunc, sed sagittis ex scelerisque vitae.

Maecenas euismod imperdiet fringilla. Aenean eget enim id diam congue rutrum eu consectetur elit. Duis ultrices diam ligula, ac interdum odio scelerisque id. Vivamus vehicula vel lectus ut blandit. Nulla facilisi. Curabitur eget ipsum ut felis ultrices lacinia in a tellus. Curabitur sed convallis tortor. Nulla rhoncus neque at velit sollicitudin sollicitudin.

Donec sit amet enim elementum, vestibulum dolor quis, iaculis orci. Ut malesuada gravida dolor, non ultricies dolor. Mauris in leo nec dolor rutrum rutrum. Aliquam semper augue ut rutrum pulvinar. Fusce id finibus arcu. Praesent quis ornare dolor. Aenean a condimentum orci. Mauris vehicula ipsum quis neque suscipit finibus. Donec blandit, sapien vel iaculis posuere, risus magna semper elit, vel consectetur augue ex vel metus. Vivamus cursus tortor dignissim dolor euismod congue.

Pellentesque bibendum odio nec sapien vestibulum facilisis. Phasellus varius, ligula id posuere efficitur, dui nunc venenatis nunc, eget placerat nunc neque ac massa. Nullam ornare elit leo, non pulvinar lorem lobortis non. Aenean fringilla porttitor enim sed lobortis. Sed pellentesque vulputate lacus ac porttitor. Donec a metus ac mauris ornare interdum ut sed enim. Curabitur volutpat ligula ac lacinia pharetra. Quisque sed ullamcorper mi. Vestibulum eu hendrerit justo. Proin dignissim est arcu, sed iaculis lorem lobortis at. Nam vel felis est. Vestibulum aliquet eu libero non porta. Mauris varius tempor fermentum.

Integer commodo odio at euismod pretium. In quis dictum urna. Interdum et malesuada fames ac ante ipsum primis in faucibus. Sed accumsan enim eu bibendum rhoncus. Pellentesque molestie, arcu quis eleifend feugiat, arcu mauris consequat ex, sed lacinia nisi lacus et risus. Orci varius natoque penatibus et magnis dis parturient montes, nascetur ridiculus mus. Praesent pulvinar, turpis quis condimentum egestas, ligula lectus pharetra dolor, sit amet scelerisque felis ante in purus. Cras eu interdum leo, ac molestie arcu. Vestibulum sollicitudin viverra velit. Duis mauris mi, facilisis sit amet commodo at, suscipit et elit. Suspendisse potenti. Pellentesque placerat nec risus eget elementum. Fusce blandit ultrices arcu, quis pellentesque nisi tempus non. Proin sed suscipit quam, a facilisis leo. Sed ac tellus placerat, pretium justo eget, aliquam nisi.

Nunc efficitur libero quam, eget tempus mauris consequat eget. Praesent sodales magna vel bibendum dapibus. Aenean faucibus eu leo at volutpat. Fusce dictum interdum mollis. Maecenas aliquet dui elementum, ullamcorper est malesuada, vehicula sem. Curabitur lacinia ut ante quis eleifend. Maecenas ligula libero, tempor eu volutpat vitae, tempus laoreet tellus.

Quisque et pretium tellus, tristique fringilla diam. Integer ac hendrerit enim, a sagittis arcu.

Proin sed libero sodales, pharetra nulla ut, ultricies nisi. Proin turpis arcu, rhoncus eget malesuada id, rhoncus quis magna. Cras eu nulla ac ex fermentum mattis a eget erat. In hac habitasse platea dictumst. Praesent eu auctor erat, vel dictum nibh. Cras auctor elit turpis, non lobortis elit luctus in. Sed placerat in libero vel dapibus. Proin pretium nulla eget quam hendrerit suscipit. Suspendisse potenti. In consequat finibus metus eget blandit. Sed placerat augue eget ultrices hendrerit. Mauris tempus erat eros, ac scelerisque velit pharetra ut. Integer efficitur diam ac vestibulum suscipit. Donec tempor augue nec dignissim convallis. Donec facilisis eu est nec commodo.

Duis ante elit, tempor quis tristique sed, mollis eu tortor. Vivamus placerat maximus aliquet. Interdum et malesuada fames ac ante ipsum primis in faucibus. Vestibulum ac dictum eros, vel consectetur erat. Aenean maximus erat nec dolor pellentesque rhoncus. Vivamus ligula massa, finibus vitae pharetra eget, placerat at tellus. Praesent pellentesque ex ut nulla tempus fermentum. Donec tristique odio eget rhoncus maximus. Curabitur gravida, erat non commodo posuere, dolor sapien ultrices lectus, et varius justo arcu quis dui. Nunc tempor orci ante, a iaculis purus placerat eleifend.

Praesent a justo sed eros eleifend dictum at non nunc. Duis volutpat purus a massa rutrum, vitae iaculis purus malesuada. Aliquam eu finibus tortor. Orci varius natoque penatibus et magnis dis parturient montes, nascetur ridiculus mus. Suspendisse mollis rutrum elit, sed ullamcorper quam volutpat ac. Praesent at velit in est scelerisque vulputate eu sit amet nunc. Curabitur sed aliquam nunc. In pharetra, metus quis molestie scelerisque, enim velit ullamcorper justo, dictum ullamcorper lacus lectus sit amet ex. Vivamus convallis risus in lectus accumsan, vel varius sapien posuere.

Etiam eget vehicula mauris. Nullam quis nunc purus. Curabitur eu accumsan lorem. Curabitur quam diam, pellentesque eget erat nec, vulputate pretium libero. Curabitur sit amet leo lobortis, consectetur sapien ut, faucibus libero. Donec ut ante rhoncus, euismod augue vitae, tristique augue. Phasellus consequat rhoncus rutrum. Quisque pharetra ullamcorper ipsum, non porttitor metus gravida eu. Suspendisse turpis nunc, venenatis in ex sed, scelerisque fermentum velit. Nunc finibus, odio ut pharetra molestie, orci neque faucibus justo, ac auctor diam enim eu magna. Phasellus cursus a arcu non vulputate. Nulla sit amet risus sit amet purus placerat lobortis. Praesent accumsan luctus suscipit. Duis dictum commodo luctus. Donec eu ligula mattis, pretium est quis, dapibus felis.

Donec semper gravida enim, sed gravida urna gravida vitae. Nulla pellentesque a elit vel ultrices. Etiam venenatis, mi a pulvinar tincidunt, mi neque fermentum sapien, in faucibus erat risus quis felis. Nam nisi dui, ornare nec pulvinar sit amet, varius non risus. Vestibulum dapibus odio vestibulum tristique convallis. Pellentesque interdum erat eros, a malesuada arcu venenatis volutpat. Cras velit leo, accumsan vel mollis at, blandit non nisl. Integer suscipit lacinia est sed vulputate. Vestibulum imperdiet sagittis sollicitudin.

Duis dolor eros, posuere nec tincidunt sit amet, faucibus non tortor. Etiam id magna at lorem congue lacinia. Aliquam ipsum neque, maximus et scelerisque eget, volutpat id elit. Integer eleifend tempus iaculis. Sed pulvinar a urna et euismod. Nulla commodo nibh a lorem placerat elementum. Sed consequat justo ac odio egestas, ut varius velit egestas.

Vestibulum lorem magna, mattis vel vulputate ut, scelerisque at quam. Pellentesque at leo vel neque suscipit dictum. Nullam scelerisque eros dui. Etiam luctus malesuada risus eget bibendum. Vestibulum sagittis imperdiet tellus. Aliquam nisl turpis, fringilla sit amet quam quis, fringilla rutrum sem. Aenean eu magna laoreet, convallis velit eget, lacinia lacus. Duis non odio ac metus porta condimentum ut volutpat purus. Cras et magna id dui ullamcorper elementum.

Aliquam aliquet rhoncus nisl, vitae dignissim lacus auctor ut. Quisque id malesuada massa. Vestibulum vestibulum, nunc volutpat rutrum rhoncus, turpis tortor aliquet quam, vel sollicitudin leo ante vel tortor. Sed id mollis diam. Sed lacinia laoreet turpis nec commodo. Mauris dui sapien, cursus at semper congue, porta et eros. Integer condimentum risus nec rhoncus accumsan. Nulla scelerisque pellentesque erat vel bibendum. Aliquam ut elementum quam, tempus scelerisque lacus. Donec eu ligula nisl. Donec accumsan, diam sit amet maximus vulputate, nisi elit faucibus dui, sed laoreet lacus sapien ut erat. Proin tristique massa id nulla vestibulum lacinia.

Quisque sed diam dictum, laoreet augue a, rhoncus eros. Ut ut neque quis ligula dapibus ullamcorper sit amet vel eros. Vivamus sollicitudin quam tincidunt volutpat porttitor. Sed odio quam, tincidunt vel varius et, vestibulum eget sem. Donec euismod ante quis purus iaculis pellentesque. Maecenas scelerisque, felis elementum tincidunt ultricies, dolor diam imperdiet justo, vel bibendum enim mauris eget augue. Duis pulvinar fringilla risus ac condimentum. Suspendisse auctor quis orci non posuere. Sed auctor ante a nunc rutrum, at scelerisque nibh venenatis. Donec vel lectus aliquam, laoreet elit varius, ornare ante. Sed nec iaculis quam, id faucibus augue.

Interdum et malesuada fames ac ante ipsum primis in faucibus. Nulla hendrerit sit amet purus at eleifend. Donec fermentum ultrices nisl, sit amet consectetur felis feugiat ac. Praesent sed massa at libero viverra ultrices sed vel velit. Aliquam erat volutpat. Integer et porttitor nisl. Vestibulum tincidunt, ligula sit amet lacinia dignissim, lectus nibh dictum sem, luctus malesuada elit purus non sem. Sed id aliquet ante. Aliquam sem tortor, convallis quis nulla vehicula, fermentum mollis lacus. Nulla id arcu rhoncus, posuere libero vitae, viverra mi.

Nam eu urna ante. Etiam mollis, turpis a congue porta, felis neque tincidunt ante, ut eleifend ipsum leo ac massa. Maecenas fringilla nisl at augue ornare, blandit malesuada leo tincidunt. Etiam venenatis tellus eu maximus aliquet. Fusce nec sem mi. Fusce scelerisque sagittis lorem, vel feugiat dolor vulputate sit amet. Mauris fermentum efficitur bibendum. Proin malesuada nisl vehicula lorem venenatis tempor. Duis scelerisque nulla non risus tincidunt aliquam. Proin euismod, turpis eget pellentesque maximus, dui risus tincidunt velit, vitae volutpat massa tellus id purus. Nulla sagittis eros est, vitae convallis massa laoreet eu. Phasellus hendrerit enim elit, vitae dapibus mi tristique vitae. Interdum et malesuada fames ac ante ipsum primis in faucibus. Lorem ipsum dolor sit amet, consectetur adipiscing elit. Nullam in ornare risus. Pellentesque habitant morbi tristique senectus et netus et malesuada fames ac turpis egestas.

Aliquam posuere scelerisque malesuada. Nam quis nisi ut nisi porta facilisis in vitae mauris. Phasellus a eros justo. Nunc aliquet augue eget ullamcorper pellentesque. Suspendisse semper urna in arcu sollicitudin dignissim. Aenean rutrum arcu at justo consequat, cursus porttitor lacus consequat. Duis bibendum consectetur tincidunt. Sed ultricies, sem bibendum fermentum porttitor, augue neque cursus enim, non bibendum mi urna a massa. Duis bibendum, purus pulvinar consequat tincidunt, odio sapien pharetra quam, et posuere arcu dolor sit amet leo. Donec dapibus ex a erat pulvinar, vitae convallis est consequat.

Cras posuere erat a nibh venenatis molestie eu vitae mi. Integer eget diam et quam aliquam auctor. Aenean sed volutpat leo, in scelerisque nisl. Nullam vitae venenatis nisi. Nullam condimentum purus et condimentum mattis. Nunc et tempor nulla. Duis cursus aliquet est, ac tincidunt nibh eleifend ut. In semper luctus mi in rutrum. In tristique diam sit amet lectus vehicula, ac vestibulum nisi vestibulum.

Suspendisse nec bibendum magna. Morbi leo ex, sodales non magna non, feugiat ultrices libero. Quisque vulputate finibus eros sit amet mattis. Proin tempor lacinia lacus id interdum. Nulla ac neque dui. Sed id mattis odio. Etiam ultricies mauris eget eros tristique molestie. Phasellus gravida augue a est sodales, vitae sagittis mi lobortis. Aenean vel libero eu tortor facilisis convallis. Aenean iaculis justo in erat porta pharetra et nec velit. Phasellus rutrum sodales lectus, in imperdiet enim imperdiet vel.

Vivamus ligula tellus, eleifend elementum placerat vitae, consequat vitae orci. Lorem ipsum dolor sit amet, consectetur adipiscing elit. Ut lobortis congue ultrices. Duis viverra hendrerit risus id sollicitudin. Maecenas magna felis, vestibulum sed sem id, sollicitudin ullamcorper lectus. Aliquam ac mi iaculis, convallis magna ut, congue nunc. Proin ac dolor porttitor, laoreet metus non, feugiat nisl. Ut malesuada arcu vestibulum mauris malesuada tincidunt. Mauris felis elit, mollis sed urna vitae, blandit viverra ipsum. Suspendisse egestas ultrices lacus, et euismod est commodo at.

Ut vitae dictum ante. In hac habitasse platea dictumst. Fusce et ex quis eros aliquam ornare. Vivamus elementum tortor id ex rhoncus, ut suscipit orci porttitor. Cras nec elementum ante. Maecenas eget est venenatis ante malesuada auctor eget nec lectus. Nulla cursus enim gravida sem vulputate pellentesque. Proin ut tellus at metus congue facilisis. Sed dictum, magna ut gravida luctus, erat ipsum rhoncus diam, in consectetur purus leo non diam. Maecenas bibendum, risus eu faucibus rutrum, velit dui placerat est, eget faucibus tortor felis ut massa. Quisque fringilla, quam sit amet vestibulum consequat, arcu leo eleifend turpis, vitae luctus enim metus ut sapien. Phasellus hendrerit ex ligula, faucibus hendrerit massa tempor ut. Nulla sit amet egestas metus. Phasellus viverra fermentum justo in tincidunt. Suspendisse tincidunt nec lectus congue sollicitudin.

In commodo nunc non rutrum auctor. Cras et hendrerit ante, nec dapibus leo. Integer justo quam, suscipit eget tellus sit amet, vestibulum tempus lorem. Fusce vitae velit at arcu accumsan ultricies ut quis nibh. Suspendisse ac congue dui. Fusce vitae lorem risus. Donec posuere turpis nisi, non maximus odio aliquet elementum. Duis efficitur, sapien sit amet hendrerit sollicitudin, tortor nibh vulputate sapien, nec faucibus magna arcu mattis ante. Vestibulum feugiat tortor sed leo faucibus ultricies. Curabitur quis enim auctor, cursus lacus eget, venenatis ipsum. Proin varius, nisl vitae euismod dignissim, enim metus euismod nulla, ac malesuada lacus ex ac diam. Nullam efficitur rutrum justo in tristique. In et elit et tellus malesuada scelerisque. Lorem ipsum dolor sit amet, consectetur adipiscing elit. Cras vitae nulla at justo pharetra consequat sed tempus libero. Aenean dignissim tempus massa, non consectetur nulla fringilla nec.

Class aptent taciti sociosqu ad litora torquent per conubia nostra, per inceptos himenaeos. Morbi auctor non tellus et gravida. In hendrerit semper velit, ut pretium nisi accumsan id. Proin finibus quis lectus nec volutpat. In sagittis finibus tortor non lacinia. Morbi consequat, est quis suscipit iaculis, urna sem sodales justo, vel tincidunt elit felis eu tellus. Vivamus aliquam imperdiet erat eu dapibus. Duis in mattis sem. Fusce pretium neque eu nisi semper varius. Phasellus malesuada ultricies lectus et lobortis. Aliquam in mattis arcu. Suspendisse varius sem et scelerisque ultrices. Vivamus sagittis iaculis metus, rutrum luctus lorem viverra quis. Vestibulum mollis pulvinar ligula, ac ullamcorper metus ullamcorper vitae. Nulla eget turpis turpis. Integer imperdiet arcu tortor, ut elementum justo hendrerit lobortis.

Etiam feugiat finibus metus, sit amet eleifend sapien luctus eu. Ut placerat tellus quis nibh vestibulum auctor vel consectetur mi. Vestibulum euismod consequat turpis id maximus. Quisque eu ante sed mauris venenatis vulputate. Nullam consequat, lacus a consequat egestas, ipsum ipsum lobortis tellus, vel eleifend arcu enim quis lectus. Suspendisse nec ex vitae purus pulvinar consectetur et quis risus. Nam non aliquet nisi. Nam semper mauris ac tempor vulputate.

Vestibulum euismod luctus purus, sed tincidunt nunc laoreet sit amet. Vestibulum mollis porttitor elit varius scelerisque. Integer rhoncus pretium ipsum, sit amet pellentesque nisi aliquet quis. Nullam vitae urna a enim semper auctor non a velit. Nullam euismod, orci nec efficitur mollis, libero justo blandit nulla, rhoncus sagittis urna erat aliquet lectus. Phasellus hendrerit, urna et suscipit placerat, ligula nulla posuere purus, et efficitur tortor odio ut ligula. Phasellus nisl velit, tincidunt eget auctor sit amet, ultricies in risus.

Cras rutrum vitae sem scelerisque fringilla. Integer consequat nibh semper nunc condimentum volutpat. Praesent ornare, mi id ornare aliquam, eros leo tincidunt elit, a sagittis lectus ante sed ante. Sed condimentum imperdiet tellus, ornare malesuada ligula. Morbi rutrum dui vel ex dapibus, vel placerat elit luctus. Praesent luctus nec tellus ut egestas. Nulla ut felis elit. Quisque porta diam sed vulputate tristique. Suspendisse dictum fringilla dictum. Nam accumsan turpis ut lectus congue, vel consectetur arcu commodo. Donec porta, erat nec finibus blandit, dolor eros malesuada est, eget cursus nisi tellus at quam. Nullam aliquet dapibus sapien, id porta sem lobortis nec. Donec fringilla nisi viverra, facilisis augue eu, facilisis risus.

Sed fermentum pellentesque eros, at efficitur massa aliquet quis. Mauris sodales, lectus consequat varius tristique, sapien justo interdum arcu, vitae venenatis nisi orci at mauris. Suspendisse in tortor eget velit malesuada iaculis. Curabitur elementum consectetur purus sed commodo. Nunc at ultrices mi. Pellentesque tortor dui, condimentum eu nibh non, porta elementum ipsum. Pellentesque interdum cursus quam. Ut est libero, eleifend et nunc ut, ullamcorper feugiat nibh. Integer at ex rhoncus, accumsan mi porttitor, tincidunt lacus. Ut ornare rutrum risus, ut aliquet diam tincidunt efficitur. Vivamus eu magna faucibus tellus lacinia tincidunt sed at risus. Sed eget lorem augue. Quisque fringilla consequat mi, non tristique mauris consequat in. Aenean tempus ex sit amet eros pretium, in luctus orci sodales. Proin sit amet feugiat enim. Nunc a fermentum ipsum, aliquam tempor turpis.

Nullam commodo scelerisque urna, ac sodales est convallis nec. Nam molestie nibh a placerat suscipit. Etiam euismod sed quam in pretium. Proin commodo vel urna ac molestie. Maecenas sodales, nunc eu laoreet condimentum, sapien massa gravida sem, vel pulvinar diam lorem imperdiet sapien. In ut mauris sit amet lorem hendrerit laoreet convallis sed nulla. Aliquam rhoncus finibus ante, at bibendum sem consequat quis. In scelerisque semper tellus id consectetur. Integer velit diam, vulputate id mollis eu, faucibus sed lectus.

Nulla dictum diam sit amet odio accumsan, non gravida metus sollicitudin. Fusce sed sagittis nibh. Donec tempor sem et quam iaculis aliquet. Aliquam erat volutpat. Aenean diam diam, elementum ut arcu eu, laoreet cursus dolor. Etiam pellentesque consequat nulla, et tincidunt nulla pharetra non. Vivamus auctor, ante ac rutrum tristique, est massa malesuada nunc, vitae luctus velit sapien sit amet quam. Duis eget quam nec nisl rutrum mattis in non ante. Praesent eleifend eu diam eu dignissim. Praesent gravida tortor ligula, eu egestas magna rhoncus vel. Interdum et malesuada fames ac ante ipsum primis in faucibus. Sed faucibus, erat id dapibus vestibulum, magna odio cursus leo, et maximus enim nunc a diam. Aenean pharetra, purus ac luctus lacinia, sapien lacus vestibulum ex, in auctor neque tortor vel est. Suspendisse tristique aliquam nisl in vulputate. Maecenas sagittis purus nec dapibus pharetra.

Nullam at ligula et lectus egestas efficitur quis ut orci. Interdum et malesuada fames ac ante ipsum primis in faucibus. Vestibulum ante ipsum primis in faucibus orci luctus et ultrices posuere cubilia Curae; Donec condimentum tellus lorem, sit amet tristique justo scelerisque pharetra. Vestibulum quis felis ultrices, fermentum urna luctus, lobortis ante. Etiam sed commodo velit. Fusce orci nisi, interdum et cursus id, dignissim id augue. Ut interdum nibh ullamcorper ultrices dapibus.

Duis a velit non sem sagittis convallis. Morbi quam tellus, laoreet in faucibus at, commodo non leo. Morbi tincidunt mi tellus, in dictum augue luctus pellentesque. Aliquam efficitur, magna ut gravida lobortis, sem lectus imperdiet purus, eu malesuada massa purus quis sem. Sed mattis, magna et feugiat lobortis, lacus risus elementum velit, id imperdiet lectus eros sed sapien. Donec sodales lorem ut tellus luctus ultrices. Phasellus ut turpis tincidunt, convallis sapien eu, commodo nibh. Aenean eleifend vel massa sed dictum. Integer lobortis libero blandit dolor commodo porttitor. Vestibulum condimentum sagittis libero, non facilisis massa ullamcorper nec. Aenean consequat luctus arcu a venenatis. Curabitur non malesuada est, sed varius lectus. Integer pretium turpis sed semper dapibus. Nulla eget accumsan velit, id dictum libero.

Mauris massa quam, porta ac lacus sed, varius rutrum lacus. Praesent tristique et libero ut auctor. Nunc varius, nisi scelerisque suscipit mollis, mi nisi facilisis nibh, tempus lobortis purus eros sed sem. Cras id scelerisque nisi, id viverra est. Maecenas fermentum a nisl ut sagittis. Phasellus dignissim elementum odio, vel tincidunt velit convallis nec. Nullam ullamcorper, urna nec rutrum consequat, justo lorem rhoncus libero, a ornare sem elit vitae orci. Nam efficitur egestas felis, id tincidunt nisl sollicitudin vel. Mauris ac massa ut ligula gravida aliquam id a metus. Fusce nibh elit, viverra sed massa et, imperdiet ultrices dui. Sed sit amet dolor aliquam, congue leo ut, sollicitudin justo. Duis eu libero eget sem facilisis fermentum a at diam.

Fusce convallis commodo risus in blandit. Sed lacinia vitae sapien et aliquet. Nullam interdum rutrum ex auctor facilisis. Praesent est turpis, efficitur nec justo eget, dignissim posuere dui. Donec accumsan tincidunt ante a tempus. Vivamus efficitur vulputate elementum. Cras quis turpis sagittis, feugiat enim sed, viverra ligula.

Duis id bibendum mi. Integer porttitor leo quis leo faucibus, et sollicitudin dui feugiat. Nunc et ultricies est, ullamcorper semper ipsum. Aenean eros diam, congue sed pellentesque ut, interdum ut diam. Nulla ut maximus mi. Quisque rhoncus turpis erat, id ornare urna blandit vitae. Aenean malesuada mi ut quam sodales ornare. Donec condimentum nunc risus, at vestibulum justo cursus et. Etiam dictum lorem in augue venenatis finibus. Donec gravida justo ut orci ultricies hendrerit. Mauris maximus vestibulum urna in blandit. Integer luctus rutrum dolor, ut aliquam eros varius et.

Vivamus eget sapien porttitor dolor rutrum viverra. Fusce elementum ac metus quis fringilla. Nulla id consectetur nibh. Sed vel accumsan nibh. Duis in erat ac mauris vestibulum auctor. Curabitur ut tortor luctus, blandit purus vel, iaculis nisi. Quisque elementum tellus id risus ultrices, vulputate lobortis nisl ultrices. Vivamus pulvinar sem vel lacus interdum ornare. Integer lobortis nisi vehicula, placerat urna ut, maximus felis. Mauris nec nulla feugiat, mollis elit vel, accumsan eros.

Cras maximus mauris ac ultricies aliquam. Aliquam at facilisis neque. Vivamus tincidunt, ante sit amet aliquam convallis, erat nunc venenatis arcu, non ultricies lorem metus eu ante. Aenean laoreet pharetra ligula, vitae sollicitudin tellus sagittis in. Nullam id sem tempus, commodo erat ut, consectetur metus. Cras sed dui quam. Aliquam rhoncus aliquet velit, ut gravida mi pulvinar non. Quisque blandit vel est et cursus. Aliquam venenatis turpis at pellentesque tincidunt. Pellentesque et felis id neque suscipit maximus. Suspendisse imperdiet imperdiet pharetra. In pulvinar feugiat blandit. Vestibulum ante ipsum primis in faucibus orci luctus et ultrices posuere cubilia Curae; Proin dignissim commodo elit, a tincidunt massa euismod at.

Nulla urna nulla, ullamcorper non massa et, vestibulum auctor nunc. Maecenas fermentum congue scelerisque. Mauris efficitur iaculis lacus, a efficitur est. Etiam id justo augue. Vestibulum ante ipsum primis in faucibus orci luctus et ultrices posuere cubilia Curae; Vivamus mattis, ipsum ut viverra aliquet, lectus nibh tincidunt felis, sed dignissim arcu est at ante. Pellentesque semper varius purus fringilla imperdiet. Ut tincidunt ut purus molestie ultrices. Donec porta fringilla ligula, eget vehicula odio pellentesque et.

Nunc mollis risus in urna placerat, id ornare tortor pellentesque. Duis erat metus, suscipit at metus eget, posuere porta diam. Nunc quis leo tempus, tempor purus ut, lacinia ligula. Pellentesque habitant morbi tristique senectus et netus et malesuada fames ac turpis egestas. Nullam ipsum velit, maximus lobortis lacus sed, maximus pretium nibh. Suspendisse volutpat, metus a vulputate ultricies, magna sem feugiat diam, quis ultrices est metus sed libero. Mauris vitae nibh non diam sagittis condimentum. Orci varius natoque penatibus et magnis dis parturient montes, nascetur ridiculus mus. Ut ut efficitur leo, eu commodo dolor. Vestibulum nibh tellus, scelerisque et mattis id, viverra eu ipsum. Suspendisse potenti. Duis libero leo, suscipit ac blandit a, blandit sit amet urna.

Praesent iaculis odio erat, efficitur ultrices velit venenatis et. Nam laoreet augue non mattis sodales. Mauris sollicitudin pellentesque facilisis. Duis vestibulum lacus dignissim diam dapibus aliquam. Vestibulum et feugiat nibh. Aenean eget odio eu nisi sagittis gravida. Aenean sapien odio, molestie at aliquam non, viverra nec massa. Vivamus scelerisque mi sit amet eros maximus, bibendum lobortis libero ornare. Cras id nunc ac lorem mollis ullamcorper. Aliquam vulputate molestie nunc, nec fermentum tortor vestibulum a. Quisque scelerisque elit auctor luctus elementum. Etiam lacinia efficitur dui sit amet tristique.

Etiam vel tristique felis, ut tincidunt ex. Donec ut dui vel velit maximus cursus nec vel leo. Donec vitae finibus dui. Nunc purus massa, egestas at aliquam ut, convallis nec odio.

Quisque vel magna quis nisl viverra ornare. Praesent tincidunt molestie ipsum, auctor varius felis. Suspendisse et laoreet felis. Ut et dignissim sapien, ut eleifend ante. Etiam ornare lorem eu ultricies vulputate. Nunc vel nisi lacus. Etiam elementum sapien et hendrerit dictum. Phasellus malesuada mollis tempor. Aenean quam ligula, dictum eget dolor id, commodo scelerisque magna. Curabitur id lorem tincidunt, faucibus magna at, rhoncus arcu. Nam commodo nunc vel turpis sodales congue.

Sed magna purus, aliquam in euismod non, commodo non magna. Integer auctor lacinia purus in fringilla. Nam sit amet mi vitae nibh facilisis tempor. Aliquam erat volutpat. Maecenas scelerisque odio non mattis dictum. Aenean vel fermentum nibh. Vestibulum aliquet arcu eu justo lobortis congue. Etiam tempus tortor turpis, sed convallis elit molestie ut. Integer consequat nec erat sed malesuada. Aenean in feugiat diam. Vestibulum fringilla gravida lectus, eu luctus lectus accumsan ac. Mauris et tortor id neque rutrum posuere a in diam. Suspendisse venenatis turpis massa, et fringilla leo iaculis eu.

Vestibulum posuere, neque vitae vulputate viverra, ex enim posuere urna, id dictum felis augue id eros. Donec tincidunt eros id quam laoreet, accumsan pellentesque libero mattis. Praesent in rutrum metus. Suspendisse non rutrum sem, eget sodales lorem. Aenean quis mauris eu nulla tristique tincidunt at sit amet leo. Donec pharetra eu eros quis mattis. Etiam placerat arcu tincidunt magna auctor venenatis. Vestibulum a ligula eget nulla malesuada placerat. Phasellus et quam in sapien eleifend posuere eu eu odio. Integer purus elit, posuere id risus ut, aliquam ullamcorper nisi.

Aliquam sed ipsum elit. Donec sed pharetra purus. Cras vitae lectus libero. Integer sed porttitor orci. Maecenas risus arcu, posuere et tellus sit amet, scelerisque faucibus lorem. Mauris finibus consectetur mi, eu condimentum turpis congue gravida. Curabitur fringilla libero ut dui sodales vehicula. Praesent aliquam pharetra massa quis egestas. Duis malesuada sodales blandit.

Donec eget dapibus velit. Aliquam ultricies turpis et dui consequat, sit amet suscipit diam dignissim. Fusce rutrum aliquam lorem. Nulla viverra velit eros, non tempus libero congue a. Mauris non placerat tortor. Pellentesque eget nunc dignissim, maximus erat non, bibendum mauris. Nulla facilisi. Ut ante turpis, gravida nec vulputate blandit, accumsan eu eros. Duis a nisl metus. Aliquam leo erat, pulvinar vel nibh quis, tristique pellentesque eros.

Suspendisse potenti. Integer sed viverra nunc. Nullam ligula magna, egestas sit amet magna in, auctor cursus nibh. Aliquam ac porta nulla. Nam vel ex vel felis lobortis fermentum in vel metus. Aliquam ex erat, luctus nec urna sit amet, tincidunt ultrices orci. Curabitur tempor enim nec tellus placerat faucibus sollicitudin at libero. Phasellus a porta mauris. Curabitur arcu justo, egestas ut dictum in, ullamcorper id mi. Vivamus a augue ullamcorper, tincidunt enim ut, pharetra orci. In eu leo at urna ultrices auctor. Nulla at sollicitudin mi. Ut ac tincidunt nibh.

Ut nisi tortor, fermentum vitae blandit vel, laoreet in est. Ut elementum ac lorem et tristique. Aenean varius varius ultrices. Duis efficitur accumsan ante, sit amet viverra quam condimentum non. Aliquam erat volutpat. Ut convallis neque sit amet vulputate imperdiet. Curabitur nibh tortor, congue vel hendrerit non, pharetra eu purus. Etiam eleifend, nisl id fermentum dapibus, massa lectus cursus mi, at suscipit libero quam eu lectus. Nam mattis augue ut lectus posuere congue. Sed sagittis justo in ante suscipit consectetur.

Nulla in magna sodales odio suscipit vestibulum. Phasellus id tortor id velit dignissim tincidunt vitae et dolor. Sed blandit congue consequat. Aenean finibus finibus interdum. In bibendum ipsum quis ultricies dapibus. Mauris ut bibendum massa. Maecenas volutpat mollis urna eu tempor. Phasellus laoreet massa ac est bibendum, ut ultricies leo malesuada.

Vestibulum varius orci in nibh accumsan, at placerat urna vehicula. Nunc finibus nulla ac mauris euismod scelerisque. Aliquam sit amet leo ornare, iaculis tellus in, dapibus velit. Sed nisi arcu, accumsan non sem id, dapibus congue nibh. Donec enim nibh, scelerisque non hendrerit et, pharetra at ipsum. Fusce pretium felis eu quam eleifend, sed pharetra velit auctor. Nullam congue diam vel sollicitudin consequat. Sed pharetra finibus leo pulvinar interdum. Mauris turpis enim, vestibulum at tristique ac, feugiat pharetra nunc. Mauris gravida, massa vitae dignissim placerat, neque elit semper enim, at ullamcorper magna sem ac augue. Lorem ipsum dolor sit amet, consectetur adipiscing elit.

Sed et nunc ut est iaculis iaculis. Morbi vitae tempor est. Aliquam eget mollis ligula. Etiam semper tempus massa, sit amet lacinia orci mollis quis. Aenean porta quam in nulla rhoncus, at maximus elit varius. Vestibulum sed finibus sapien. Fusce condimentum malesuada elit, sit amet gravida enim accumsan at. Suspendisse gravida eu lorem ac tristique. Quisque dapibus ac mi quis feugiat. Mauris dictum aliquet nisl, sit amet consectetur elit congue in. Duis vel tellus sed sem rhoncus porta. Suspendisse vel eros placerat, convallis nulla sed, rutrum sem. Curabitur vel orci non ligula consequat placerat ut ut nulla.

Quisque condimentum purus ut neque sagittis elementum. Vivamus ex eros, dapibus in laoreet at, posuere vel lectus. Mauris et magna viverra, porttitor magna fringilla, vulputate neque. Integer consectetur et ligula congue condimentum. Donec accumsan eget ipsum et bibendum. Suspendisse eu metus accumsan, maximus lacus nec, ornare urna. Nunc nisi orci, lacinia vitae augue tincidunt, commodo porttitor urna. Aenean ac erat sit amet dolor efficitur ornare. Donec vestibulum dui nec turpis ornare, id maximus mauris posuere. Nullam neque erat, dictum et ultrices nec, tincidunt eu leo. Vivamus massa magna, rutrum nec ante ultrices, eleifend rutrum leo. Aliquam erat volutpat. Suspendisse cursus, odio vitae semper tristique, eros ipsum aliquam nunc, et sollicitudin turpis nibh vel sem. Suspendisse non lobortis orci, eu vestibulum ligula.

In varius laoreet consectetur. Nullam ac orci a ex sagittis congue. In tellus turpis, porta in libero sed, commodo sodales enim. Sed vulputate rhoncus orci, ut gravida nulla. Maecenas rutrum ultrices varius. Vestibulum pulvinar, sapien ut aliquet fermentum, sem risus vulputate purus, ut faucibus quam dui in mauris. Phasellus sed vulputate libero, eget euismod lorem. Aliquam a enim vel ante ullamcorper elementum. Donec gravida hendrerit risus, vel porta odio auctor in. Phasellus vel nisi facilisis, feugiat quam et, accumsan mauris.

Pellentesque dignissim lobortis leo, at mollis diam pulvinar vel. Pellentesque tincidunt fringilla enim, ut finibus justo tempus ac. Phasellus odio ex, interdum et maximus vel, scelerisque eget nisl. Proin sit amet nibh et lorem auctor pellentesque nec in purus. Integer fermentum felis sed purus bibendum aliquam.

Donec dolor dolor, pretium et euismod varius, consequat quis diam. Ut a ligula risus. In hac habitasse platea dictumst. Praesent rutrum sed mauris et commodo. Etiam ullamcorper, lorem non tempus cursus, nisl enim placerat lectus, eget ornare tellus ex quis justo. Etiam imperdiet dolor pellentesque sagittis molestie. Etiam at nunc pulvinar, sollicitudin magna tincidunt, eleifend ipsum. Ut quis feugiat tortor. Proin vulputate orci a lacinia elementum. Aliquam lobortis vehicula turpis, in ornare arcu. Nunc a nunc tortor.

Aenean egestas laoreet mattis. Fusce a dui non enim gravida euismod tristique ac lorem. Aenean aliquet dui sem, tempus posuere tortor finibus a. Mauris commodo venenatis nisl, a euismod turpis rutrum quis. Morbi odio lacus, blandit ut velit at, finibus ultrices tortor. Nullam pretium nulla ante, vitae viverra sapien mollis non. Fusce suscipit aliquam sollicitudin. Aenean imperdiet enim a arcu ullamcorper aliquam at ac velit. Phasellus cursus, metus auctor hendrerit molestie, erat lorem hendrerit ex, vel rutrum leo lectus ut eros. Proin mauris libero, bibendum eu varius ac, porttitor at eros. Suspendisse sapien purus, facilisis ut consectetur ut, bibendum quis ex.

Curabitur nec justo eros. Suspendisse sit amet nunc malesuada, bibendum orci nec, fermentum libero. Donec rutrum hendrerit tellus sit amet pulvinar. Vivamus viverra lectus id dolor placerat congue. Nullam blandit, enim a mattis pharetra, odio sapien viverra sapien, vel finibus dolor tellus quis felis. In vitae eros sit amet ante tristique porttitor. Pellentesque ligula mauris, rutrum id nibh porta, dapibus vulputate nibh. Etiam bibendum, neque ut tincidunt scelerisque, nulla justo tincidunt lectus, tincidunt egestas nibh leo id lectus. Fusce posuere tortor non enim malesuada, id dapibus massa faucibus. Morbi elit dui, varius sit amet lobortis in, tincidunt a orci. Nunc ullamcorper vestibulum felis. Proin nec pulvinar purus, in rutrum tortor. Donec eget laoreet ligula. Mauris sed ultricies ipsum. Sed id consectetur nibh, sit amet suscipit sapien.

Nulla felis nisi, interdum a purus quis, volutpat lobortis ante. Proin feugiat orci eget enim vehicula, quis bibendum libero maximus. Fusce nulla libero, gravida sit amet erat non, convallis euismod nisl. Interdum et malesuada fames ac ante ipsum primis in faucibus. Nunc a urna nisl. Sed ultrices sagittis imperdiet. Etiam egestas maximus accumsan. Quisque vel maximus neque. Morbi fermentum felis ultrices, rutrum nibh sit amet, faucibus nisi.

Curabitur aliquet at ante sit amet eleifend. In sed mi eget libero sollicitudin vulputate. Mauris pharetra mauris ac leo pulvinar ornare. Praesent vel libero ut quam scelerisque euismod sit amet vitae quam.

Sed sed diam sit amet risus ullamcorper egestas. Proin tortor ex, elementum non augue et, tempor posuere dolor. Donec ultricies diam eget blandit placerat. Etiam in urna at nunc egestas rutrum. Aenean quis sodales massa. Phasellus sodales tincidunt lorem, sed efficitur urna ornare vitae. Quisque tortor urna, rutrum a interdum id, facilisis in velit. Mauris tortor odio, maximus non vehicula dignissim, fermentum id enim. Fusce tempus lacus dolor, id convallis eros tempus ac. Vivamus scelerisque risus non elit molestie, eleifend porta est maximus. Vivamus nec auctor urna.

Proin est lectus, accumsan eget purus vel, sagittis ornare justo. Donec eleifend nisi nec mauris consequat, sit amet feugiat turpis convallis. Donec eget convallis ex. Nunc sed aliquam ante. Fusce interdum sem ut finibus dictum. Donec ullamcorper urna quis eros sagittis rhoncus. Curabitur et orci a lectus varius congue. Morbi nec blandit libero. Maecenas sed pharetra lorem, eu facilisis nibh. Curabitur vel condimentum justo. Duis et lacus magna. Nunc ligula ligula, eleifend eget felis sit amet, tristique aliquam est. Nunc orci arcu, iaculis at dolor id, fringilla sollicitudin ante.

Cras nec tortor ut quam varius dignissim. Fusce tempus erat sit amet turpis eleifend ullamcorper. Pellentesque a rutrum sem, in sodales turpis. Lorem ipsum dolor sit amet, consectetur adipiscing elit. Curabitur vehicula, lorem id pharetra sagittis, ligula purus volutpat turpis, sed dapibus justo dolor id nulla. Curabitur tincidunt sit amet justo ut mollis. Ut placerat enim vel ante bibendum, non ullamcorper velit aliquam. Suspendisse sit amet ex felis. Ut fringilla nunc neque, eget ultricies mi eleifend et. Nam vitae pulvinar enim, vitae pulvinar dui. Pellentesque malesuada congue metus, posuere accumsan augue vestibulum sit amet. Nullam blandit accumsan odio et aliquam.

Proin ligula lectus, ornare non placerat in, aliquet non augue. Etiam dapibus, urna eu ultricies molestie, eros mauris sodales mauris, sit amet luctus nisl erat ut est. Duis ut iaculis ipsum. Duis in bibendum ipsum, tempus auctor dolor. Praesent finibus eleifend elementum. Aliquam rhoncus vitae risus placerat venenatis. Lorem ipsum dolor sit amet, consectetur adipiscing elit. Aenean laoreet, dui eu malesuada tempus, nibh libero volutpat eros, in bibendum leo nisi sit amet nisi.

Aenean lobortis erat in urna malesuada, vel tempus risus bibendum. Sed ornare dignissim ligula, ut pulvinar est gravida eget. Donec ut felis consequat, volutpat lorem ac, condimentum enim. Quisque blandit sem mauris, eget malesuada ante molestie aliquam. Vivamus maximus odio ultricies elit convallis placerat id quis enim. Duis ante tortor, convallis a ultricies et, ultricies vel eros. Curabitur at commodo sem, eu varius risus. Curabitur et tortor ornare urna feugiat porttitor id vel mi. Pellentesque eget bibendum enim. Sed diam sapien, faucibus nec risus eget, mollis mollis quam. Pellentesque bibendum venenatis lacus, a viverra elit congue in. Donec eget diam purus. Suspendisse quis velit quis risus eleifend aliquet ac vitae erat. Nunc tortor odio, imperdiet a bibendum quis, vestibulum eget justo. Etiam leo turpis, pretium vel pellentesque vel, imperdiet sit amet velit. Donec sit amet consequat justo, vitae porta diam.

Ut aliquam arcu quis magna condimentum congue. Nullam imperdiet nunc a dolor pharetra, non pharetra dolor elementum. In hac habitasse platea dictumst. Ut auctor maximus dignissim. Morbi vestibulum lorem a orci hendrerit molestie. Praesent nulla ipsum, mattis vitae hendrerit quis, semper sit amet mauris. Aliquam egestas consectetur augue eu scelerisque. Suspendisse non erat sagittis, congue diam nec, euismod arcu. Vestibulum sed blandit nulla. Aenean nisl turpis, pretium nec accumsan et, aliquam sed ligula.

Duis luctus nisi at urna vestibulum iaculis. Praesent vitae arcu ac mi vulputate faucibus lacinia id diam. Donec eros magna, rutrum at metus vitae, pellentesque vestibulum diam. Mauris cursus congue ante sit amet vestibulum. Proin pellentesque sapien ut augue mattis mollis. Duis nisi tellus, rutrum tincidunt semper nec, commodo sed nisl. Donec malesuada rutrum mauris ac molestie. Sed congue in arcu non ultricies. Etiam vitae scelerisque augue. Fusce tincidunt viverra turpis. Aenean vehicula ligula nunc, vitae sodales magna lobortis sodales. Sed vel malesuada arcu.

Aliquam luctus purus ac lorem pellentesque, aliquet dictum justo rutrum. Nunc malesuada turpis eu imperdiet viverra. Vivamus at odio nec lacus maximus tristique. Vestibulum ac orci vitae nunc euismod egestas. Sed sollicitudin leo eros, sit amet volutpat lectus tristique at. Donec nisl magna, posuere sed risus et, dictum cursus nibh. Nunc venenatis gravida aliquam. In lorem massa, porttitor nec magna eu, pretium eleifend tellus.

Phasellus luctus, odio sit amet volutpat aliquam, lorem urna pulvinar metus, id blandit dolor ante sit amet mauris. Vestibulum sit amet urna dictum, fringilla augue at, posuere tortor. Sed id nibh id massa elementum rhoncus quis eu turpis. Etiam ac odio a nisl sagittis venenatis quis non magna. Nam dignissim id nunc in placerat. Ut ac egestas ante. Fusce viverra dapibus mi sit amet fermentum. Sed id rutrum nunc. Maecenas non scelerisque elit. Cras vulputate dolor vel metus facilisis ultrices. Etiam ex sem, dignissim at eros vitae, lobortis vulputate tellus. In hac habitasse platea dictumst.

Phasellus finibus lectus augue, eget egestas nisl mattis a. Praesent pretium nisi at felis vulputate vestibulum. Nullam vestibulum et sem sit amet volutpat. Phasellus sodales ipsum facilisis mi facilisis luctus. Morbi cursus vestibulum quam sit amet mollis. Aenean in erat non massa fermentum placerat. Mauris fermentum purus vel pharetra dignissim. Mauris vehicula, dolor nec ultrices ultrices, nunc mauris consequat sapien, eget hendrerit elit urna eget tortor. Sed ultrices lacus sit amet dignissim rhoncus. Vivamus massa velit, efficitur nec purus eu, condimentum congue erat. Sed non sodales diam. Curabitur eu vestibulum massa. Phasellus ac massa tortor. Donec rhoncus elementum diam suscipit tempus. Integer sapien tellus, dictum ac magna eu, maximus lobortis purus. Fusce cursus aliquam erat, sed consectetur mi tincidunt ut.

Ut nec dictum orci, in tincidunt leo. Nullam et velit at lectus blandit rutrum nec in ante. Suspendisse et justo iaculis, venenatis nulla id, porttitor lacus. Vestibulum varius scelerisque neque, a eleifend nunc aliquam vitae. Cras sed tristique neque. Class aptent taciti sociosqu ad litora torquent per conubia nostra, per inceptos himenaeos. Nulla id nulla ac est finibus bibendum id nec justo. Vestibulum ut facilisis velit. Mauris vel velit eget tellus molestie lobortis et faucibus tortor. Nunc consectetur, tortor quis mollis fermentum, urna mauris dictum magna, id ultrices eros neque vel ligula. Donec eu tellus id arcu lacinia finibus.

Suspendisse blandit, arcu eget auctor facilisis, purus ligula hendrerit felis, ac porttitor lorem nisi malesuada felis. Sed vehicula nunc dapibus, eleifend dui a, tincidunt sapien. Cras sed tempus ante, maximus pharetra sem. Pellentesque varius libero quis sapien lobortis, id iaculis ligula ultricies. Donec a pulvinar elit. Ut efficitur nulla ut nunc sagittis vulputate. Proin maximus metus lacus, et porta odio rutrum et. Morbi facilisis ex orci. Ut accumsan tincidunt nisi, ac pharetra nisi placerat et. Morbi eget pharetra dui.

Mauris ante velit, egestas a ex eu, fermentum sollicitudin turpis. Nam sollicitudin eget mauris finibus aliquam. Ut in velit vitae nibh pretium auctor ut in enim. Lorem ipsum dolor sit amet, consectetur adipiscing elit. Mauris convallis finibus eros nec porttitor. Sed nunc magna, faucibus in consequat quis, eleifend et nibh. Vivamus ornare dolor sed magna dapibus, a sagittis ante placerat. Mauris dictum, nunc accumsan pellentesque dictum, tellus lacus porttitor leo, sit amet venenatis ex elit convallis nulla. Vestibulum ante ipsum primis in faucibus orci luctus et ultrices posuere cubilia Curae; Quisque quis mattis sapien. Integer luctus sagittis nunc, imperdiet ultrices lorem gravida a. Donec semper ut nisi a varius. Ut et tempor elit. Aliquam ut sagittis ligula, sed hendrerit nisi.

Sed molestie massa arcu, non commodo risus faucibus a. Proin in convallis nibh, in mollis orci. Proin ullamcorper, augue vitae ultricies ullamcorper, velit risus ullamcorper magna, sed scelerisque enim lorem porta libero. Maecenas scelerisque elit eu consectetur porttitor. Etiam lobortis tristique justo a dictum. Donec odio quam, pellentesque vitae turpis non, elementum venenatis enim. Morbi id consectetur diam, vitae porttitor est. Maecenas id tempus orci. Ut vitae elit eget lacus sollicitudin laoreet sit amet vel est. Nam egestas lectus ut mi interdum, ut egestas est accumsan. Suspendisse id laoreet arcu. Pellentesque lobortis suscipit lorem, a mollis purus. Sed at ante ante. Nullam posuere iaculis felis, quis tristique lectus lacinia a.

Quisque a vulputate quam. Etiam laoreet rhoncus mattis. Aenean venenatis, ex id elementum maximus, nibh diam scelerisque tortor, ut porttitor massa ex sed lectus. Pellentesque nec eros a ex maximus efficitur quis ac urna. Donec tortor sapien, efficitur at congue molestie, tempus ac felis. Aliquam volutpat eros vel rhoncus varius. Etiam lacinia mi quis ex tincidunt, non iaculis dui porttitor. Duis semper metus vitae nunc pharetra, interdum bibendum nibh cursus. Donec at neque non metus pellentesque accumsan ac ut neque.

Donec iaculis accumsan dolor, quis pellentesque est condimentum vel. Aliquam malesuada risus sed risus finibus, at egestas diam efficitur. Maecenas tincidunt eleifend euismod. Integer pharetra lorem id facilisis mattis. Aliquam vitae est lectus. Cras rutrum in nisl gravida fringilla. Donec sed semper tortor. Duis lorem neque, pulvinar dictum purus et, sollicitudin tempor mauris. Ut nec accumsan sem. Sed congue orci at tristique ultrices.

Nullam neque eros, mattis at quam ac, euismod lacinia urna. Nunc et eros orci. Nunc viverra fermentum erat non vulputate. Ut semper placerat dictum. Nulla tincidunt porta iaculis. Vestibulum gravida nisi in viverra ultrices. Aliquam quam erat, bibendum ut dui vel, efficitur vestibulum felis. Nam enim magna, volutpat a vestibulum id, vestibulum id risus. Nullam molestie, ligula in elementum rutrum, diam augue mattis nisi, non rutrum erat lectus sed sem. Sed sagittis hendrerit mi non convallis. Sed ullamcorper porttitor dui vel faucibus. Sed et ultrices risus.

Mauris vitae tellus ut ante placerat aliquet. Interdum et malesuada fames ac ante ipsum primis in faucibus. Cras sit amet fermentum elit. Sed orci tellus, scelerisque vitae finibus a, dictum id turpis. Nullam id malesuada elit. Nulla accumsan auctor metus, id dictum justo aliquam nec. Curabitur semper nec tortor nec vestibulum. Curabitur maximus dolor congue enim mattis, et mattis felis faucibus. Donec maximus tortor ac nulla sagittis sollicitudin.

Quisque mattis at dui ac dictum. Ut pretium facilisis massa ac dignissim. Quisque a nunc lacus. Aenean semper risus sit amet eleifend placerat. Mauris velit sapien, fringilla eget facilisis at, auctor vel magna. Integer commodo porttitor justo. Aenean fringilla ullamcorper nulla, posuere accumsan odio rhoncus vel. In ultricies ipsum vel lectus lobortis, a convallis risus luctus. Phasellus viverra convallis neque eu imperdiet. Praesent ornare dapibus magna vel iaculis. Donec iaculis lectus fermentum lorem condimentum, id finibus elit rhoncus.

Morbi mattis nunc sit amet ante semper consectetur. Vestibulum ultrices porttitor condimentum. Vestibulum non hendrerit lectus. Pellentesque congue tempus odio, id efficitur libero ornare eu. Donec mi dui, feugiat in tortor et, luctus tempor ligula. Nullam et molestie ex, non auctor ligula. Maecenas at justo lorem.

Lorem ipsum dolor sit amet, consectetur adipiscing elit. Aliquam in dapibus lectus. Integer id malesuada ipsum, scelerisque vehicula metus. Pellentesque tincidunt, est nec posuere convallis, dui ligula maximus lectus, id imperdiet justo eros sit amet justo. Sed interdum turpis sed sem pulvinar laoreet. Cras ac erat quam. Duis ut est erat. Sed id lectus sit amet massa tempus iaculis non ut ipsum. Donec euismod, arcu eu tempor faucibus, libero diam vestibulum felis, id vestibulum est nulla ac ipsum. Pellentesque enim metus, porttitor eu imperdiet non, blandit sed ex. Sed placerat, sapien in luctus malesuada, purus ligula cursus lorem, nec tristique ante libero at lacus. Nunc lacus ipsum, vestibulum nec elementum nec, sollicitudin eget neque. Donec vestibulum pulvinar egestas.

Suspendisse maximus libero vel sem ullamcorper, at commodo nisi pellentesque. Curabitur sagittis mi eu turpis condimentum mollis. Etiam pulvinar metus sed nulla ullamcorper bibendum. Aenean magna sem, pretium non euismod eget, finibus sed turpis. Suspendisse eget rutrum dolor. Orci varius natoque penatibus et magnis dis parturient montes, nascetur ridiculus mus. Duis dictum velit nec quam pellentesque, quis efficitur leo placerat. Duis et arcu sed eros fringilla sagittis et sit amet sapien. Nunc id sapien ut velit ultrices hendrerit at et lacus. In maximus, felis eget malesuada vehicula, libero lacus commodo nisl, sit amet tincidunt quam urna vitae eros. Ut auctor eget ligula nec aliquet. Nunc aliquam tempor nulla finibus iaculis. In in ante tempor, mollis metus et, iaculis dui. Nam et elit orci. Morbi in magna viverra, egestas tellus ac, faucibus mi.

Phasellus semper ullamcorper dictum. Sed quis aliquam est. In commodo nibh nec odio porta lobortis. Praesent ipsum urna, rutrum et laoreet eu, fringilla nec lectus. Fusce lacinia dolor sed pulvinar tempus. Aliquam sollicitudin tempor varius. Etiam massa nulla, imperdiet nec justo sit amet, pretium mollis magna. Maecenas a urna et nulla laoreet sollicitudin in et diam. Integer gravida ligula at placerat tincidunt.

Morbi et lorem ac arcu lacinia laoreet. Vivamus vel quam in elit tempor lacinia ut at velit. Sed nec mauris arcu. Sed sit amet mauris justo. Donec felis tortor, mattis non ex ut, semper lobortis felis. Fusce finibus libero vel congue venenatis. Nam interdum pharetra imperdiet.

Praesent in purus blandit, vulputate odio eget, vulputate sem. Vestibulum ac tempor lectus, vel tristique ligula. Nulla facilisi. Mauris id urna scelerisque, pretium tortor ac, sodales turpis. Sed ornare dui sed urna tincidunt, eu aliquam elit luctus. Sed at purus egestas, porttitor odio ut, tristique mauris. Nulla rutrum interdum quam. Nullam porttitor tristique ligula facilisis condimentum. Nulla posuere nulla nibh, eget facilisis erat vestibulum vel. Suspendisse ac congue urna, sed rutrum diam. Nam pulvinar, sem at maximus posuere, ligula neque consectetur lectus, vel accumsan nisl mauris quis nulla. Suspendisse sollicitudin ipsum id ligula semper, id finibus leo pellentesque. Praesent porta, arcu non vulputate feugiat, velit nulla aliquam lectus, eget fringilla erat augue vitae lacus. Quisque ut nibh venenatis, convallis orci et, rhoncus risus.

Vestibulum eu metus sit amet tellus pharetra laoreet. Nam vel tortor imperdiet, interdum libero vel, sodales nulla. Nam eget diam sollicitudin, cursus massa nec, placerat nisi. Suspendisse a consequat mauris. Morbi eu aliquam justo, at tincidunt neque. Curabitur accumsan neque laoreet egestas auctor. Sed ullamcorper nunc purus, et pretium eros gravida quis. Nullam nec tempus augue. Interdum et malesuada fames ac ante ipsum primis in faucibus. Aenean vel leo vel ante egestas facilisis. Vivamus dictum felis vel mauris sollicitudin, ac semper ante tristique.

Etiam sodales efficitur tellus nec lobortis. Morbi condimentum lacus id lacus tincidunt facilisis. Maecenas eros risus, placerat vel ligula non, suscipit pretium turpis. Pellentesque mattis maximus diam eget auctor. Suspendisse at mattis elit. Integer ornare dui eros, sed volutpat mi imperdiet vel. Duis arcu odio, porttitor vitae maximus sed, mattis sed turpis. Nunc sed justo orci.

Pellentesque eget nulla neque. Pellentesque eget lacinia orci, ac lacinia augue. Sed vulputate commodo purus, id auctor diam semper at. In varius maximus molestie. Curabitur ipsum leo, iaculis sed leo et, dignissim pharetra purus. Donec auctor tortor pretium urna rhoncus consectetur. Aenean et suscipit enim, in luctus ex. Sed et tortor sem.

Pellentesque et ultrices turpis. Nam maximus libero dui, ut feugiat arcu elementum ac. In hac habitasse platea dictumst. Etiam nec auctor ligula, iaculis fermentum ipsum. Curabitur ac placerat felis. Phasellus in imperdiet ligula. Lorem ipsum dolor sit amet, consectetur adipiscing elit. Integer turpis libero, sollicitudin vel finibus et, ultricies vitae neque. Morbi a libero in sapien commodo tincidunt. Morbi viverra pretium urna in pulvinar. Nunc congue auctor lectus at ultrices. Fusce maximus nibh in massa placerat, non feugiat erat finibus. Curabitur vitae odio vel purus pulvinar tempor. Proin nec erat dictum, semper ipsum a, finibus dolor.

Donec erat lacus, ultricies eget sem eget, imperdiet interdum purus. Class aptent taciti sociosqu ad litora torquent per conubia nostra, per inceptos himenaeos. Nunc consectetur ligula orci, ac ultricies ante sagittis ut. Phasellus viverra dui et arcu varius, non pharetra orci fermentum. Curabitur consequat mi eget arcu fermentum, sit amet semper lorem mollis. Nullam ultricies faucibus urna, eu euismod tortor ornare a. Class aptent taciti sociosqu ad litora torquent per conubia nostra, per inceptos himenaeos. Donec dolor mi, pretium in interdum quis, viverra at ex. Suspendisse tempus porttitor metus, sit amet ultrices est tincidunt ac. Proin rutrum vitae purus vel dapibus. Vestibulum interdum quis mi et iaculis.

Maecenas felis mi, varius sit amet aliquam at, convallis sit amet nunc. Nam quis nibh vitae velit scelerisque commodo. Proin ut velit lorem. Pellentesque habitant morbi tristique senectus et netus et malesuada fames ac turpis egestas. Cras scelerisque massa vel mauris suscipit mollis. Praesent condimentum placerat justo, eget fermentum magna efficitur ut. Sed in augue id neque semper eleifend. Aliquam consectetur gravida tempus. Nam dictum dui luctus, commodo lectus nec, ornare sem. Donec nec augue porta, imperdiet massa non, pulvinar est. Nam ipsum dolor, eleifend eu velit ac, lobortis ultricies odio. Maecenas dignissim ante ac egestas sagittis. Nullam aliquam felis quis nisi fermentum, id fringilla lorem laoreet.

Donec eu ullamcorper nunc. Donec gravida lacus nec nisl malesuada, vel tempor tortor euismod. Suspendisse et velit ut elit elementum placerat. Nulla egestas, tellus in mollis commodo, lectus nibh eleifend neque, semper aliquet felis arcu nec lacus. Proin condimentum ultrices ex quis sagittis. Fusce dignissim turpis ac iaculis ultricies. Nam a justo in ligula ornare faucibus. Curabitur vitae viverra lectus, nec mattis dui. Mauris mattis, sem sed volutpat eleifend, augue justo hendrerit felis, nec bibendum mauris mauris nec felis. Sed egestas vulputate dictum. Nunc vitae semper justo. Sed maximus augue eget eros suscipit suscipit. Curabitur hendrerit cursus auctor. Suspendisse vehicula risus sed gravida venenatis. Curabitur faucibus, diam non aliquam volutpat, urna neque posuere turpis, ut interdum elit turpis vitae metus. Vestibulum ultricies diam velit, eu rhoncus sapien varius ac.

Donec consequat sapien sed dictum auctor. Fusce venenatis massa at dolor rhoncus ullamcorper. Aenean scelerisque nulla ac odio euismod gravida. Aliquam erat volutpat. Pellentesque congue aliquam finibus. Proin tincidunt nisl a magna aliquet imperdiet. Nam mauris turpis, semper finibus interdum et, dignissim sed est. Nulla orci purus, consequat ac urna sed, congue maximus orci. Nullam nec rutrum mi. Donec tincidunt metus ut tellus elementum, eu volutpat erat ullamcorper. Cras consequat luctus justo, eu aliquam purus consequat ornare.

Praesent pretium lacinia sodales. Donec vestibulum lacus vel lobortis tempus. Aliquam turpis urna, maximus ac efficitur in, tincidunt vel magna. Maecenas vulputate scelerisque porttitor. Vestibulum vitae ligula pellentesque, pellentesque est vel, efficitur lorem. Praesent luctus at elit id tempor. Interdum et malesuada fames ac ante ipsum primis in faucibus. Nullam facilisis tristique quam eu suscipit.

Praesent ligula est, elementum at aliquet ut, commodo vel augue. Pellentesque eu porttitor mi, et condimentum turpis. Morbi et metus nec ante rhoncus vestibulum a in dolor. Nulla quis mattis libero. Proin rutrum imperdiet ex nec tristique. Fusce accumsan ante vitae volutpat rutrum. Nam ultrices venenatis mollis. Vivamus aliquam neque et metus tincidunt vulputate. Vestibulum placerat turpis ut luctus consequat. Sed tempus laoreet mauris, congue egestas est posuere quis. Vivamus a metus urna. Cras vitae pulvinar nisi, non ullamcorper eros. Integer nec dictum ex, non venenatis justo. Nam condimentum orci eget congue tincidunt. Interdum et malesuada fames ac ante ipsum primis in faucibus. Morbi fringilla quam et quam varius pellentesque.

Fusce vel lorem sapien. Ut tincidunt ornare odio, id vestibulum lorem mattis ac. Pellentesque habitant morbi tristique senectus et netus et malesuada fames ac turpis egestas. Donec ac iaculis justo. Maecenas cursus aliquet dui quis gravida. Ut quis magna pharetra, malesuada tellus sed, vehicula erat. Vestibulum ante ipsum primis in faucibus orci luctus et ultrices posuere cubilia Curae; Vestibulum porttitor tempor felis. Nullam suscipit pellentesque tempus. Proin placerat neque in aliquet vulputate.

In euismod aliquam nunc, ac posuere arcu. Nulla nisl velit, maximus sed libero quis, vulputate sagittis quam. Vestibulum vulputate vulputate sapien a consequat. Vestibulum arcu libero, venenatis volutpat risus ac, malesuada porttitor tellus. Morbi eu pretium nulla. Nam pretium tempor magna, sit amet eleifend dui posuere nec. In dignissim velit et interdum congue. Morbi risus ipsum, lobortis non ex non, bibendum ullamcorper nisl. Phasellus porta sit amet orci a sodales. Suspendisse in urna aliquam orci placerat pretium ac ut risus. Nunc vitae consequat turpis, sed sagittis urna.

Vestibulum ullamcorper augue id elit efficitur accumsan. Nunc lacus mauris, tincidunt vel congue in, fermentum a arcu. In hac habitasse platea dictumst. Praesent ut felis id sem sagittis ultrices sed sit amet neque. Sed at metus ac erat bibendum maximus. Sed maximus urna non mi cursus rutrum. Vivamus at augue sagittis, tempus ex eget, blandit metus. Duis gravida mi ut massa pharetra volutpat. Nunc sed eros nec dolor convallis commodo sed ut tellus. Mauris maximus tellus nibh, non pharetra massa scelerisque et. Nulla pharetra orci quis tincidunt porta. Aliquam nec fringilla turpis. Nulla euismod sapien nec molestie ullamcorper. Proin vitae nulla velit. Cras ac ex nibh. Nam dolor dolor, gravida ac consectetur non, viverra ut arcu.

Aliquam erat volutpat. Vivamus ullamcorper, mi sit amet convallis cursus, urna tortor consequat velit, vel scelerisque neque libero vitae orci. Donec consectetur tincidunt lobortis. Integer euismod justo et est molestie pharetra. Suspendisse efficitur auctor augue et volutpat. Nunc ac ullamcorper dolor, id congue eros. Vivamus aliquam quam nec dapibus aliquet. Cras ultricies egestas quam. Maecenas turpis elit, consectetur vitae tempus in, molestie quis ipsum.

Duis euismod bibendum lacus ac sodales. Vestibulum ante ipsum primis in faucibus orci luctus et ultrices posuere cubilia Curae; Vivamus dapibus nisl congue orci ultricies, non mollis erat faucibus. Phasellus eu lectus quis lorem efficitur luctus vitae vitae magna. Cras vitae lectus libero. Praesent vel orci sodales, elementum nibh in, aliquet nibh. Integer in mauris sapien. Vestibulum blandit bibendum est, quis euismod nunc elementum in. Sed pharetra, est id aliquet malesuada, ante neque ornare felis, eu facilisis lorem tortor eu sapien.

Nulla iaculis tincidunt felis nec luctus. Ut sagittis elementum arcu a pharetra. Donec sit amet convallis arcu. Morbi sit amet nunc id sapien iaculis molestie quis quis neque. Duis pellentesque massa dui, sit amet vestibulum mauris feugiat vitae. Pellentesque rhoncus maximus ipsum, at rutrum ante. Cras massa massa, faucibus sed hendrerit nec, dictum non dolor. Nullam in ornare enim. Donec ac pulvinar nibh. Pellentesque habitant morbi tristique senectus et netus et malesuada fames ac turpis egestas. Curabitur dapibus blandit urna, hendrerit molestie elit mattis a. Sed nec bibendum felis. In hac habitasse platea dictumst.

Phasellus eget porttitor mi, eu consectetur justo. Mauris nec dignissim massa, sed pharetra magna. In nunc libero, finibus eget aliquam quis, vehicula ac nunc. Proin convallis massa a lectus efficitur, quis blandit nibh auctor. Nullam tempus et ante vel scelerisque. Maecenas suscipit erat venenatis velit molestie, sed varius enim auctor. Sed vel nibh nec ipsum lobortis rutrum ut ut est. Mauris at velit sed lorem euismod ullamcorper a et erat. Ut et magna vitae tellus ullamcorper laoreet ut id turpis. Donec sed bibendum tortor, quis elementum elit.

Class aptent taciti sociosqu ad litora torquent per conubia nostra, per inceptos himenaeos. Mauris elementum in ligula at pharetra. Nam elementum nunc iaculis, tempus nisi a, porttitor augue. Duis mattis varius suscipit. Pellentesque tempus leo est, sed sollicitudin elit bibendum vel. Class aptent taciti sociosqu ad litora torquent per conubia nostra, per inceptos himenaeos. Etiam tristique malesuada metus nec facilisis. Integer in ipsum molestie, volutpat urna at, faucibus libero. Nam nec est id sem interdum rutrum quis nec diam. Proin ut fermentum lacus. Aliquam rutrum felis sit amet hendrerit rhoncus. Nunc finibus dolor neque. In odio purus, facilisis ut placerat ut, condimentum pellentesque massa. Vestibulum ante ipsum primis in faucibus orci luctus et ultrices posuere cubilia Curae;

Proin id vestibulum felis, sit amet tempor justo. Morbi sit amet massa urna. Sed id rutrum magna, in commodo nulla. Praesent eget enim ac quam condimentum eleifend. Sed tincidunt lectus at porta ultrices. Quisque eget sapien ut sapien eleifend finibus nec ut urna. Nam mattis tellus at semper tempus.

Cras vel nibh sodales, tincidunt neque semper, euismod leo. Nunc dui leo, pulvinar sed leo a, eleifend malesuada velit. Donec eu lobortis mauris, elementum lobortis mauris. Vestibulum nec risus nec quam tincidunt pulvinar sit amet a ligula. Sed et mauris id mauris hendrerit euismod. Morbi semper, magna a dignissim finibus, lacus diam congue massa, vitae pellentesque libero justo nec magna. Praesent aliquet leo at enim euismod tristique. Donec at sodales ligula. In sit amet bibendum mi.

Aliquam ultricies velit odio, non mattis leo ultricies vitae. Pellentesque accumsan tristique tellus, sed pellentesque turpis venenatis ut. Phasellus vitae massa ut ipsum sodales pretium. Sed mollis leo ullamcorper diam laoreet ultrices. Sed ac tellus vel orci ultrices suscipit. In ornare lectus nunc, at venenatis felis iaculis vel. Praesent ut sagittis purus, eu hendrerit nisl. Cras cursus leo ornare, vestibulum elit quis, hendrerit sem. Proin diam orci, scelerisque quis nisl id, rutrum volutpat dui. Nulla vel gravida sem. Donec dapibus vitae libero eu laoreet. Nulla interdum ultricies erat, at egestas arcu scelerisque non.

Curabitur sagittis sodales augue ac feugiat. Morbi aliquet libero vitae pellentesque maximus. Proin vitae leo eu ante dictum dapibus. Nulla eget massa et diam viverra consequat. Integer lobortis efficitur commodo. Sed viverra sem nulla, nec volutpat arcu dictum sed. Quisque quis ligula libero. Vivamus sed porttitor diam, ut condimentum tellus. Nulla ornare pulvinar interdum.

Mauris vel condimentum sem. Nam ligula turpis, tincidunt sit amet leo id, fermentum lacinia nisi. Ut ut aliquam odio. In hac habitasse platea dictumst. Nam quam libero, euismod quis dapibus vel, pharetra cursus erat. Vestibulum id tellus facilisis, ornare eros non, lobortis arcu. Mauris vulputate hendrerit urna varius ultrices. Praesent sed eleifend massa. Quisque mattis auctor nulla sit amet imperdiet. Ut facilisis diam vitae magna vulputate, ac aliquam metus aliquet. Praesent ut cursus mauris, sit amet ultrices purus. Praesent eu pellentesque nibh, eu euismod arcu. Duis pellentesque dapibus lectus, et porta ante lobortis sed. Phasellus ac scelerisque nibh.

Pellentesque viverra libero ut porttitor cursus. Mauris rhoncus gravida sodales. Pellentesque tincidunt aliquet lorem nec dictum. Nunc malesuada leo felis, sit amet luctus erat congue sit amet. Nulla non metus nulla. Sed eget nisl non nibh aliquam placerat vel rutrum odio. Nunc nec fringilla sapien. Phasellus a ex sit amet augue lobortis porta. Nam in nisi eget tellus consectetur iaculis. Mauris luctus, tellus ut euismod fermentum, arcu dui pretium justo, a faucibus est libero ac tellus. Sed eget nunc massa. Cras accumsan vel nulla vitae interdum. Aenean ut vulputate nisl. Maecenas dictum venenatis massa ut lacinia. Phasellus accumsan, lacus a aliquam convallis, nisl felis porttitor dolor, eu posuere nunc ante nec mi. Nam tempor pretium magna quis aliquet.

Mauris accumsan, sapien vel imperdiet egestas, lorem erat porta turpis, non posuere nisi lacus nec justo. Cras metus lectus, egestas nec lectus a, tempor placerat massa. Nullam eget neque auctor, tristique diam viverra, rhoncus ipsum. Aliquam erat volutpat. Fusce nec erat ligula. Donec ut ante euismod, dictum ligula ut, sollicitudin nisl. Proin eget elementum lorem, nec fermentum erat. Duis interdum, massa non porta pharetra, mi sapien gravida erat, eu sollicitudin magna est non nunc. Sed non facilisis augue. Proin mattis est ut justo rhoncus vestibulum. Interdum et malesuada fames ac ante ipsum primis in faucibus. Orci varius natoque penatibus et magnis dis parturient montes, nascetur ridiculus mus.

Pellentesque non elit purus. Nam tempus id nulla ut porta. Suspendisse vehicula diam vitae scelerisque sagittis. In scelerisque tellus sit amet lacus vulputate, vel congue ipsum auctor. Pellentesque placerat turpis ut quam varius, sagittis rhoncus eros elementum. Duis ornare nunc at sem dapibus, ut molestie mauris convallis. Duis felis dolor, semper quis ultrices sollicitudin, ultrices vitae diam. Praesent tincidunt eleifend lectus. Maecenas nisi elit, tincidunt eu ipsum rhoncus, sagittis cursus augue.

Aliquam interdum varius dolor, eu ultricies tellus posuere ac. Morbi sodales ipsum eros, vel placerat lacus facilisis eget. Praesent a vehicula nunc. Etiam tristique facilisis dictum. Cras rutrum felis quam, ac cursus arcu sollicitudin ut. Nullam vitae leo auctor, aliquam neque non, porta metus. Donec molestie arcu tortor, sed semper nisl scelerisque et. Aenean tempor mattis mi, sit amet eleifend risus mollis ut. Aenean sed interdum justo.

Nulla facilisi. Phasellus egestas nisi a sem dictum, ac molestie lorem blandit. Phasellus imperdiet mauris sit amet eros pellentesque rhoncus. Mauris in tortor aliquet, porta dui a, fermentum magna. Curabitur mi eros, fringilla eu condimentum vitae, aliquam tincidunt mauris. Nam ut ante vel ex tristique auctor in at elit. Curabitur volutpat at eros non imperdiet. Sed laoreet metus ac mattis cursus. Donec felis enim, hendrerit nec eleifend eget, rutrum ac lacus. Maecenas ut purus ut erat tempor elementum. Fusce non placerat massa. Donec pellentesque rutrum ante, ut congue nunc tempor eget. Vestibulum viverra nunc at justo viverra, non consectetur quam ultricies. Pellentesque aliquam ligula non vestibulum dictum. Curabitur porta fringilla commodo. Vestibulum sodales ullamcorper ipsum sed mattis.

Vestibulum malesuada, arcu et tristique ultrices, quam quam sollicitudin nisi, vel aliquet elit nisi ut velit. Proin quis efficitur nisi. Praesent ac condimentum risus. Maecenas id ullamcorper arcu. Nulla malesuada sollicitudin ex, quis egestas risus ultrices eget. Sed in ante sit amet orci pellentesque aliquam eleifend at velit. Fusce mattis, felis semper pellentesque consequat, sapien quam posuere orci, sit amet posuere risus augue quis risus.

Donec rutrum dui quam, ut imperdiet libero ultrices at. Aliquam eu erat venenatis, iaculis enim sed, pretium quam. In convallis pulvinar tellus eu gravida. Cras turpis ligula, varius feugiat varius ac, bibendum in erat. Vestibulum ipsum felis, elementum sit amet bibendum vitae, luctus a ipsum. In hac habitasse platea dictumst. Donec et nisl id ipsum mattis sodales. Ut ex diam, euismod et imperdiet nec, pharetra fringilla massa. Aenean enim lorem, viverra porta urna id, mollis malesuada magna. In nec mauris vestibulum, fermentum nisi ac, condimentum risus. Praesent suscipit ligula ut cursus dapibus.

Curabitur malesuada massa mi, eu semper nunc imperdiet sit amet. Curabitur libero ante, convallis et justo vitae, tempor facilisis nunc. Sed semper convallis elit, et condimentum leo mattis eu. Suspendisse lobortis nec ante ultrices viverra. Etiam fermentum libero et massa maximus, luctus aliquam lorem posuere. Orci varius natoque penatibus et magnis dis parturient montes, nascetur ridiculus mus. Suspendisse accumsan nec mauris eget posuere. Donec vel tincidunt elit. Etiam luctus pulvinar leo, at pellentesque tellus imperdiet in. Lorem ipsum dolor sit amet, consectetur adipiscing elit. Quisque lacinia enim vel risus faucibus suscipit. Donec efficitur enim ac purus hendrerit vulputate. Curabitur pretium, eros in rhoncus tincidunt, quam turpis ullamcorper velit, eget placerat neque orci in urna.

Sed ac quam sit amet diam eleifend gravida id quis dolor. Sed et dolor magna.

Etiam et eros in lorem tincidunt imperdiet. Integer pharetra eleifend nibh eu ultricies. Ut risus tellus, placerat vitae faucibus vel, cursus vel eros. Fusce scelerisque blandit imperdiet. Proin aliquet turpis nunc, eu vulputate mauris accumsan in. Integer ac vulputate dui, ut laoreet est. Etiam vel dignissim justo. Aliquam bibendum tempor mauris. Quisque pretium aliquam nulla, vel ultrices dui hendrerit sit amet.

Sed at imperdiet neque, ut tincidunt urna. Donec ut finibus lacus, ut porta libero. Proin vestibulum semper tellus, at congue tortor ultricies ac. Nunc dignissim nibh neque, et ornare mauris egestas facilisis. Donec urna massa, pulvinar eu convallis non, posuere ac quam. Proin efficitur vel magna mattis pulvinar. Praesent porttitor interdum nisl, rutrum dictum urna dictum eu. Etiam tempus vitae ligula ut rhoncus. Nullam elementum neque mi, at laoreet orci tincidunt quis. Maecenas dui felis, consequat a egestas euismod, suscipit non ipsum. Mauris bibendum eleifend neque a eleifend.

Integer ultricies dapibus gravida. Morbi eget faucibus erat. Vivamus ut velit euismod, volutpat ante at, semper nulla. Nulla sit amet sapien id augue cursus suscipit. Morbi congue maximus ante, et rhoncus tellus venenatis et. Integer ut lacinia eros. In viverra, felis volutpat maximus laoreet, sem dui imperdiet mauris, in ultrices massa elit ut nisl. Sed ut tellus ac nulla blandit posuere id nec enim. Curabitur convallis dapibus lacinia. Vestibulum non tortor eget nisi consectetur tristique.

Nullam at efficitur ex. Etiam id turpis sed ex rhoncus malesuada. Pellentesque auctor fermentum velit, vitae tincidunt velit bibendum quis. Nunc venenatis ac nisl sed molestie. Donec tincidunt sit amet leo eget feugiat. Cras dignissim porta quam, a posuere nisi posuere ut. Pellentesque et dolor et metus sagittis pulvinar vehicula quis risus. Donec imperdiet velit vel eros commodo aliquet. Curabitur scelerisque vestibulum velit, pharetra bibendum dolor pulvinar eu. Aliquam elementum ex non velit fermentum, et tincidunt felis mattis. Morbi dignissim libero purus, id hendrerit dolor luctus vel. Maecenas non ipsum ut ante rutrum vehicula id quis massa. Vestibulum tempor, lorem at suscipit maximus, ligula nunc auctor arcu, ut pellentesque urna elit consequat magna. Nulla porttitor, erat nec ullamcorper tempus, erat nunc efficitur lectus, eget ullamcorper ante ante rutrum enim.

Aenean a nibh pulvinar, tristique odio sit amet, pellentesque urna. Vestibulum viverra commodo auctor. Fusce pretium sem at pretium eleifend. Phasellus eu finibus lorem, sed consequat arcu. Sed placerat lobortis libero, tristique placerat mauris euismod sit amet. Cras quis varius nunc, sit amet ullamcorper arcu. Ut imperdiet turpis vitae tortor elementum facilisis. Integer tempus odio nec leo rhoncus posuere non at nulla. Nunc lobortis felis nec sollicitudin commodo. Morbi condimentum ullamcorper auctor. Quisque quis mi vitae lectus laoreet feugiat. Donec ac nunc non ante egestas pulvinar. Duis urna augue, luctus a euismod ut, fringilla vel elit. Nunc ornare quam sed nulla laoreet, a dictum elit mattis. Cras lacinia tristique nisi.

Suspendisse nibh nisi, pretium ultrices faucibus iaculis, commodo vitae quam. Nullam congue vitae mi ac posuere. Aenean id eros ac velit porta pretium. Curabitur malesuada eleifend erat pharetra posuere. Donec magna augue, aliquet id nibh quis, maximus ultrices nisi. Fusce pellentesque ultricies purus, in maximus nisi luctus sit amet. Nam at rhoncus dui. Duis fermentum et justo sed aliquam. Morbi non consequat sapien, eget finibus nisl. Phasellus auctor lacus id tincidunt sodales. Maecenas eget sagittis enim. Donec ut urna quis est maximus aliquam. Integer consequat mauris vitae rutrum tincidunt. Maecenas nec purus eget risus feugiat faucibus.

Vestibulum sed felis ullamcorper ex tincidunt hendrerit. Vivamus vitae orci a orci commodo venenatis. Pellentesque eget dignissim velit. Fusce et mauris est. Pellentesque habitant morbi tristique senectus et netus et malesuada fames ac turpis egestas. Nunc quis ornare dolor. Duis a sapien ut odio dapibus fringilla. In hac habitasse platea dictumst. Nullam aliquet ante vitae sem luctus tempor eu sit amet nibh. Vivamus porta sapien id egestas aliquam. Aliquam nec lectus facilisis, feugiat mauris quis, faucibus ante.

In in sodales nisi. Etiam sit amet euismod leo, non ultricies arcu. Integer efficitur vel dui et fringilla. Aenean convallis lorem at purus commodo placerat. Vestibulum mattis, purus eget tincidunt suscipit, massa tellus porttitor nunc, sed vulputate ex lacus ultricies nunc. Nam eget aliquet neque, posuere interdum massa. Nam et ultrices purus. Nunc nec rhoncus ex. Donec congue purus posuere lectus euismod aliquet. In blandit id justo non convallis. Praesent nec ex tempor, venenatis magna aliquet, cursus nisi.

Sed finibus tincidunt urna, nec consectetur ipsum posuere ut. In vitae iaculis dolor. Fusce sit amet nisi quam. Nulla mi purus, maximus sit amet tincidunt eget, feugiat ac dui. Vestibulum pharetra massa mauris, at hendrerit ligula euismod id. Phasellus tristique orci odio, sit amet feugiat nunc tempus luctus. Phasellus vulputate efficitur dolor. Nulla ultrices metus nec erat placerat molestie. Praesent ac nibh eros.

Suspendisse potenti. Etiam rutrum iaculis volutpat. Aenean a pharetra est. Integer porta diam id ex scelerisque egestas. Donec placerat congue urna vel faucibus. Aenean aliquam et felis ac sodales. Praesent fermentum, tellus eu rhoncus dapibus, mauris velit tincidunt eros, vitae auctor risus ipsum quis risus. Quisque non maximus nibh. Aenean malesuada nibh id elit feugiat blandit. Nulla pretium sapien mauris, in vestibulum enim sagittis ac. Nunc eu orci scelerisque, commodo lacus eget, bibendum arcu. Curabitur sodales, magna a varius porta, felis urna congue purus, at luctus tellus sapien pellentesque sapien. Praesent aliquam pretium nunc, sit amet malesuada mauris maximus sed. Duis felis ipsum, sodales varius semper vel, porta vel est. Curabitur in congue nunc.

Aenean suscipit, ligula nec bibendum aliquet, odio quam hendrerit nunc, a pharetra neque massa vitae sem. Proin ut felis dui. Nunc ante turpis, blandit nec ante nec, varius volutpat velit. Sed eleifend blandit lorem ac condimentum. Vivamus volutpat nec tortor et consequat. Nam semper non nisi quis vehicula. Donec congue, nunc quis sollicitudin tincidunt, nunc orci fringilla justo, vel tempus ante odio eu urna. Nam finibus nulla nec porttitor malesuada.

Fusce luctus posuere leo ac dignissim. Suspendisse scelerisque condimentum lacus ac maximus. Etiam sed convallis mi, at vestibulum sapien. Sed fermentum sed leo at lacinia. Sed enim elit, egestas quis tellus vitae, auctor posuere ante. Phasellus eget lorem id augue convallis convallis. Mauris aliquet sem ac dolor sollicitudin, ac laoreet est dapibus. Orci varius natoque penatibus et magnis dis parturient montes, nascetur ridiculus mus. In molestie venenatis hendrerit. Sed id ornare urna, sed rhoncus sapien. Nam eu nibh gravida, dapibus diam tristique, rutrum felis. Morbi porttitor imperdiet erat, sit amet vulputate metus feugiat ut. Vestibulum pretium euismod dolor quis tincidunt. Vivamus ut elementum massa, at tincidunt velit. Nunc interdum feugiat viverra.

Donec eu lacus eget eros scelerisque tincidunt eget ut sapien. Etiam id urna eu massa volutpat cursus. In pellentesque nulla eros, et iaculis orci vestibulum nec. Sed pulvinar ipsum et ante eleifend pretium. Nullam quam dolor, eleifend nec venenatis at, ultrices id est. Donec eros nisl, pellentesque in semper eu, blandit eu elit. Praesent ut interdum felis. Nam accumsan volutpat magna, in convallis metus. Nullam in velit et urna mattis tempus. Etiam nec vulputate dui. Aenean sed mauris dolor. Lorem ipsum dolor sit amet, consectetur adipiscing elit. Nulla quis nisi et risus interdum ultrices.

Fusce tellus orci, sagittis ultrices quam a, bibendum feugiat nunc. Vestibulum non elit sapien. Nulla scelerisque commodo nunc in aliquam. Suspendisse pretium quam consequat urna fermentum, in rhoncus eros volutpat. Suspendisse eu ante sit amet lorem auctor accumsan. Aliquam ultricies, felis a dignissim consectetur, ex mauris aliquet leo, vel consequat nunc risus sed massa. Vestibulum pellentesque quis diam convallis viverra. Nam euismod varius libero, nec ultrices orci porttitor at. Suspendisse mollis bibendum enim vitae faucibus. Morbi ultricies lobortis consectetur.

Curabitur metus elit, varius non orci at, ornare tempus ex. Morbi tristique dapibus massa, eu sagittis ex bibendum ut. Suspendisse laoreet fermentum gravida. In sed justo massa. Praesent efficitur tincidunt dapibus. Curabitur bibendum dolor urna, at posuere magna vehicula placerat. Donec ac mattis nisi. Nullam quis ligula nec nisi vulputate bibendum nec eu risus. Nunc volutpat condimentum dictum. Maecenas congue ligula eu facilisis facilisis. Nam accumsan, justo in placerat luctus, elit eros facilisis ex, vel interdum quam tellus sit amet nisl. Pellentesque habitant morbi tristique senectus et netus et malesuada fames ac turpis egestas. Duis porta hendrerit malesuada. Aenean eleifend nulla sollicitudin ex cursus fringilla. Maecenas pharetra ex at tortor facilisis, at finibus magna varius. Donec venenatis, lectus sed pharetra pulvinar, mi neque ultricies turpis, et sodales sapien nunc nec massa.

Sed cursus tempor dui. Etiam pellentesque tellus lorem, sit amet consectetur nibh vehicula nec. Suspendisse potenti. Ut vulputate libero non diam feugiat semper nec at arcu. Nullam ac velit vitae eros aliquet dictum sit amet ac dui. Phasellus et lorem eget nisi iaculis laoreet. Pellentesque id felis nunc. In quis cursus ligula. Nam faucibus velit tellus, eu tristique tellus tincidunt vitae. Vivamus dignissim risus eget dolor cursus ornare et a neque. Suspendisse potenti. Mauris tempor diam sapien, quis posuere quam viverra sit amet. Donec sapien diam, elementum at ultricies quis, accumsan ut metus.

Orci varius natoque penatibus et magnis dis parturient montes, nascetur ridiculus mus. Cras tristique eros vel pretium maximus. In nec odio iaculis odio faucibus tristique. Aenean sodales dui lorem, vel blandit metus dapibus tincidunt. Morbi felis odio, volutpat eu diam eu, tempor interdum elit. Fusce interdum non urna et dapibus. Vivamus aliquam est sit amet massa pharetra, quis rutrum neque tempus. Sed id fringilla est, sit amet lobortis mi. Ut purus felis, rhoncus in tincidunt vitae, malesuada vitae lacus. Sed at efficitur diam. Maecenas tristique lacus a nunc dictum mattis. Aliquam eget vehicula neque. Nam feugiat condimentum metus, quis efficitur libero commodo vel. Phasellus leo nisi, feugiat a tellus et, mattis aliquam nisl. Phasellus pellentesque feugiat molestie. Pellentesque consequat tincidunt sem, ut commodo neque suscipit quis.

Phasellus sed neque a leo tincidunt dapibus. Mauris a orci purus. Pellentesque habitant morbi tristique senectus et netus et malesuada fames ac turpis egestas. In eu felis facilisis lectus tempor condimentum vel ut est. Aenean luctus nunc quam, sed lobortis est blandit at. Suspendisse sed laoreet est, fringilla auctor dolor. Vestibulum lobortis risus ut elit malesuada, in commodo turpis maximus. Cras volutpat eget tortor eget lobortis. Mauris vitae posuere enim. In viverra malesuada commodo. Phasellus laoreet a ipsum vel sollicitudin. Pellentesque eu ornare mi, eu varius sapien. Pellentesque vitae lorem sodales, scelerisque diam non, congue tortor. Donec ligula sapien, ultrices ut porta non, luctus id massa.

Mauris ac elementum nunc. Cras molestie turpis odio. Vivamus vel ante molestie ex hendrerit fermentum. Sed lacinia massa ac quam vestibulum, eu efficitur elit bibendum. Vivamus porttitor justo erat, sed iaculis mauris euismod a. Sed quis arcu nibh. Sed elit lorem, lacinia ut sapien ut, iaculis varius leo. Etiam consequat metus sem, quis auctor dui malesuada accumsan. Proin interdum faucibus massa quis viverra. Duis ac feugiat purus. Donec elit ligula, vehicula eu interdum eu, molestie at lectus.

Pellentesque habitant morbi tristique senectus et netus et malesuada fames ac turpis egestas. Morbi vitae vehicula mi. Aliquam vehicula elit ante, vel interdum diam bibendum sodales. Sed ut vestibulum est, suscipit bibendum libero. Quisque ac pretium diam. Pellentesque habitant morbi tristique senectus et netus et malesuada fames ac turpis egestas. Vivamus ac accumsan lorem. Ut et enim eget augue sagittis tristique ut vel leo. Suspendisse potenti.

Pellentesque vitae risus ipsum. Ut imperdiet luctus metus, ac lobortis diam condimentum eget. Maecenas vitae ultricies turpis, egestas scelerisque magna. Proin tempus non massa ut pretium. Morbi lorem lectus, mattis lobortis facilisis quis, tristique vel nunc. Sed eget accumsan neque, in congue turpis. Duis tristique lectus dui, ac tincidunt tortor porttitor eu. Aenean maximus mi mi, vel sagittis sapien semper id. Sed ultrices urna quis pretium pharetra. Lorem ipsum dolor sit amet, consectetur adipiscing elit. Praesent rhoncus maximus viverra.

Vivamus posuere, nunc quis efficitur suscipit, urna metus efficitur lacus, ac porta metus dui sit amet augue. Vestibulum venenatis justo non nulla porttitor, quis convallis ante tempor. Nullam fringilla, nibh ut semper pulvinar, dolor massa mattis dolor, sit amet malesuada dolor justo id mauris. Vestibulum efficitur risus at sem ornare viverra. Phasellus convallis velit quam, nec porta sem eleifend et. Praesent lobortis non purus vitae interdum. Donec nec posuere erat, at euismod nunc. Donec libero nisi, molestie nec odio ultricies, iaculis consequat turpis. Nulla at euismod ante, vitae dignissim nisi. Aliquam consectetur porttitor lacinia. Donec in velit at tortor vehicula ullamcorper nec ac augue. Maecenas eget volutpat sem. Sed consectetur consequat suscipit. Sed sit amet ante blandit, feugiat lacus sit amet, molestie dui. Sed tempus pulvinar cursus. Praesent convallis felis eu lacus ultricies, eleifend elementum erat sagittis.

Pellentesque vitae accumsan quam. Phasellus a sodales mi. Suspendisse placerat pellentesque ligula sit amet rhoncus. Sed hendrerit eu quam ut dignissim. Ut aliquam bibendum ligula, a dignissim nulla. Aliquam a felis in ante eleifend vehicula. Mauris a diam quis eros euismod placerat. Fusce cursus sodales accumsan.

Vivamus dignissim nibh interdum diam auctor, ut ultrices nunc facilisis. Maecenas in justo ac orci scelerisque aliquet a eu erat. Mauris faucibus risus eget lacinia elementum. Pellentesque sit amet lorem commodo, hendrerit orci vitae, varius diam. Aliquam vestibulum magna vitae diam interdum vestibulum. Phasellus id ex hendrerit, ultrices leo ac, lacinia metus. Vestibulum vel tempus neque. Curabitur auctor enim turpis, vitae bibendum diam elementum eu. Praesent neque justo, bibendum eget porttitor et, venenatis sit amet tellus. Cras sit amet ultrices quam. Fusce facilisis velit molestie, pulvinar nulla nec, imperdiet justo. Nulla id tincidunt erat. Donec vel dapibus metus, in bibendum lorem. Phasellus quam velit, lobortis nec nulla sed, eleifend auctor turpis. Nulla ac massa aliquet, ornare mi ac, lacinia mauris.

Aliquam tempor, arcu in pretium viverra, risus tortor hendrerit ipsum, quis fermentum sem neque sit amet velit. Integer leo justo, consequat ac est vitae, aliquet tristique ligula. Vestibulum auctor, lorem et volutpat sagittis, massa sem porta ante, et hendrerit ante mauris id mi. Fusce suscipit, quam non ullamcorper interdum, neque justo convallis nisi, vitae vulputate sem dolor non lectus. Vestibulum eu arcu efficitur, fringilla tellus nec, feugiat lectus. Vivamus vitae libero vel eros sagittis ornare. Interdum et malesuada fames ac ante ipsum primis in faucibus.

Lorem ipsum dolor sit amet, consectetur adipiscing elit. Aliquam erat volutpat. Nulla facilisi. Phasellus nec magna auctor, rutrum magna eget, bibendum mi. Nullam pellentesque commodo nibh, et consectetur erat malesuada volutpat. Donec vel nibh arcu. Ut condimentum libero ex, at ultrices sapien tincidunt ac. Curabitur eu pharetra est. Nulla sed ligula odio. Pellentesque blandit arcu risus, et ornare nulla interdum sed. Mauris enim felis, sodales ut hendrerit eget, commodo quis magna.

Vivamus mattis semper dapibus. Curabitur in ex massa. In accumsan pretium dolor, nec condimentum ipsum malesuada nec. Proin tincidunt vel ante sed lobortis. Maecenas quis lorem sem. Aenean blandit turpis nec nibh accumsan egestas. Pellentesque cursus non justo et fermentum. Etiam maximus, quam et lacinia pretium, felis quam semper risus, et molestie turpis justo a leo. Aliquam porta nibh nec neque interdum, sit amet convallis nibh ultricies. Aenean ultricies tempor urna, sit amet suscipit augue euismod nec. Mauris nec urna egestas magna blandit luctus vel nec arcu. Curabitur quis volutpat lorem. Nam dui nisi, suscipit ut mauris eget, placerat gravida lorem. Donec vel convallis lacus. Lorem ipsum dolor sit amet, consectetur adipiscing elit. Donec eu neque a quam mollis lacinia et pharetra lacus.

Maecenas arcu enim, tempus sit amet sapien vitae, dictum gravida felis. Nunc dignissim posuere faucibus. Lorem ipsum dolor sit amet, consectetur adipiscing elit. Pellentesque semper magna eu dolor tempor, in placerat purus molestie. Phasellus ut feugiat sapien, ut congue mi. Pellentesque egestas at orci mollis tristique. In hac habitasse platea dictumst. Sed tortor est, sollicitudin eget semper at, rutrum nec nisl. Duis placerat nulla dignissim lectus facilisis scelerisque. Sed euismod rutrum elit in dapibus. Lorem ipsum dolor sit amet, consectetur adipiscing elit. Sed eleifend turpis nisl, sit amet bibendum diam euismod ut. Phasellus ac lacus vitae nisl tempor imperdiet. Integer ultrices molestie lorem id consectetur.

Sed dictum diam eget orci ullamcorper tincidunt. Nunc in ultricies libero, nec molestie tellus. Nullam hendrerit vestibulum ante, consequat porta nulla sollicitudin sed. Integer aliquet dolor nec ipsum volutpat elementum at eu ante. Quisque ligula lorem, feugiat id pharetra ac, eleifend sed lectus. Sed euismod, diam sit amet consectetur faucibus, dolor urna iaculis augue, at blandit dui ex et libero. Praesent placerat pharetra rhoncus. Pellentesque lobortis velit sed nulla lacinia posuere. Phasellus sed consequat justo, a tempor lectus. Nam maximus hendrerit augue vitae dictum. Pellentesque diam nulla, iaculis vitae ipsum at, aliquam lacinia orci.

Integer a ligula eu nisl tristique eleifend. Nullam congue odio a ex tempor, in cursus eros vehicula. Etiam diam nulla, finibus nec urna at, tempor lacinia urna. Nunc non vestibulum nibh. Morbi malesuada odio id turpis suscipit tempor. Aliquam feugiat non nunc ac ornare. Curabitur nec porttitor mi. Maecenas vel tristique arcu. Curabitur rutrum odio a tortor varius volutpat. Phasellus nulla ipsum, consequat eu arcu ac, malesuada semper felis. Fusce vel malesuada massa. Praesent sit amet laoreet velit. Integer sit amet imperdiet sapien. Curabitur pretium porttitor ante, sed tristique nunc bibendum a. Donec imperdiet fermentum orci sed suscipit. Pellentesque habitant morbi tristique senectus et netus et malesuada fames ac turpis egestas.

Praesent lorem tortor, consectetur quis metus non, tempus lacinia nulla. Sed sem purus, pellentesque id scelerisque nec, tincidunt in ipsum. Class aptent taciti sociosqu ad litora torquent per conubia nostra, per inceptos himenaeos. Morbi vitae ultricies mi. Proin eleifend, orci sit amet ultricies tristique, erat magna semper nisi, in cursus risus ligula ut ligula. Vivamus mollis massa ac dolor molestie, sit amet suscipit nibh mattis. Fusce fermentum venenatis nisl, nec varius orci fermentum vitae. Nunc est diam, lobortis ac enim sit amet, tempus pellentesque arcu. Aliquam sit amet orci eget tortor fermentum elementum eu non est. Phasellus pharetra quis velit et elementum. Donec nec commodo elit, in aliquet justo.

Vestibulum vestibulum consequat justo at efficitur. Donec quis hendrerit odio. Donec at magna eu massa tempor tincidunt. In sodales, nisi a blandit consequat, elit magna tristique diam, vitae pharetra tellus magna vitae leo. Nam ornare malesuada rutrum. Donec convallis, lorem ut fermentum congue, risus nisi pellentesque mauris, id vulputate sem quam ac eros. Pellentesque habitant morbi tristique senectus et netus et malesuada fames ac turpis egestas. Nulla eget suscipit augue, porttitor pharetra turpis. Integer accumsan mauris at feugiat eleifend. Curabitur elementum vehicula mauris vel euismod. Sed in blandit sapien.

Sed et nisl iaculis, placerat turpis sollicitudin, varius sapien. Donec iaculis, turpis eu porttitor malesuada, nunc nulla dignissim enim, in rutrum justo augue blandit magna. Vestibulum elementum tempor sapien, a viverra est blandit et. Nullam congue commodo facilisis. Aliquam egestas mi turpis. Pellentesque semper at mauris vel blandit. Suspendisse potenti. Donec eros nibh, bibendum ac mauris vitae, fermentum convallis mi.

Donec suscipit eget sem vitae scelerisque. Mauris hendrerit quis sapien vel posuere. Mauris eget leo luctus leo efficitur facilisis. Nullam facilisis tempus sem, id tincidunt sapien vulputate sed. Ut blandit finibus finibus. Nam volutpat tempus efficitur. Aenean et orci felis. Class aptent taciti sociosqu ad litora torquent per conubia nostra, per inceptos himenaeos. Phasellus at nunc augue.

Cras mi lectus, tincidunt eu erat vitae, blandit porta arcu. Etiam eget magna eget augue blandit sagittis quis in massa. Mauris eu viverra nisi. Suspendisse maximus tortor in quam tincidunt consequat. Vivamus dignissim enim sed suscipit luctus. Donec venenatis leo id augue mollis, sed hendrerit nunc lobortis. Pellentesque vehicula risus nec odio dictum scelerisque. Praesent accumsan lorem sit amet ullamcorper ultrices. Nunc et nibh commodo, egestas leo eget, luctus arcu. Suspendisse felis elit, ultricies vel semper eu, venenatis eget elit. Curabitur in diam quis purus elementum tincidunt at a massa. Etiam efficitur purus sit amet tincidunt posuere. Sed pharetra tempor turpis sit amet tempor. Mauris mattis lacus ut turpis semper condimentum.

Aliquam dictum sed justo sit amet posuere. Phasellus malesuada, massa in pellentesque venenatis, sem libero tristique quam, eget tincidunt est nisl in urna. Integer ultrices accumsan nisi eget rhoncus. Ut nec ullamcorper magna. Nulla nunc ante, bibendum vel libero vel, hendrerit maximus enim. Praesent quis aliquet elit, sit amet sagittis tellus. Aliquam eu placerat tellus.

Nulla ornare purus vel leo lacinia volutpat. Phasellus aliquam in ex in tempus. Curabitur sit amet ex consectetur, tempor sem finibus, rutrum nisl. Nam fringilla justo a ante convallis lacinia. Cras convallis at nibh eu consectetur. Proin dignissim lorem venenatis feugiat facilisis. Aliquam erat volutpat. Nam tincidunt ullamcorper vulputate. Pellentesque imperdiet in metus sed gravida. Praesent non sem ac tortor maximus pellentesque. Aliquam sit amet tempus massa. Phasellus eget arcu lacus. Praesent lorem felis, commodo et dapibus finibus, vulputate dictum libero. Fusce justo neque, interdum ac hendrerit vel, congue in ipsum. Morbi at pretium nulla.

Morbi ac rutrum nisi. In maximus metus vel malesuada ullamcorper. Suspendisse eleifend libero sit amet odio efficitur, in sollicitudin lorem dapibus. Etiam leo libero, ullamcorper eget orci et, finibus aliquet turpis. Mauris et velit tincidunt, ultrices lectus sed, hendrerit urna. Sed porta lectus sed accumsan eleifend. Sed tempus, dui et laoreet pretium, erat augue consequat felis, et viverra sapien dui laoreet velit. Curabitur mauris nibh, varius in turpis vel, maximus fermentum arcu. Sed luctus orci non lectus finibus sodales. Pellentesque elementum ultrices odio, nec vehicula eros rhoncus ut. Mauris faucibus facilisis purus sodales fermentum. Pellentesque mauris magna, luctus non ultricies at, blandit non risus. Aliquam tincidunt hendrerit porta.

Fusce efficitur lorem ipsum, eu posuere quam porta id. Morbi vestibulum fermentum porttitor. Nunc rhoncus blandit metus ut dictum. Pellentesque habitant morbi tristique senectus et netus et malesuada fames ac turpis egestas. Mauris luctus scelerisque nisl, eget commodo velit vestibulum non. Orci varius natoque penatibus et magnis dis parturient montes, nascetur ridiculus mus. Aenean fringilla arcu quis felis pellentesque blandit. Proin euismod eu sem nec pulvinar.

Aenean a massa id ligula laoreet placerat at et odio. Integer ex nisi, efficitur nec neque ac, consequat lacinia augue. Nunc in sapien sem. Duis nibh felis, pellentesque ac sapien eget, hendrerit feugiat nulla. Etiam sed tortor in nunc luctus tincidunt et ac risus. Sed at accumsan enim. Vestibulum cursus nisi laoreet, blandit ipsum aliquet, venenatis dui. Proin nec ligula mollis, dictum eros eu, eleifend dolor. Praesent posuere nec nulla at faucibus. Praesent pulvinar ultrices turpis. Curabitur placerat tortor non suscipit fringilla. In hac habitasse platea dictumst. Nunc ut venenatis enim. Nam eget urna vehicula, dignissim eros non, ullamcorper nisi. Vestibulum ante ipsum primis in faucibus orci luctus et ultrices posuere cubilia Curae;

Fusce varius justo non nunc imperdiet tempus. Nam nec tortor in mi rutrum blandit. Proin sit amet est urna. Sed eget risus quis felis dignissim ultricies sed id mi. Donec tristique sit amet ipsum ornare pretium. Morbi nec ante volutpat, pulvinar ligula et, sodales erat. Phasellus finibus viverra maximus. Vivamus tempor felis a purus interdum commodo. In ut mollis ipsum. Fusce a mauris nibh. Mauris volutpat, diam ac finibus mollis, neque velit vestibulum nisi, vitae ultrices nibh risus fermentum nisi.

Sed elit ex, tempor a metus a, dapibus viverra ante. Nulla vitae libero tortor. Pellentesque eleifend est vel est varius sagittis. Ut consequat nibh a massa pretium ultricies. Pellentesque in posuere massa, ut consequat mauris. Aliquam metus elit, elementum fringilla ullamcorper eu, rutrum quis eros. Suspendisse maximus augue quis velit placerat, eget varius leo auctor. Donec non elit ut erat aliquet malesuada at eget ligula. Interdum et malesuada fames ac ante ipsum primis in faucibus.

Maecenas in tincidunt elit, eu imperdiet dui. Nam maximus vel erat id semper. Suspendisse potenti.

In maximus mollis est, sit amet vehicula ligula iaculis ut. Vivamus quis erat pharetra, finibus nibh viverra, fermentum dolor. Duis porta, magna ac bibendum bibendum, tortor lorem placerat arcu, sit amet tristique erat magna non augue. Cras leo sapien, cursus elementum diam sit amet, faucibus luctus tellus. Nam neque diam, malesuada eu nunc sed, venenatis molestie metus. Sed vitae eleifend risus. Sed molestie lacus nec enim vehicula sagittis. Sed lobortis auctor libero, a varius urna aliquet in. Nunc tempus, lorem ac venenatis tincidunt, quam sem accumsan risus, ac mattis nulla leo vel nisi. Maecenas urna purus, placerat et purus sit amet, venenatis elementum felis. Morbi eget fringilla lorem. Mauris pretium quam in tortor porta eleifend. Vestibulum ac dapibus massa. Mauris eget lectus sed ligula tempor gravida id a odio. Aenean sit amet neque gravida, imperdiet dolor eget, viverra est. Vestibulum semper magna magna, eget imperdiet sapien consequat ac.

Aenean vel laoreet dui, ac commodo dolor. Donec rhoncus neque ac dui commodo interdum. Phasellus varius sem nec dictum bibendum. Nullam sodales feugiat nisl, ut tempor quam luctus vehicula. Curabitur aliquet, ante eu venenatis posuere, arcu metus fringilla sapien, non scelerisque sem felis sed massa. Integer ornare urna feugiat mollis eleifend. Vestibulum nibh sem, finibus nec semper et, porta ut lectus. Etiam pretium imperdiet felis sit amet volutpat. Aliquam a nunc pretium, fermentum nisl eget, interdum dolor. Aenean quis nunc lobortis, elementum sapien sed, mollis quam. Nam ac ultrices nibh. Proin suscipit in eros mattis interdum. Curabitur tempor nibh erat, in fermentum sem condimentum sed. Proin gravida eu augue a aliquam. In vehicula dui eu arcu gravida aliquet.

Vestibulum nec molestie ipsum. In tristique, nisl rutrum ullamcorper volutpat, augue magna auctor ex, id venenatis nisi lorem ac ligula. Quisque at euismod felis. Donec accumsan, magna vitae pellentesque dignissim, leo mauris ullamcorper arcu, sit amet pellentesque justo leo in lorem. Suspendisse potenti. Morbi accumsan purus vel arcu fermentum vestibulum. Nunc scelerisque ligula libero, at consequat est efficitur eget. Ut gravida, lorem eu faucibus scelerisque, diam est consectetur ligula, eu lobortis ante urna ut lectus. Donec a orci et risus elementum pulvinar.

Donec malesuada cursus ligula, at ultrices felis. Vivamus aliquet est eu ante viverra, eu dictum odio pulvinar. Nam sit amet elit congue, hendrerit odio quis, aliquet nisi. Phasellus arcu dolor, aliquam ut hendrerit ac, aliquet eu massa. Ut sit amet mi lorem. Mauris at magna hendrerit, pretium lectus non, aliquet elit. Ut tristique ullamcorper tristique. Vivamus leo lectus, venenatis at eros ac, suscipit tincidunt risus. Integer ultricies ante augue, vel porta nulla interdum congue. Praesent porttitor, elit scelerisque tempor posuere, nunc purus consequat risus, ut dapibus mauris ligula vel lorem. Donec bibendum mattis augue at rhoncus. Morbi at enim arcu.

Maecenas efficitur vitae enim eget viverra. Praesent elit sapien, auctor ultrices cursus at, laoreet ut justo. Nullam in dui vitae eros euismod fermentum. Mauris tempus venenatis nisl nec accumsan. Aliquam at turpis nunc. Mauris efficitur leo et mattis convallis. Phasellus id nunc a ligula rhoncus pellentesque ut id metus. Cras ac sem interdum massa aliquam eleifend.

Fusce vulputate ante nec risus sagittis, vel elementum neque placerat. In imperdiet lobortis felis id pretium. Aenean leo velit, sagittis ac nunc non, lobortis ullamcorper arcu. Cras vitae consectetur dui. Aliquam eget eleifend tellus. Donec porta consequat nibh, vitae varius sem consectetur sed. Morbi non aliquet arcu. Ut molestie porttitor feugiat.

Fusce magna nibh, rhoncus ac sagittis quis, semper nec augue. Mauris tincidunt faucibus sapien non ultrices. Fusce nec tincidunt ligula, sit amet molestie nunc. Etiam volutpat at ligula in posuere. Sed blandit purus quis tellus elementum, non hendrerit arcu ultrices. Cras vitae augue urna. Vivamus tristique nisi volutpat, lobortis est mattis, dignissim mauris. Duis at justo vel urna porttitor dignissim ac eget metus.

Donec quis gravida augue. Mauris vulputate auctor leo eget rhoncus. Aliquam nec nisi eget sapien feugiat convallis. Suspendisse blandit urna sed nisi condimentum, at tincidunt est tempor. Class aptent taciti sociosqu ad litora torquent per conubia nostra, per inceptos himenaeos. Phasellus ac imperdiet velit, at dictum odio. Etiam egestas felis massa, sit amet scelerisque libero varius ac. Duis faucibus felis orci, in congue sem euismod eget. Praesent vitae nulla nisi. Nulla in pretium urna. Donec dapibus eget dui eget vestibulum. Etiam nec dignissim leo. In in ante et magna pretium tempor. Cras malesuada tincidunt metus quis vulputate. Aenean non rhoncus massa.

Donec fringilla neque nunc, non dignissim urna viverra nec. Maecenas quis ligula ut eros aliquet consequat. Maecenas tempus convallis ex, id convallis nisi vestibulum sit amet. Morbi scelerisque egestas magna id elementum. Suspendisse lobortis auctor dui at elementum. Duis laoreet purus ut ipsum consequat, ac auctor dui luctus. Curabitur convallis ligula quis ante sagittis, et egestas magna elementum. Phasellus dignissim aliquet felis non eleifend. In hac habitasse platea dictumst. Curabitur eget cursus eros. Quisque feugiat nulla sapien, eu convallis orci sollicitudin non. Duis sollicitudin tempor auctor.

Curabitur ut tellus in mauris fermentum pulvinar ut eu ex. Fusce blandit, libero quis dictum sagittis, diam ante luctus leo, et congue nulla nisl in dolor. Donec nec elit lorem. Pellentesque ullamcorper arcu nunc. Vestibulum dui dui, feugiat sed iaculis et, varius et metus. Vivamus mi justo, pharetra vel scelerisque non, suscipit elementum odio. Vestibulum ante ipsum primis in faucibus orci luctus et ultrices posuere cubilia Curae; Mauris eu molestie risus. Aenean efficitur velit nisl, vitae semper ligula sollicitudin id.

Duis non lorem sit amet magna cursus sollicitudin. Proin a nibh sagittis, porta ipsum eu, suscipit ligula. Mauris a purus est. Donec vitae eros libero. Vivamus et semper augue. Curabitur a lobortis dui, eget aliquet nisi. Phasellus iaculis mauris et suscipit blandit. Ut a ex quis sapien fringilla semper non sed magna. Vivamus id finibus ipsum. Suspendisse ac nibh malesuada, tincidunt mi id, facilisis est. In ullamcorper, dui ac suscipit fringilla, orci lacus convallis orci, a porta arcu leo eu purus. Curabitur urna turpis, malesuada in lacinia sagittis, tempus sed magna. Morbi luctus risus ut blandit tempus. Ut nec vehicula ante.

Interdum et malesuada fames ac ante ipsum primis in faucibus. Cras blandit porttitor tellus nec condimentum. Proin ac turpis sit amet nunc vestibulum vulputate vel vitae erat. Aliquam sit amet nibh aliquet, pharetra neque ut, faucibus ipsum. Nulla id metus vitae neque placerat ultrices. Nam massa ante, cursus in consectetur non, eleifend ac lectus. Curabitur in pretium nisl. Morbi enim lectus, tristique id gravida lobortis, malesuada ac urna.

Orci varius natoque penatibus et magnis dis parturient montes, nascetur ridiculus mus. Donec et commodo diam, scelerisque semper risus. Etiam eros diam, condimentum non ex quis, euismod porta diam. Nullam molestie euismod libero vitae vestibulum. Aenean auctor ut risus viverra pretium. Mauris convallis massa elit, sit amet mattis augue interdum in. Donec rutrum sem eget lorem pretium ullamcorper. Duis pellentesque velit id ultrices pulvinar. Vestibulum interdum, leo tincidunt convallis hendrerit, ante neque pellentesque diam, quis egestas dui erat sed erat. Duis vitae mollis dui. Duis aliquam, purus in rutrum fringilla, nunc metus interdum mi, nec consectetur ligula justo a neque. Duis sit amet finibus est. Proin id congue ex. Lorem ipsum dolor sit amet, consectetur adipiscing elit. Vestibulum risus purus, venenatis quis ullamcorper in, sollicitudin vel lectus. Suspendisse et egestas dolor, sed dignissim risus.

Aliquam id varius lorem, vitae posuere nibh. Aenean ut turpis nisl. Sed ut urna vel metus euismod aliquam at ut justo. Nullam varius pulvinar sem, id sodales leo dictum sed. Suspendisse tincidunt commodo libero, ac semper ante sagittis non. Mauris efficitur mauris eu mattis efficitur. Donec mollis purus ac purus pharetra, vel blandit neque consequat. Orci varius natoque penatibus et magnis dis parturient montes, nascetur ridiculus mus. Integer at erat eu massa pretium volutpat. Mauris faucibus pretium ligula, vel varius magna laoreet ac. Curabitur vestibulum varius quam.

Nam nec libero aliquet, ornare massa in, pellentesque enim. Ut dapibus enim ut finibus auctor. Proin volutpat magna eget magna dictum, eu pellentesque purus tincidunt. Nulla efficitur nulla eu pulvinar facilisis. Vestibulum id suscipit diam, vel cursus arcu. Donec nec libero a mi pharetra pretium. Vivamus mi erat, tristique eu facilisis vel, varius sed libero. Aenean faucibus tempus ornare. Nullam sit amet nisi gravida magna rhoncus mollis non at nunc. Aenean at hendrerit sapien.

Vestibulum ante ipsum primis in faucibus orci luctus et ultrices posuere cubilia Curae; Praesent at nibh at tortor iaculis dictum nec nec neque. Donec nec pretium massa. Nulla tempor mauris quis elit euismod, eget aliquam mi laoreet. Praesent malesuada metus odio, ut sagittis ante interdum et. Pellentesque ut nulla libero. Aliquam molestie congue est ut imperdiet.

Donec fermentum massa non massa pharetra volutpat. Curabitur porta nibh tortor, non rutrum sem vestibulum quis. Nunc purus purus, eleifend id pretium id, porta pellentesque metus. Nunc id tincidunt mauris, quis faucibus turpis. Duis ullamcorper ipsum a mi porta pretium. Suspendisse potenti. Nunc sed fermentum velit, sit amet euismod felis. Maecenas sed erat nulla. Pellentesque habitant morbi tristique senectus et netus et malesuada fames ac turpis egestas. Cras ultricies lacinia purus, sit amet dapibus dolor placerat vel. Phasellus vitae dapibus felis. Aenean a rutrum arcu. Duis non aliquam nisl, nec venenatis dui.

Quisque ut ante eu quam rutrum interdum. Aliquam erat volutpat. Sed pulvinar ligula et tellus varius pretium. Cras volutpat massa nec orci lacinia sagittis ac vitae leo. Nam a nibh ut eros euismod cursus. Donec vitae leo in ipsum blandit convallis sed sit amet arcu. Phasellus varius, leo ac tristique auctor, elit mauris sollicitudin metus, non pharetra orci odio quis sapien. Nulla quis lacus quis mi ultrices egestas et in sem. Vivamus lobortis mattis porttitor. Morbi accumsan semper arcu. Quisque lobortis aliquam justo, id accumsan nunc venenatis non.

Etiam in ornare lacus. Vestibulum sed facilisis nisi. Praesent at tortor nisl. Duis ultricies vehicula lectus, id pretium odio mattis sollicitudin. Nulla sapien diam, finibus in eros ac, varius dapibus eros. Nullam euismod eget turpis eget faucibus. Nullam arcu justo, laoreet varius tellus vitae, ultricies vulputate purus. Cras dictum ipsum eget sapien luctus efficitur. Nullam hendrerit augue sit amet nisi tempus, sed vulputate libero dignissim. Etiam finibus, nisi et sagittis lacinia, nulla tortor dictum magna, at tempus lacus nisi ut ligula. Ut vulputate erat vel felis varius, varius luctus leo vulputate. Cras vehicula aliquet lectus, blandit vestibulum sem finibus vel. Lorem ipsum dolor sit amet, consectetur adipiscing elit. Aenean placerat dui eget sem pulvinar maximus. Donec vel lectus condimentum, gravida urna at, varius sapien. Ut venenatis varius nunc ut rutrum.

Vestibulum tincidunt lorem a tempus blandit. Pellentesque in molestie dui. Proin justo nibh, pharetra eu volutpat eget, dapibus sed est. Aliquam vel neque ac tortor venenatis scelerisque vel ac enim. Vestibulum vestibulum tristique tempor. Aenean vulputate sed tortor ac faucibus. Praesent ultrices est vel nisl vulputate commodo. Praesent sed erat vel dolor ultricies feugiat. Mauris consectetur et enim id porta. Donec non posuere eros. Aenean sed sagittis nunc, nec fermentum risus. Proin auctor libero in ipsum vestibulum sodales.

Quisque eget ipsum ac magna sagittis bibendum maximus sed dui. Proin porta rutrum enim. Nullam faucibus, enim sit amet sollicitudin semper, metus velit ullamcorper dolor, ut fermentum nisi sapien quis tortor. Sed tincidunt finibus fermentum. Donec ac dolor in elit laoreet semper. Donec vel mattis quam. Mauris sapien velit, suscipit vitae justo vitae, luctus suscipit dolor. Vestibulum maximus, nulla et egestas consequat, dui orci blandit mauris, tristique vestibulum lectus felis eget velit. Quisque sapien justo, viverra nec bibendum vel, euismod tempus leo. Vestibulum posuere faucibus tellus a fringilla. Nullam blandit nunc ultricies, semper metus condimentum, convallis nulla. Nunc mi nulla, elementum non ante eu, elementum posuere libero.

Phasellus elementum vitae leo ac accumsan. Praesent dui lacus, malesuada ut lectus in, lacinia tincidunt sem. Sed rutrum, sem id viverra ullamcorper, risus turpis blandit nunc, non malesuada lectus neque sit amet velit. Aenean ultrices leo massa, at pulvinar est posuere sit amet. In pulvinar suscipit tempus. Sed turpis nunc, ultricies et maximus non, auctor non augue. Duis sodales eu quam a hendrerit.

Sed sodales tellus non quam dapibus, eu rutrum dui porta. Vestibulum in ipsum eget nibh elementum auctor. Donec a tempor eros. In at tortor quis magna hendrerit mollis non tincidunt ex. Aenean efficitur, eros in mattis aliquet, nunc ex tincidunt erat, vitae interdum quam diam a nulla. Curabitur vestibulum nunc augue, sed vehicula risus egestas sed. In ut rutrum mi, et dignissim nisi.

Fusce ipsum ligula, sagittis sit amet purus id, eleifend luctus magna. Pellentesque habitant morbi tristique senectus et netus et malesuada fames ac turpis egestas. Vestibulum consequat placerat tristique. Suspendisse sit amet mollis tortor. Nullam efficitur tortor dui, laoreet hendrerit sem suscipit at. Pellentesque venenatis augue in pretium fermentum. Proin id suscipit tellus, et ultricies velit. Quisque pharetra cursus leo. In pretium est vel nibh malesuada, et hendrerit justo ornare. Vivamus vel eleifend nunc. Nulla in nisi sit amet odio commodo cursus ac sit amet lorem.

Duis arcu enim, fringilla a nibh quis, sollicitudin aliquam nibh. Pellentesque vulputate, lorem a sollicitudin dignissim, tellus erat tincidunt odio, id sollicitudin mauris tellus a ligula. Interdum et malesuada fames ac ante ipsum primis in faucibus. Sed sit amet dui vel mi vulputate sollicitudin. Nam in nunc nec odio accumsan iaculis in at nulla. Fusce facilisis risus massa, sed accumsan magna tincidunt eu. Duis a fringilla elit, eu vehicula erat. Morbi in nisl id ante lobortis efficitur. Suspendisse imperdiet id ligula mollis vulputate. Morbi tempus augue quis nulla lobortis, a suscipit dui faucibus.

Nulla euismod hendrerit libero, sed congue diam gravida vel. Ut vitae dui quis tortor pulvinar vulputate non quis lectus. Nullam ligula tellus, suscipit non consectetur luctus, pulvinar vulputate nisi. Integer luctus auctor sem, id rutrum erat faucibus et. Maecenas interdum, risus et condimentum lacinia, mauris tortor venenatis magna, ac suscipit mauris mi accumsan felis. Donec fermentum ultricies ligula, vehicula cursus ex venenatis ut. Sed venenatis libero lectus, sit amet eleifend nisi tristique vel. Class aptent taciti sociosqu ad litora torquent per conubia nostra, per inceptos himenaeos. Sed ac nisi eu dui venenatis ultricies. Curabitur feugiat mi sed velit convallis, sed dapibus ex accumsan. Quisque eget nibh non dui auctor eleifend et eu nisi.

Vestibulum ante ipsum primis in faucibus orci luctus et ultrices posuere cubilia Curae; Morbi volutpat augue non nisl pharetra, a varius enim volutpat. Vestibulum lectus elit, finibus sed ex sit amet, pharetra gravida sem. Phasellus quis libero sit amet nisi feugiat facilisis sed eu arcu. Duis nisl nulla, pulvinar a est vitae, ullamcorper dignissim leo. Cras aliquet risus ut magna vulputate, nec egestas libero faucibus. Proin efficitur est eget vehicula maximus. Sed tempus sit amet dui in interdum. Nam sit amet gravida arcu, imperdiet gravida est. Nam euismod felis sed lacus ornare cursus. Mauris id interdum massa.

Sed ultrices nisi vitae massa venenatis bibendum. Nam sed dignissim enim, at congue orci. Interdum et malesuada fames ac ante ipsum primis in faucibus. Pellentesque sit amet ante non magna suscipit condimentum quis eget felis. Nam mauris magna, ullamcorper nec gravida in, placerat non orci. Mauris eu luctus justo. Maecenas ac volutpat urna. Pellentesque habitant morbi tristique senectus et netus et malesuada fames ac turpis egestas. Vivamus eget pretium tortor. Duis posuere rutrum imperdiet. Mauris sapien tortor, eleifend non magna non, tempor convallis massa. Sed tristique fermentum lobortis. Mauris vitae risus eget diam tristique volutpat non non orci. Vivamus vel magna at eros facilisis accumsan.

Fusce at mi magna. Etiam elementum lectus ullamcorper venenatis tempor. Maecenas auctor neque eget elit elementum, non pretium elit tristique. Duis finibus elit nec massa convallis sodales. Phasellus mollis blandit neque. Vestibulum ante ipsum primis in faucibus orci luctus et ultrices posuere cubilia Curae; Aliquam molestie faucibus magna quis accumsan. Curabitur convallis, dolor sit amet ultrices faucibus, odio dui faucibus ligula, sit amet bibendum tellus augue ac leo. Etiam auctor ligula iaculis, pellentesque ipsum non, viverra dui. Aliquam volutpat arcu tellus, vel tristique ipsum malesuada vel. Cras elementum maximus magna, eu viverra erat egestas et. Curabitur vel fringilla mi. Praesent vulputate diam vitae congue tempus. Vestibulum nec eleifend risus.

Suspendisse suscipit iaculis neque, non aliquam nisl suscipit eu. Nam ex leo, mollis vel est porttitor, fermentum scelerisque libero. Proin vitae purus a orci accumsan luctus. Fusce sollicitudin vulputate odio, vitae convallis turpis laoreet et. In dictum rhoncus dui, sed vulputate sem pretium nec. Phasellus pellentesque enim ipsum, ac dapibus ipsum vestibulum quis. Nam lorem purus, bibendum sit amet rhoncus suscipit, auctor sed metus. Aenean venenatis velit at accumsan eleifend. Suspendisse sed viverra ante. Aenean euismod molestie turpis, eget aliquet turpis ultrices ut. Quisque pulvinar quam sit amet odio euismod, sit amet aliquet odio sagittis. Fusce quis pellentesque nibh. In porta ante vel enim auctor, eu ultrices risus facilisis. Aliquam erat volutpat. Duis aliquam urna mauris, ac ullamcorper risus posuere at. Etiam vitae enim et ipsum blandit congue.

Nulla facilisi. Donec id luctus urna, ac dignissim metus. Sed in dui tellus. Proin accumsan tellus non elit ultricies congue. Ut ipsum dui, ultricies sed interdum vitae, vulputate a urna. Nam at semper sapien. Mauris lobortis, leo in tincidunt aliquet, est diam pellentesque nisl, eu rhoncus ipsum dolor facilisis dui. Nunc blandit nisi ex, in sollicitudin tellus mattis sit amet.

Sed tristique nunc ut justo tempus luctus. Donec pharetra dolor turpis, quis imperdiet nisi blandit sit amet. Sed feugiat, lorem non malesuada fermentum, mi purus fermentum lectus, nec rhoncus turpis tellus nec ipsum. Fusce est nisl, varius ac mi cursus, luctus congue nisi. Morbi et ante non libero bibendum faucibus. Suspendisse sit amet dapibus neque. Proin feugiat tempus blandit. Nullam iaculis augue et tellus semper, quis fermentum felis porttitor. Nunc elementum, risus eu rhoncus iaculis, enim leo tincidunt orci, ac fringilla sem quam vitae magna. Quisque hendrerit dui vitae aliquam vulputate.

Nam interdum mauris in suscipit mattis. Morbi eget eleifend arcu. Phasellus sapien felis, lacinia id arcu nec, mollis fringilla nulla. Morbi eget consectetur urna, ut egestas enim. Maecenas faucibus justo non massa venenatis maximus eu vel ex. Quisque efficitur tincidunt laoreet. Mauris aliquam consectetur lectus sit amet dapibus. Nullam a suscipit orci. Donec egestas est metus, id efficitur nisl malesuada sit amet. Praesent sed volutpat nulla. Suspendisse potenti. Nulla a lacus sed arcu tincidunt cursus. Suspendisse pharetra purus nec lacus feugiat, nec semper arcu iaculis. Aenean sodales ex vitae lacus cursus, bibendum facilisis odio porta. Phasellus cursus vel erat id auctor. Aliquam facilisis nisl quis elit eleifend, id tristique ligula maximus.

Phasellus mattis nulla lacus, a rhoncus nulla venenatis ac. Nunc orci ipsum, dapibus eget iaculis ac, rhoncus eu odio. Suspendisse sed erat odio. Pellentesque a suscipit dui. Etiam malesuada mattis mauris. Mauris arcu nunc, aliquet non lorem ut, aliquet fringilla orci. Fusce est lectus, egestas auctor lorem at, tincidunt sodales neque. Mauris id interdum quam. Sed elementum at ligula nec dapibus. Donec ac metus quis nunc eleifend porta. Nulla facilisi.

Duis non ultrices nibh, eget commodo ex. Curabitur ut magna posuere, interdum velit at, semper nisi. Etiam sed mauris orci. Pellentesque mi tortor, porttitor quis lorem sed, blandit vestibulum sapien. Suspendisse quis sollicitudin eros. Sed imperdiet sit amet tellus sit amet rutrum. Duis at pretium nulla. Etiam a tincidunt est, a accumsan ipsum. Donec at laoreet justo. Curabitur efficitur, urna in interdum euismod, neque ex venenatis nunc, in laoreet ex turpis varius massa. Sed vitae mi nec nisl blandit tempus. Etiam tincidunt lectus leo, quis iaculis magna faucibus vel.

Duis tristique mi cursus ex condimentum auctor. In convallis, ante in ultrices imperdiet, massa eros venenatis felis, ac viverra neque odio ac urna. Vestibulum efficitur elementum metus sit amet tempor. Vivamus at sollicitudin nisl, eget dapibus tortor. Proin mollis velit velit, nec eleifend ligula consequat non. Sed facilisis ac metus maximus maximus. Praesent vehicula feugiat mollis. Nam eget neque in quam eleifend hendrerit quis ac libero. Curabitur laoreet malesuada massa sit amet cursus.

Sed ultricies commodo nisi, sed viverra lectus ornare id. Nulla maximus lobortis vestibulum. Nunc risus est, ultrices a ullamcorper quis, bibendum quis ipsum. Nullam tincidunt eget metus a finibus. Vivamus porttitor lorem id dui fermentum ornare. Curabitur ac lorem non diam posuere fermentum. Praesent metus nisi, scelerisque ut odio sed, posuere efficitur purus. Praesent auctor ultricies sagittis. Aliquam lacinia commodo nisi, id egestas mauris.

Nulla bibendum enim non risus lobortis, eu imperdiet odio sollicitudin. Fusce eu velit vehicula, ultrices diam eu, euismod nisi. Cras mattis auctor eleifend. Duis venenatis dui enim, vitae bibendum mauris venenatis at. Morbi maximus vitae enim in blandit. Mauris vel pulvinar velit, nec vestibulum arcu. Aliquam eleifend mauris non neque feugiat suscipit. Pellentesque vel augue dolor. Phasellus metus elit, facilisis luctus lacinia et, volutpat eu urna. Etiam nisl nisl, vulputate eu velit non, convallis dictum neque. Vestibulum non euismod enim. Cras rutrum dui a urna aliquam, at fringilla tellus consequat. Vestibulum in maximus sapien. Aenean elementum nulla justo, ullamcorper elementum erat luctus et. Morbi cursus ipsum non maximus tincidunt. Cras eleifend cursus ligula et mattis.

Curabitur eget orci mi. Donec ut velit consectetur, condimentum quam vel, vehicula massa. Cras bibendum justo nec ante consectetur, nec suscipit lectus consectetur. Maecenas eleifend diam quis volutpat venenatis. Aliquam rutrum leo sed tincidunt vulputate. Quisque eu mattis elit, ac rhoncus neque. Praesent eget sollicitudin metus, ac pretium leo. Suspendisse auctor iaculis est at consectetur. Praesent urna enim, euismod sit amet tortor at, vulputate facilisis diam. Pellentesque nunc felis, blandit at eros non, aliquam rhoncus felis. Duis imperdiet id tellus sit amet molestie. Cras massa dolor, faucibus ut sem a, euismod feugiat lorem. Etiam cursus libero in felis euismod maximus vel a risus. Nam ultrices et magna sit amet elementum.

Vivamus nec metus nibh. Vivamus vehicula quis libero sit amet sollicitudin. Ut ac vehicula sem. In pharetra cursus diam, ut pharetra diam bibendum non. Nulla finibus, ipsum sed laoreet blandit, risus turpis rhoncus erat, et tincidunt neque urna ac sapien. Nullam condimentum condimentum felis vel mollis. Duis nec dictum ante. Duis non purus lobortis, aliquam nisl ac, mollis felis. Proin eu ipsum commodo, lobortis mi id, mollis diam. Cras sed quam eget turpis accumsan laoreet at sit amet quam. Nulla blandit justo quis nulla porta ultricies. Cras eget lacinia nunc. Quisque at massa non massa sollicitudin tincidunt non id nisi. Nunc at scelerisque nunc, porta euismod ante. Morbi pulvinar nisl vitae mauris tincidunt, ut hendrerit ante pulvinar.

Quisque eu tempus diam, ac maximus ligula. Morbi vitae suscipit ligula. Phasellus velit nunc, efficitur vel ante eu, tincidunt interdum lorem. Morbi nisl orci, ultricies non laoreet sit amet, molestie eget sapien. Donec interdum urna sit amet feugiat hendrerit. Vestibulum consequat arcu vitae nisl ultricies, in vestibulum felis tempor. Morbi non varius nunc, a lobortis nunc.

Etiam efficitur odio quis arcu sollicitudin ullamcorper. Integer nec finibus odio, ultrices facilisis quam. Vestibulum vitae sollicitudin odio, non fringilla odio. Fusce efficitur feugiat felis, egestas ultrices odio. Mauris pellentesque velit vehicula augue rhoncus tincidunt et id erat. Vestibulum maximus condimentum tortor vitae auctor. Curabitur sit amet faucibus augue. Vivamus nec tellus mi. Suspendisse varius erat ac orci pulvinar, ac venenatis dui commodo. Aliquam sit amet euismod sapien.

Duis sollicitudin, enim at placerat vulputate, magna diam mollis orci, id malesuada odio tortor nec nisl. Cras tempus massa lacinia quam dictum malesuada. Aenean consequat nulla libero, eu ultricies nibh maximus eu. Vivamus et volutpat lacus. Vestibulum ante ipsum primis in faucibus orci luctus et ultrices posuere cubilia Curae; In cursus lacinia dui non sollicitudin. Praesent quis condimentum quam, at fringilla ligula. Proin euismod mollis elementum. Vestibulum eleifend lectus a lobortis fermentum. Vestibulum ultricies finibus enim, eget pellentesque dui scelerisque vel. Aenean ac magna porttitor, eleifend sem sit amet, fringilla nisl. Suspendisse mattis hendrerit leo eu mollis. Aliquam lectus diam, tempus sed velit quis, vestibulum ultricies nisi. Praesent et risus eget diam tincidunt dictum.

Maecenas id consequat enim. Nullam tincidunt ultrices mauris et facilisis. Donec porta nulla id odio imperdiet, sed consequat lectus sodales. Integer lacus sem, efficitur quis ex auctor, porta ullamcorper justo. Vestibulum ante ipsum primis in faucibus orci luctus et ultrices posuere cubilia Curae; Phasellus varius odio tellus, et pharetra justo ultrices ut. Etiam eleifend bibendum sapien, at pellentesque dui tempus at. Nullam viverra sem felis, ut maximus nisi efficitur in. Donec interdum pellentesque lectus, vitae aliquam massa. In id ante laoreet, rutrum nulla ac, posuere lectus. Morbi a sodales justo.

In tellus neque, elementum feugiat dolor et, venenatis pulvinar magna. In ligula quam, posuere nec ex ac, sollicitudin ultricies tellus. Mauris vitae dolor accumsan, sollicitudin justo eget, consectetur purus. Morbi quam quam, volutpat vitae hendrerit in, fermentum eget arcu. Donec scelerisque augue a viverra lobortis. Nullam in dictum sem. Class aptent taciti sociosqu ad litora torquent per conubia nostra, per inceptos himenaeos. Ut vel leo in sapien volutpat semper sit amet quis tellus. Lorem ipsum dolor sit amet, consectetur adipiscing elit. Mauris efficitur placerat nisi. Nam vehicula quam sed dui tempus convallis. In bibendum euismod mauris, aliquet lobortis purus efficitur id.

Curabitur finibus eleifend nunc, a facilisis dolor luctus in. Cras risus urna, placerat at pulvinar quis, ullamcorper eget quam. Nunc tincidunt tempus fermentum. Quisque efficitur orci lacus, at scelerisque nunc vulputate id. Morbi suscipit enim et ex finibus, sit amet lacinia lectus lacinia. Praesent fringilla vitae urna ut ultricies. Curabitur eu mauris ornare, viverra turpis ut, venenatis mi. Quisque luctus tellus ligula, interdum condimentum erat euismod sed. Nunc vel orci nec dolor venenatis facilisis sit amet et erat. Ut vel mi ultrices, vulputate enim et, facilisis arcu. Nullam tristique, sapien ut feugiat ullamcorper, lorem sem congue lectus, vitae hendrerit quam nisi non arcu. Curabitur dignissim, lorem maximus auctor sodales, sem magna convallis nulla, a ornare elit metus vel eros. Cras nibh neque, scelerisque eu massa eu, tincidunt venenatis justo. Ut non varius ligula, eget maximus orci.

Morbi vitae risus ut sem pretium finibus. Phasellus tempus eu quam vitae gravida. Sed at suscipit neque. Ut eleifend, ipsum eget pulvinar sodales, sem eros pellentesque ligula, at suscipit arcu nibh eget nunc. Donec lacinia elit leo, nec tempor sapien porta et. Nulla aliquet interdum ex sed iaculis. Donec a interdum elit. Aliquam volutpat at urna eu convallis. Ut et quam libero. Aenean vitae massa ex. Nunc nec tellus hendrerit, ullamcorper tellus eu, egestas lectus. Suspendisse id metus quis tellus rutrum feugiat accumsan vel sem. Ut felis purus, tincidunt vel pretium a, mattis id lectus.

Ut eu velit non nulla placerat eleifend at eu lectus. Aliquam erat volutpat. Integer non lacinia diam. Fusce elit nulla, efficitur viverra tincidunt vitae, egestas at quam. Ut fringilla vehicula lacinia. Mauris commodo nisl id tempor pretium. Etiam ut lectus nec nunc sodales varius non eget quam.

Suspendisse varius neque ac tellus sagittis, at pharetra urna sagittis. Nam porta tellus eget lobortis eleifend. Sed quis imperdiet lorem, ut porttitor nulla. Quisque hendrerit eleifend gravida. Curabitur hendrerit et libero eu lacinia. Suspendisse nec tortor ut mauris gravida pharetra eu in sapien. Vestibulum aliquam vitae elit ut facilisis. Etiam condimentum interdum felis, eget suscipit magna rhoncus at. Maecenas auctor ac justo sit amet pellentesque.

Duis vitae ipsum eget enim accumsan dictum. Aliquam facilisis viverra risus, nec elementum ex aliquet ac. Fusce vel metus ultricies, tincidunt nisi a, fermentum mi. Phasellus placerat ipsum ex, quis efficitur lacus tincidunt vel. Donec molestie mauris ac sollicitudin iaculis. Duis at augue vel lectus porttitor dignissim. Phasellus ullamcorper nisl a tellus rutrum ultricies eget in justo. Maecenas lacinia erat non finibus malesuada. Donec venenatis, nunc nec rutrum auctor, dolor eros suscipit sem, eget suscipit dui lacus nec augue. Donec blandit est quis ornare imperdiet. Pellentesque cursus urna elit, quis tincidunt risus auctor sit amet. Vestibulum ante ipsum primis in faucibus orci luctus et ultrices posuere cubilia Curae; Nulla lorem lacus, tincidunt sed viverra vel, egestas quis enim. Integer ullamcorper mauris eu neque pellentesque tempus. Nam mi odio, placerat vitae vulputate vitae, vulputate eu dolor.

In blandit lobortis hendrerit. Aenean interdum dolor quis massa tincidunt, eget convallis neque sollicitudin. Etiam mattis est sit amet mi aliquet ultricies. Nunc ut massa sapien. Donec lorem ipsum, hendrerit non consectetur eu, interdum quis sem. Donec mauris odio, maximus quis neque eget, ornare feugiat augue. Pellentesque habitant morbi tristique senectus et netus et malesuada fames ac turpis egestas. Proin faucibus varius lacus. Orci varius natoque penatibus et magnis dis parturient montes, nascetur ridiculus mus. Nam quis ultrices metus. Nullam iaculis nisi in purus eleifend sagittis. Duis gravida diam vel augue mattis pulvinar. Donec aliquet mollis dolor, eget dapibus nisi rhoncus in. Praesent et ullamcorper tortor. Donec vitae tempus nibh.

Aliquam efficitur magna eget magna venenatis ornare. Vivamus dapibus odio sed elit lobortis, et cursus diam vulputate. Aliquam erat volutpat. Curabitur nec iaculis nunc, id laoreet ante. Sed ullamcorper odio nec pharetra mattis. Donec accumsan egestas elit, sodales rhoncus est ultricies at. Duis egestas, tellus quis egestas lacinia, ex diam sollicitudin elit, sed efficitur lacus mi a ipsum. Nulla facilisi. Praesent a pellentesque diam. Proin condimentum, ligula feugiat dictum ullamcorper, dui purus malesuada mauris, sit amet euismod ligula eros at orci. Donec finibus odio quis neque convallis consectetur. Donec tristique augue sit amet ullamcorper tincidunt. In elementum, arcu vel commodo convallis, nisl ipsum vulputate elit, ac sollicitudin dui justo et elit. Nullam pretium, elit placerat vehicula posuere, nisl diam interdum sem, sit amet semper mi augue at lacus. Ut volutpat, erat vel posuere molestie, purus eros pellentesque felis, at pellentesque enim mi eget mauris. Fusce sagittis, sapien sed facilisis ullamcorper, nisi enim interdum urna, vel iaculis lacus felis nec metus.

Proin faucibus eros eu vulputate rhoncus. Nulla efficitur tristique tellus, quis feugiat ex egestas at. Nullam vehicula rhoncus ipsum, ac dictum magna interdum ac. Curabitur auctor tortor id sem elementum, a mattis nibh tincidunt. Phasellus ultricies dolor a suscipit lobortis. Proin eleifend porta finibus. Pellentesque at purus non urna tempor fermentum. Duis mattis tortor a dolor efficitur sodales. Donec molestie felis eu orci viverra tincidunt ac quis diam. Vivamus commodo eros mollis orci pellentesque pretium. Quisque pretium quis quam et interdum. Vivamus vehicula ex ac est maximus, id tempor urna tincidunt. Donec pretium pretium convallis. Etiam imperdiet nibh ultricies sem cursus, id porta ipsum pharetra.

Nulla blandit turpis erat. Sed quis aliquam urna. Donec aliquam lectus augue, faucibus porttitor quam consectetur vitae. Donec fermentum aliquam dui at ultrices. Vestibulum non est ipsum. Nullam sit amet odio lobortis, laoreet sapien in, varius leo. Aenean a ipsum odio. Vestibulum commodo in diam et imperdiet. Etiam odio nunc, porta non turpis quis, tincidunt viverra diam. Etiam accumsan nisl nec lectus egestas, quis pulvinar quam hendrerit. Maecenas lobortis tempus metus quis aliquet. Ut id euismod nisl. Duis congue et velit eu efficitur. Vivamus eu mollis dolor.

Interdum et malesuada fames ac ante ipsum primis in faucibus. Duis faucibus turpis id tellus tempor aliquet. Aliquam pulvinar nisl vel purus venenatis, a ultrices massa sollicitudin. Donec id nibh tempor, pharetra diam eget, porta ante. Curabitur fermentum est orci, eu interdum libero placerat non. Vivamus euismod consectetur aliquam. Etiam dolor justo, euismod quis egestas in, efficitur vel sem. Sed nunc sem, bibendum eget consectetur ac, tincidunt at nisi. Nam sollicitudin elementum sem, in varius justo molestie id. Donec iaculis dolor at risus suscipit, ac tristique velit congue.

Etiam congue rhoncus justo quis pulvinar. Curabitur pulvinar arcu sodales finibus maximus. Donec fringilla felis dolor, auctor rutrum nisi egestas quis. Nam maximus lacus justo, non faucibus urna faucibus sit amet. Proin cursus erat ac felis lacinia, vitae mattis lorem pretium. Cras eu euismod mi, accumsan tempus nisi. Aenean molestie odio vel tortor euismod, sed tincidunt dui scelerisque. Lorem ipsum dolor sit amet, consectetur adipiscing elit.

Nam id ex luctus, finibus neque at, tempus lectus. Proin vel nulla nec ante fringilla viverra eget non enim. Aenean vel justo in lorem imperdiet iaculis. Duis sed nulla quam. Nulla lorem nisi, faucibus quis nisl sed, lacinia aliquet lectus. Curabitur ullamcorper, ante a viverra dapibus, ligula sem egestas purus, eget egestas mauris elit ac urna. Ut luctus quis nunc ut vehicula. Morbi scelerisque massa at justo malesuada cursus. Mauris a dapibus lorem. Ut efficitur iaculis suscipit. Vivamus cursus porta dictum.

Sed varius placerat mi, non ultrices mi volutpat eu. Nulla facilisi. Integer posuere augue efficitur lacus consequat efficitur. Etiam leo ipsum, ullamcorper nec leo dignissim, consequat sodales sapien. Quisque in mauris orci. Phasellus eu sem in erat tristique ornare sed id felis. Nam ac pellentesque turpis.

Proin tincidunt nibh leo, in varius quam volutpat ut. Cras ac tristique nibh, non molestie mi. Aenean non ante cursus, fermentum velit non, sollicitudin ipsum. Quisque facilisis ultricies libero, vel rhoncus justo maximus bibendum. Nulla rutrum est id nibh ornare, in malesuada lectus facilisis. Aliquam eu erat nunc. Sed finibus ante augue. Aenean placerat libero sem. Sed non nisl eu ante maximus sodales eget sit amet lorem. Curabitur vulputate tellus quis scelerisque cursus. Morbi tempor volutpat ante vel fringilla. Nam id malesuada urna. Donec ut ipsum porta, scelerisque eros et, maximus magna. Aliquam erat volutpat. Donec scelerisque lacus eu libero suscipit eleifend. Aliquam maximus felis vitae justo pretium faucibus.

Sed ultrices rhoncus rutrum. Nullam vitae velit ut nulla tristique dictum sodales ac diam. Sed volutpat ornare tortor. Duis elementum velit nec neque lobortis aliquam. Nulla non auctor nibh. Donec at justo vitae metus cursus lobortis sit amet nec lorem. Aliquam vehicula, lorem eget accumsan imperdiet, velit arcu pellentesque turpis, quis viverra nulla diam a neque. Morbi diam enim, pretium a pretium nec, luctus a diam. Vivamus vehicula sem enim, sit amet pellentesque erat placerat sed. Nulla facilisi.

Sed sollicitudin ex diam, ut tempor enim ultrices non. Sed in arcu in sapien vulputate vehicula non at lorem. Mauris bibendum diam libero, a ultrices risus scelerisque eu. Mauris lacinia dui a venenatis elementum. Aenean imperdiet eleifend neque, eu bibendum turpis pulvinar vel. Fusce quis risus risus. Donec placerat pellentesque metus ac luctus. Aenean at ultrices sapien. Nulla eget accumsan ante, id sodales lacus.

Vestibulum sem odio, varius nec enim vel, elementum maximus lectus. Fusce nec venenatis leo, non aliquet felis. Nulla purus dolor, varius et condimentum in, fermentum vitae ex. Proin malesuada, neque non molestie laoreet, ex nunc pellentesque purus, ultricies rutrum ex urna et diam. Cras vel magna sed metus vehicula porttitor. In eu mattis est, at iaculis lectus. Ut tempor elit quis venenatis imperdiet. Curabitur sed tincidunt arcu.

Mauris nibh leo, vestibulum et suscipit at, ullamcorper sed purus. Maecenas odio augue, sodales at enim vel, convallis sodales felis. Lorem ipsum dolor sit amet, consectetur adipiscing elit. Phasellus non fermentum ipsum, vel rhoncus nisi. Curabitur luctus non lectus sed suscipit. Nam elit dolor, tempor vitae sem at, ullamcorper posuere ipsum. Integer urna nibh, vulputate id fringilla sed, suscipit id mauris. Aliquam semper sapien ipsum, quis ultrices arcu mollis a. Cras vestibulum ullamcorper risus, vitae sagittis neque fringilla quis. Pellentesque congue ex augue. Vestibulum ante ipsum primis in faucibus orci luctus et ultrices posuere cubilia Curae; Mauris ac turpis eget ante bibendum pretium ut sed sapien. Mauris a facilisis ipsum.

Proin ligula lorem, viverra non dapibus volutpat, scelerisque et velit. Vestibulum at turpis id nulla auctor pellentesque et eu sem. Sed porttitor lacinia arcu, ac rutrum velit tincidunt et. Proin a sapien at velit efficitur facilisis. Nulla dignissim, nibh sit amet semper blandit, lacus massa pharetra tellus, sit amet vehicula ex arcu nec ante. Integer nec euismod sapien. Nam mauris sem, bibendum a eros nec, blandit maximus ligula. Nullam nec congue sapien, ac mattis dolor. Nulla facilisi. Proin posuere ligula luctus ligula commodo condimentum. Quisque in sapien convallis turpis efficitur bibendum sollicitudin id massa. Fusce consequat, ligula in lacinia tempor, dolor elit consectetur quam, eget convallis lacus urna quis sapien. Vivamus sollicitudin elit nec leo vehicula, in porttitor erat scelerisque. Phasellus justo turpis, blandit pellentesque vulputate eget, eleifend porttitor odio. Fusce vitae arcu ut justo hendrerit varius et quis augue.

Nullam magna urna, imperdiet vel pellentesque nec, hendrerit ac tellus. Etiam sagittis vestibulum consectetur. Mauris varius mollis libero ut eleifend. Aenean sit amet lectus a velit ultricies interdum in sit amet purus. Donec mauris ligula, rutrum et ornare tincidunt, congue non metus. Aenean venenatis magna tortor, a porttitor magna euismod nec. Etiam vehicula mi id libero bibendum consequat. Phasellus consectetur mauris non ligula varius suscipit. Etiam scelerisque mollis commodo. Duis sed malesuada purus, sed lobortis quam.

Pellentesque tristique urna at tincidunt rhoncus. Proin finibus lectus sapien, non lacinia risus malesuada sed. Donec ut porttitor enim, sit amet dignissim dui. Aenean a risus sit amet tortor euismod suscipit. Pellentesque fermentum aliquam vulputate. Cras maximus in metus quis pharetra. Sed bibendum, mauris et ultrices condimentum, neque nisl porta diam, quis ornare orci massa ut arcu. Vivamus auctor risus massa, nec vestibulum tellus eleifend sit amet. Etiam consectetur ipsum quis tempus rutrum. Cras nec leo sapien. Duis eget gravida mi. Nulla vulputate volutpat magna, sit amet iaculis enim lacinia in. Maecenas fermentum dolor ut lacinia rutrum. Proin at orci ligula. Mauris quis turpis a lorem viverra efficitur. Phasellus rhoncus volutpat ipsum vel mollis.

Curabitur hendrerit volutpat ipsum, ut sagittis lectus scelerisque eu. Vestibulum eleifend lorem vehicula laoreet dapibus. Vivamus egestas pretium diam. Nam dui arcu, tempor eu luctus ac, placerat vel est. Morbi sed mollis ante, id feugiat lacus. Ut et dui eget nisl dapibus vulputate ut at eros. Maecenas luctus convallis nisi, nec lobortis risus vestibulum vel. Interdum et malesuada fames ac ante ipsum primis in faucibus. Cras volutpat felis vel pretium pulvinar. Suspendisse at scelerisque quam. Vivamus luctus luctus nunc, id tempor felis semper sit amet. Sed luctus condimentum enim malesuada vestibulum.

Suspendisse sit amet vehicula enim. Nullam viverra erat eu libero sodales feugiat. Vivamus nec vulputate ligula. Nunc a cursus erat. Vestibulum in diam ornare, lacinia ex et, lacinia orci. Praesent consectetur finibus enim ut ullamcorper. Integer egestas, justo sit amet tempor mattis, mauris libero dignissim elit, cursus luctus lacus ipsum in ex. In dignissim, velit at lobortis laoreet, justo libero semper nisi, commodo gravida nibh nulla quis lacus. Proin pharetra mauris at mi venenatis rhoncus.

Aenean non risus id libero dictum varius et vestibulum magna. Donec sollicitudin nibh eget nunc sagittis, id dapibus nisi dictum. Phasellus pulvinar placerat cursus. Phasellus turpis nibh, consectetur at augue in, tincidunt fermentum purus. Suspendisse varius sed libero lacinia hendrerit. Nam facilisis odio in diam ornare maximus. Morbi eu odio enim. Aenean hendrerit congue tempus. Proin rutrum tempus felis eu ullamcorper. Duis quis nulla metus. Integer blandit bibendum ante at dictum. Fusce eget fringilla neque. In ac sem quis quam pretium porta vel non nulla. Ut ac lorem at nibh vulputate elementum nec at ante. Nulla sed diam convallis, iaculis libero at, ornare lorem.

In commodo lorem et purus rhoncus, at pulvinar arcu tincidunt. Mauris convallis fermentum ligula. Mauris interdum efficitur magna, eget imperdiet enim. Nulla tempor neque non ultricies iaculis. Sed in metus egestas, pulvinar ante et, imperdiet lectus. Suspendisse potenti. Integer quis arcu a urna varius lacinia quis ac diam. Class aptent taciti sociosqu ad litora torquent per conubia nostra, per inceptos himenaeos. Suspendisse eu urna pharetra, tempor enim id, posuere dolor. Mauris vulputate efficitur diam blandit vulputate. Morbi congue dolor nec orci vehicula, finibus tristique lorem cursus. Nullam mollis tellus eu sapien fermentum, eu vulputate purus imperdiet.

Vivamus vel purus a urna tempus tempus. Nulla vitae scelerisque dui. Nam vel venenatis mauris, vitae suscipit velit. In enim justo, molestie at euismod a, congue eu felis. Quisque molestie nibh cursus, mollis ligula et, commodo orci. Nulla facilisis massa sit amet turpis facilisis, et tempus ipsum posuere. Morbi imperdiet id orci non aliquam. Integer luctus pulvinar leo a porttitor. Vivamus a tortor euismod, bibendum sapien quis, viverra urna. Integer commodo diam est, a dignissim erat suscipit quis.

Ut vitae justo in ipsum aliquet facilisis id vitae dui. Praesent libero sapien, feugiat ac commodo in, scelerisque a est. Vestibulum pharetra suscipit volutpat. Sed efficitur pulvinar tristique. Aliquam vel mi vel lacus iaculis venenatis. Vivamus ut orci ac augue mattis feugiat. Donec auctor mauris quam, ut mattis lacus facilisis ut. Nulla iaculis sed mauris in fermentum. Duis sit amet euismod lectus.

Duis ut nisi nulla. Nunc turpis tellus, pharetra et orci in, ultricies sodales ipsum. Cras id molestie nibh, non suscipit felis. Sed consequat arcu eget ligula placerat, non accumsan justo venenatis. Maecenas auctor enim eget pretium dignissim. Curabitur sit amet quam lectus. Nulla facilisi. Aliquam placerat, leo in viverra porta, sem turpis congue lectus, ac mollis mi urna at felis.

Suspendisse blandit, odio non tincidunt tristique, orci tellus ornare lacus, sed rhoncus dui odio maximus nulla. Cras rutrum enim sapien, vitae porttitor orci viverra pellentesque. Nam congue porttitor eleifend. Aliquam condimentum hendrerit urna. Cras non orci vitae lorem scelerisque finibus ac quis leo. Proin tempus, lorem nec euismod congue, risus lectus tempus lorem, id accumsan leo urna volutpat arcu. Ut rutrum tellus at placerat mattis. Nulla iaculis leo justo, a auctor ante vehicula a.

Donec dapibus auctor augue. Etiam id mi orci. Donec sollicitudin nibh sed tempus pharetra. Vestibulum imperdiet, ex quis ultrices facilisis, libero odio suscipit quam, ut tempus quam ipsum vel nibh. Pellentesque pellentesque congue nisl, ut venenatis nisl cursus eu. Suspendisse potenti. Quisque vel nunc magna. Duis elementum congue dolor, quis dignissim eros auctor nec. Nunc non efficitur est. Ut tristique id purus tincidunt maximus. Curabitur eget fringilla enim, venenatis fringilla ligula. Curabitur ac enim ultrices, porttitor metus vitae, feugiat orci. Duis ut diam finibus, faucibus metus id, lacinia erat. Pellentesque id condimentum libero, non dapibus quam. Praesent vehicula lobortis tempor. Pellentesque habitant morbi tristique senectus et netus et malesuada fames ac turpis egestas.

Vivamus ex tortor, luctus id lacus semper, suscipit pulvinar sapien. Pellentesque vel accumsan diam, at bibendum diam. Quisque consectetur tellus et mattis pulvinar. Nullam leo ligula, cursus in odio eleifend, ultricies molestie eros. Morbi ornare aliquam rutrum. Duis pharetra justo magna, sed efficitur nisl fringilla quis. Sed accumsan eros sit amet vehicula dapibus. Nulla vel dolor id dolor venenatis imperdiet non id ex. Phasellus iaculis facilisis nulla id condimentum. Maecenas a mattis sapien. Cras sodales, ipsum sit amet fringilla bibendum, odio tellus iaculis orci, at posuere diam sapien egestas nulla. Maecenas euismod posuere fermentum. Pellentesque habitant morbi tristique senectus et netus et malesuada fames ac turpis egestas. Maecenas vitae neque id ante luctus convallis. Duis gravida, libero vitae tincidunt porttitor, leo nisi lobortis magna, non facilisis augue nisl id erat.

Pellentesque vehicula nisl non nulla dapibus, vel placerat sapien sollicitudin. Nunc mi eros, lacinia ut malesuada nec, posuere vel nisi. Donec a urna id velit congue sagittis eget ac quam. Proin lacinia auctor sem quis luctus. In feugiat elit vel nisl mattis commodo. Sed pulvinar turpis in dolor dignissim placerat. Sed suscipit molestie auctor. Suspendisse fringilla laoreet massa.

Vestibulum nunc felis, iaculis eu dignissim vitae, elementum et metus. Nunc elementum lectus ex, porta ullamcorper leo sagittis vitae. Phasellus fringilla ex at erat rutrum imperdiet. Pellentesque auctor risus et nunc auctor egestas. Donec aliquam vestibulum tellus, at vehicula risus aliquam quis. Integer consectetur tellus ante, eget faucibus sem posuere vitae. Nam faucibus erat justo, at pretium tellus dapibus interdum. Donec nec quam nec velit blandit facilisis.

Morbi et mauris a felis venenatis egestas. Curabitur imperdiet elit et orci efficitur pharetra. Vestibulum mollis vestibulum tortor ut fermentum. Nam tempor volutpat sapien. Ut at laoreet odio. Quisque vestibulum lacinia diam in tristique. Etiam convallis gravida vehicula. Class aptent taciti sociosqu ad litora torquent per conubia nostra, per inceptos himenaeos. Proin porta massa neque, eget consectetur nisl accumsan quis. Sed viverra bibendum posuere. Maecenas sagittis, nunc id vehicula pulvinar, elit purus fringilla libero, vel ultricies metus leo id dui. Curabitur quis leo faucibus, condimentum felis eu, feugiat eros. Etiam sed nulla vehicula, pellentesque leo sed, ultricies ex. Suspendisse et lobortis arcu. Pellentesque habitant morbi tristique senectus et netus et malesuada fames ac turpis egestas.

Nulla in ligula risus. Phasellus vitae vestibulum est, ac ullamcorper ex. Nullam id tempor nunc. Pellentesque erat sapien, elementum facilisis luctus ac, porttitor nec nibh. Vestibulum aliquam felis non erat malesuada viverra. Vivamus eget luctus mauris, sed sollicitudin mauris. Donec nec nisi quis tellus scelerisque hendrerit non quis risus. Class aptent taciti sociosqu ad litora torquent per conubia nostra, per inceptos himenaeos. Vivamus metus dui, finibus ut est eu, bibendum iaculis lorem. Sed porta nulla vitae justo sollicitudin, sed mattis dui auctor.

Aenean cursus vestibulum aliquet. Proin at mattis tellus, quis facilisis augue. Ut congue est at ipsum interdum mollis. Curabitur massa ipsum, aliquam in condimentum vel, cursus quis libero. Nam quam lorem, mollis eget nisi eget, lobortis mollis enim. Etiam purus arcu, sollicitudin ac ornare vitae, malesuada fermentum mi. Etiam dolor massa, iaculis quis justo id, molestie scelerisque est. Proin tincidunt fermentum tellus eu ultrices. Pellentesque et mollis tellus. In ac augue non mi volutpat placerat. Class aptent taciti sociosqu ad litora torquent per conubia nostra, per inceptos himenaeos. Donec nec massa in sem ullamcorper mollis at eget dolor. Donec pulvinar accumsan ipsum. Nullam eget malesuada lorem, sit amet posuere urna. In hac habitasse platea dictumst. Sed vestibulum nulla diam, at gravida eros luctus ac.

Cras placerat, quam sit amet egestas iaculis, tortor mauris posuere erat, et vestibulum sem diam in mi. Nunc id tempor ex. Nam fringilla massa felis, quis posuere tortor pellentesque vel. Vivamus vulputate purus at tortor sagittis, vel ullamcorper orci consequat. Curabitur blandit pellentesque tellus, non molestie diam dictum at. Maecenas consectetur libero a velit mattis, a euismod urna cursus. Interdum et malesuada fames ac ante ipsum primis in faucibus. Curabitur laoreet magna vitae erat vestibulum, non ultrices turpis vulputate. Maecenas finibus erat ut ex blandit vehicula.

Sed dignissim, elit ut vestibulum consectetur, arcu erat pretium augue, non porttitor lectus elit vitae lectus. Cras porta mattis blandit. Nam felis felis, semper sit amet mi quis, dictum feugiat metus. Nulla a urna laoreet mauris consectetur tempor vel sit amet lacus. Lorem ipsum dolor sit amet, consectetur adipiscing elit. Integer ac tellus faucibus, cursus mi eget, varius urna. Ut congue maximus lorem pulvinar aliquam. Sed mollis eleifend velit nec ornare. Etiam sed lacus viverra, mattis augue ut, hendrerit nisi. Suspendisse sagittis efficitur viverra. Nulla vehicula, lorem faucibus porta molestie, nisl turpis sollicitudin orci, at tempus nisi justo tristique lectus. Nam ut magna eget tortor fermentum sodales et non erat. Donec eu dolor turpis. Donec in rhoncus risus, ac porttitor dolor. Praesent ex nisl, pharetra et ex non, pulvinar varius augue.

Proin malesuada libero nec purus tempus, ut dapibus felis mollis. Integer non luctus orci, eget scelerisque est. Pellentesque scelerisque urna velit, a ullamcorper neque volutpat vitae. Nullam id pharetra nibh. Proin interdum, justo quis finibus mattis, neque mi pretium neque, ut sodales sem ante a est. Sed tincidunt ultricies ipsum mollis facilisis. Integer ornare, ipsum eget fermentum lacinia, nisl neque ultrices nunc, ac lacinia nulla urna eu lacus. Sed iaculis lectus sed consequat accumsan. Ut dapibus erat ut lobortis mattis. Suspendisse potenti.

Proin sodales urna vel fringilla molestie. Sed ac gravida est. Etiam eget mauris ultrices, rutrum elit eu, tincidunt quam. Nam a luctus est. Nulla id faucibus ligula. Nullam facilisis tempor enim vitae malesuada. Mauris tempus eleifend tincidunt. Maecenas pharetra iaculis consectetur. Mauris ultricies laoreet massa quis sagittis. Maecenas faucibus augue a finibus sagittis. Vestibulum eget luctus nisi, vel venenatis lacus. Mauris imperdiet velit quis rutrum scelerisque. Ut eget libero ex. Suspendisse non consectetur velit, vitae mollis sem. Aenean a mi a justo porttitor vestibulum.

Ut dictum a enim id ultrices. Phasellus in ipsum ac tellus posuere sodales id at dui. Pellentesque convallis erat quis justo consectetur tempus. Pellentesque non sagittis enim. Vestibulum metus diam, eleifend a imperdiet quis, pulvinar vitae dolor. Quisque sodales, nisl eget accumsan porta, lorem tortor commodo dui, et consequat tellus est ac magna. Interdum et malesuada fames ac ante ipsum primis in faucibus. Praesent facilisis odio eget ante placerat, vel posuere purus lobortis. Vestibulum mattis est quis lectus consequat, et vehicula ex bibendum.

Fusce molestie pulvinar consectetur. Nulla vel purus libero. Vivamus id dictum felis. Duis at accumsan sapien. Morbi laoreet, lectus eu aliquet sollicitudin, magna orci ultricies magna, eget hendrerit lorem orci eu odio. Nulla a ante ac nibh porttitor gravida. Phasellus diam tellus, laoreet eget ultrices ut, hendrerit sit amet leo. Nulla at eleifend risus. Vestibulum maximus molestie accumsan. Suspendisse efficitur porttitor vehicula. Mauris id feugiat eros, nec tempor odio.

Quisque ornare est dolor, in commodo enim lacinia vel. Morbi ac dictum turpis. Vivamus ac nisi porta, cursus nisi a, scelerisque urna. Lorem ipsum dolor sit amet, consectetur adipiscing elit. Quisque porttitor vel erat non sagittis. Pellentesque convallis eros a venenatis mollis. Maecenas in enim luctus, sagittis turpis id, maximus neque. Nunc euismod, nisl ut convallis gravida, dolor ligula ullamcorper augue, ut congue nisi turpis quis orci. Suspendisse interdum eu leo et sagittis. Curabitur cursus venenatis libero quis venenatis. Nunc eu efficitur sapien. Nulla vitae magna nibh. Curabitur tempus in felis in mattis. Integer id tortor luctus, ullamcorper sem ac, dapibus nulla. Suspendisse in sem sodales, faucibus lectus vitae, imperdiet leo. Nulla aliquet quis sapien eu scelerisque.

Pellentesque nisl felis, elementum at porta vel, suscipit sit amet diam. Cras vitae ultricies urna, non scelerisque erat. Phasellus cursus eget neque quis sodales. Suspendisse in dui a leo pellentesque faucibus sit amet eget lorem. Aenean erat urna, dignissim ut cursus vel, blandit ut elit. Sed vitae sapien pharetra, sagittis nisi a, dictum elit. Nullam pharetra eu dui vitae sodales. Nunc porta sagittis ligula, efficitur tempus nunc suscipit condimentum. Phasellus maximus dui nec metus imperdiet, sed dignissim quam mollis. Quisque ut viverra nunc. Mauris venenatis tempus sapien, sed maximus justo mattis ac.

Cras nec rutrum nibh. Aenean iaculis ex in luctus dignissim. In sollicitudin augue a orci auctor, eu tempor nibh sagittis. Nam ultrices nisi vitae rutrum accumsan. Suspendisse sed arcu mattis, dapibus ipsum sed, congue ipsum. Cras at molestie neque. Lorem ipsum dolor sit amet, consectetur adipiscing elit.

Morbi pharetra ipsum et nunc varius, sit amet tincidunt lectus mattis. Sed eu aliquet ipsum. Praesent vel hendrerit arcu. Suspendisse molestie enim ut eros congue blandit. Quisque vitae mi eleifend, vulputate lacus at, imperdiet nunc. Orci varius natoque penatibus et magnis dis parturient montes, nascetur ridiculus mus. Vivamus dapibus nec erat a facilisis.

Ut hendrerit, mauris convallis condimentum tempus, diam nulla aliquam neque, non luctus turpis orci ac mauris. Praesent sed efficitur mi, vel elementum ipsum. Etiam accumsan massa sed accumsan finibus. Praesent sed metus consequat, volutpat justo ac, posuere lorem. Nullam bibendum leo quam, ut fermentum orci sollicitudin quis. Aliquam erat volutpat. Maecenas augue urna, iaculis vitae ante sollicitudin, cursus luctus nisi. Ut dapibus justo ultricies odio posuere, in convallis risus accumsan. Integer cursus, augue non finibus euismod, tellus lorem efficitur libero, at blandit orci augue eget orci.

Aenean dui nunc, rhoncus vitae turpis sit amet, faucibus sollicitudin diam. In odio nisl, ultricies at ipsum vitae, gravida ullamcorper diam. Quisque vehicula cursus ultricies. In aliquam tortor in euismod hendrerit. Phasellus pretium tristique nisl, vel feugiat tortor pretium ac. Aliquam erat volutpat. Pellentesque justo lorem, dictum vel massa non, convallis ullamcorper mauris. Phasellus mollis a elit ut vehicula. Curabitur magna eros, semper vitae velit non, ultricies rhoncus ante. Mauris hendrerit semper metus, vel venenatis neque ullamcorper ac. Curabitur vel auctor velit. Etiam ornare ligula finibus ligula commodo blandit. Praesent ut urna non erat pellentesque iaculis. Aliquam pellentesque sapien arcu, a commodo augue consectetur non. Donec luctus id leo in finibus. Etiam a mattis dolor.

Ut nec odio aliquet, efficitur augue vel, mollis sem. In a magna felis. Nam hendrerit ipsum ac arcu ullamcorper, quis eleifend eros aliquam. Sed eget lectus rutrum magna facilisis tincidunt. Nam ornare consectetur sagittis. Donec lacinia scelerisque tempor. Proin vel facilisis lacus. Aenean accumsan eros bibendum justo mattis maximus. Fusce hendrerit, est id iaculis viverra, velit justo dictum tortor, vel ullamcorper augue leo non felis. Aliquam massa arcu, lacinia at congue id, volutpat quis felis.

Nullam viverra tellus dolor, eu accumsan nisl tristique nec. Nam eget ante non mi bibendum rutrum. Aliquam ante velit, fringilla vel libero quis, porta lacinia nunc. Aenean pulvinar tempor mauris nec imperdiet. Nulla pulvinar hendrerit arcu vel tempor. Cras condimentum enim ac nisl efficitur euismod. Vivamus ultrices at tellus at placerat. Praesent hendrerit ac nisl et faucibus.

Sed commodo non metus quis accumsan. Pellentesque interdum velit vitae nisi egestas, at semper mauris mollis. Integer porttitor, metus quis sodales tempor, libero odio porta eros, at euismod turpis sapien non tortor. Quisque nec vestibulum est, vel eleifend lorem. Phasellus sed suscipit arcu, quis cursus nibh. Proin felis augue, vestibulum at laoreet ut, ultrices at lectus. Suspendisse potenti. Aliquam pellentesque diam turpis, sit amet convallis mauris lacinia ut. Nunc condimentum neque id massa elementum varius. Pellentesque rhoncus massa eget massa pretium, vel fermentum quam finibus. Nullam sagittis id ante sed sodales. Phasellus dapibus tellus in sapien aliquam, eu malesuada elit ullamcorper.

Sed accumsan turpis et aliquet malesuada. Suspendisse porttitor sit amet dui at tempor. Aliquam sem orci, ultricies nec scelerisque sit amet, facilisis et ante. In hac habitasse platea dictumst. Vivamus in auctor neque. Aenean nec turpis eros. Vivamus porttitor ipsum eu orci elementum, a ultrices eros varius. Phasellus quis tellus vel felis faucibus aliquam. Aliquam erat volutpat. Phasellus commodo bibendum leo, elementum vehicula nibh posuere ut.

Vestibulum viverra, ligula rutrum facilisis maximus, ipsum mi imperdiet metus, et elementum libero sem eu sapien. Nulla sagittis ex ut ante sollicitudin, et cursus lectus iaculis. Aliquam urna risus, finibus eu leo vitae, lacinia tristique nibh. Sed cursus posuere nibh in feugiat. Donec id nisl id dui euismod sagittis sed in elit. Suspendisse mi ante, ornare ac eleifend eget, auctor nec tortor. Ut ac orci ac sem mattis efficitur. Sed in facilisis metus. Quisque tempus est porttitor tellus varius venenatis. Vestibulum aliquam magna eu nisi varius, ut rhoncus odio mattis.

Aliquam id ex viverra, faucibus mi id, condimentum ligula. Praesent pellentesque magna non scelerisque finibus. Vivamus egestas diam non semper blandit. Nulla felis velit, sodales non aliquet at, ultrices et sem. Vivamus nibh lorem, facilisis non risus convallis, vestibulum molestie libero. Curabitur interdum odio est, a ultricies tellus fringilla a. Praesent a nibh consequat, dapibus purus eu, feugiat tortor. Curabitur feugiat sem id mi consequat, eu porta erat accumsan. Aliquam finibus viverra sapien, quis dictum mauris semper at. Proin viverra pulvinar neque ac consectetur. Fusce tempor ante sagittis augue fringilla blandit. Nunc elementum suscipit orci quis ullamcorper. Quisque a neque et magna pellentesque convallis et et nisi. Aliquam tincidunt a libero non pretium. Duis ac metus urna. Vestibulum ante ipsum primis in faucibus orci luctus et ultrices posuere cubilia Curae;

Integer bibendum vitae lacus at mattis. Etiam eu tincidunt sapien. In hac habitasse platea dictumst. Ut iaculis metus ante, vitae ultrices tellus porta eu. Interdum et malesuada fames ac ante ipsum primis in faucibus. Nulla venenatis magna vel rutrum aliquet. Curabitur commodo eleifend augue quis accumsan. Nunc aliquam neque id arcu euismod, vel laoreet lorem feugiat. Sed sit amet sodales nunc, eget facilisis ipsum. Morbi sed tempus massa, eu tincidunt mauris. Cras eu nibh sed tellus suscipit tempus a quis lorem.

Praesent magna mauris, dignissim eu magna sit amet, sollicitudin auctor nibh. Vestibulum dictum tincidunt massa ut sollicitudin. Mauris mattis, turpis et finibus luctus, ante massa lacinia nibh, at venenatis augue mi ut mi. Sed in commodo leo, ut ullamcorper velit. Donec nec nisi lacinia, cursus augue nec, mollis tortor. Vestibulum sit amet varius est, nec pulvinar nibh. Mauris id rutrum nisl, nec varius quam. Interdum et malesuada fames ac ante ipsum primis in faucibus. Curabitur nec ante leo. Suspendisse hendrerit, enim vel efficitur iaculis, tellus dolor pulvinar ante, sed egestas metus dui cursus eros. Nullam ut ante purus. Quisque sit amet diam luctus, vestibulum risus ut, feugiat nulla. Aliquam erat volutpat. Sed finibus nunc id elit volutpat, a tempor elit hendrerit. Duis eu condimentum nulla. Vivamus sapien metus, malesuada vel egestas porta, venenatis euismod erat.

Sed quis risus orci. Maecenas a imperdiet neque, feugiat volutpat sem. Nullam vel nulla vehicula nisi tempus volutpat. Phasellus rutrum velit nibh, sit amet blandit metus congue id. Donec ultricies, nibh quis malesuada rutrum, metus dui posuere risus, vel tristique magna ligula non erat. Nunc eget libero ante. Phasellus rhoncus sem vel metus efficitur commodo. Mauris fermentum at nulla et gravida. Aenean vitae est nibh. Praesent sodales ullamcorper diam id condimentum. Duis viverra ligula vitae euismod vulputate. Duis ipsum nibh, dictum interdum tortor elementum, faucibus lobortis eros. Pellentesque nec malesuada enim. Nulla blandit hendrerit augue, sit amet viverra enim vehicula a.

Sed id erat sit amet lacus convallis consectetur. Etiam pellentesque convallis condimentum. Integer fringilla vehicula augue, sed scelerisque mi molestie non. Class aptent taciti sociosqu ad litora torquent per conubia nostra, per inceptos himenaeos. Nullam sit amet feugiat tortor. Fusce vulputate imperdiet arcu et mattis. Aliquam a volutpat ex, porttitor scelerisque sem. Cras nec pulvinar risus. Nullam porttitor nec elit vitae laoreet. Mauris consectetur, risus ut consequat viverra, elit nisi feugiat felis, nec sagittis metus metus eu lectus. Nullam eu libero semper, cursus risus dapibus, iaculis nisi. Donec ut ante hendrerit, euismod urna eu, efficitur neque. Ut vel diam eu sapien commodo efficitur sit amet a libero. Nam eu posuere dui, eu egestas lectus. Fusce sed ligula nisi. Nulla semper, leo sed ultrices tincidunt, dui nibh vulputate tortor, vitae aliquet sem odio non sem.

Sed porta viverra leo non suscipit. In sed tincidunt orci, vel porta ex. Donec orci arcu, cursus vitae consectetur quis, venenatis ornare ligula. Curabitur eu consequat eros. Duis non volutpat purus. Fusce semper pretium nisi at elementum. Nullam elementum, odio nec molestie vulputate, urna sem malesuada ipsum, eu sodales dui orci id felis. Maecenas in scelerisque lacus, eget efficitur sapien. Proin placerat molestie commodo. Nullam blandit in ex in pulvinar.

Integer eros dui, feugiat et lectus ac, egestas malesuada leo. Donec commodo consequat ligula vel sodales. Fusce ut ante ut sapien imperdiet varius vel quis erat. Pellentesque habitant morbi tristique senectus et netus et malesuada fames ac turpis egestas. Etiam eget elit imperdiet, tincidunt enim sit amet, viverra massa. Mauris placerat, ipsum et consectetur pharetra, massa lorem sollicitudin ligula, at molestie odio sapien eu metus. Quisque finibus, nisi sit amet suscipit vulputate, elit mauris commodo dui, et fringilla nisl est nec massa. Aliquam erat volutpat. Nullam mollis lacus justo, at hendrerit est mattis vitae. Nulla ut hendrerit erat, eget egestas sapien. Ut in dolor dignissim, consequat neque vitae, rhoncus purus.

Nunc hendrerit odio et dui hendrerit porttitor. Nam nisi neque, tincidunt non tortor nec, interdum rhoncus erat. Aliquam vel dictum leo. Aliquam non purus et urna tincidunt consequat nec id ipsum. Nulla dictum urna sem, ac interdum metus elementum ac. Maecenas bibendum felis urna. Sed et est feugiat, varius tortor eget, pretium lorem. Curabitur sit amet efficitur magna. Suspendisse semper odio turpis, quis semper felis dapibus id. Quisque maximus urna quis leo bibendum, eu facilisis neque congue. Vestibulum nulla dolor, interdum id luctus eget, ornare quis sem. Nunc sollicitudin blandit elit. Duis magna mauris, elementum id ipsum ut, placerat bibendum mi. Aliquam magna tellus, interdum at finibus eu, porta rhoncus ex. Fusce auctor mauris vel velit tristique auctor.

Interdum et malesuada fames ac ante ipsum primis in faucibus. Suspendisse porttitor purus turpis, nec vulputate arcu commodo nec. Sed in scelerisque dui. Suspendisse tincidunt iaculis odio nec vulputate. In pulvinar est magna, hendrerit maximus enim interdum non. Vestibulum interdum turpis placerat magna elementum, in aliquam ante molestie. Sed varius tellus sit amet mi laoreet vehicula. Phasellus a sagittis ipsum, et vulputate enim. Nam dignissim sed risus at blandit. Suspendisse potenti. Nunc scelerisque, mi non accumsan placerat, magna sapien efficitur nisi, at imperdiet odio felis eu orci. Sed vel magna nec risus vulputate ultricies. Cras congue nisi aliquet, congue eros et, tristique dolor. Cras auctor sodales consequat.

Sed sollicitudin, ligula ac ultrices accumsan, odio nibh dignissim augue, id vestibulum tortor erat vitae lacus. Vivamus efficitur magna nulla, ac iaculis sapien faucibus vel. Maecenas ultrices sapien mauris, ac ullamcorper sapien luctus sed. Nullam a elementum sapien. Donec et mi dolor. Vivamus eu orci tortor. Maecenas et justo dapibus, convallis nibh a, placerat nulla. Morbi ac malesuada magna, vel rutrum ante. Integer ultrices ex a ullamcorper accumsan. Ut porttitor lorem eget massa convallis, sit amet malesuada dui laoreet. Nulla at consequat elit. Phasellus viverra magna venenatis elit maximus tincidunt. Ut mattis, enim sit amet malesuada bibendum, nisi ipsum mollis sem, non volutpat lacus lacus non sem. Suspendisse sodales ultrices mauris. Donec vestibulum sem et tellus lacinia pharetra non eu arcu.

Nunc eu ante sed leo laoreet convallis vel eu lorem. Class aptent taciti sociosqu ad litora torquent per conubia nostra, per inceptos himenaeos. Nam accumsan vel massa vel accumsan. Fusce id tempus velit. Duis eget nisl euismod, efficitur augue sit amet, condimentum purus. Curabitur finibus dolor non orci facilisis, ut imperdiet turpis auctor. Donec sodales lacinia nisi sit amet malesuada. In interdum varius arcu, sit amet rhoncus erat sollicitudin id. Mauris eget ipsum lacus. Suspendisse venenatis nisi ac mi euismod aliquet. Duis quis rhoncus magna, eu auctor odio. Mauris vestibulum efficitur porta. Vivamus accumsan, elit non egestas ultrices, quam nunc laoreet metus, in dignissim justo erat eu ligula.

Phasellus sit amet congue massa, eu ultricies sapien. Vivamus risus purus, vestibulum non arcu et, placerat vestibulum mauris. Nullam at condimentum tortor. Praesent ac felis pretium, rhoncus quam quis, ullamcorper libero. Sed imperdiet felis augue, eget dapibus dolor eleifend eu. In sagittis accumsan felis, nec sodales ex efficitur ac. Praesent sit amet congue magna. Morbi mattis egestas neque, vel aliquam nisi gravida sit amet. In pretium nisi eleifend tortor imperdiet auctor. Donec bibendum nibh libero, ut imperdiet augue aliquet id. Pellentesque habitant morbi tristique senectus et netus et malesuada fames ac turpis egestas. Proin sed imperdiet sapien. Maecenas a consequat risus, id euismod eros. Pellentesque non ligula magna. In imperdiet, lorem sed tempus rhoncus, ipsum orci imperdiet arcu, nec vehicula turpis dui ac lacus.

Cras et convallis velit. Nullam in dui a purus rhoncus auctor tincidunt at velit. Suspendisse potenti. Sed tincidunt luctus ullamcorper. Donec fermentum vehicula ipsum, facilisis iaculis elit volutpat tincidunt. In hac habitasse platea dictumst. Curabitur tempor quam et leo fermentum, ac viverra lorem maximus. Aliquam erat volutpat. Donec posuere vehicula eros, ut fringilla elit ultricies tincidunt. Mauris vel massa nec libero varius egestas eu et augue. Sed eget fermentum metus, mollis sollicitudin odio. Mauris pharetra diam sit amet accumsan commodo.

In ut efficitur massa, convallis fermentum est. Cras vehicula dui quis luctus faucibus. Nam malesuada fermentum consequat. Aliquam egestas quam nec nibh scelerisque consectetur. Sed accumsan libero eu diam molestie porttitor. Integer dictum tempus arcu eget feugiat. Vestibulum at quam dictum quam aliquet placerat et sed augue.

Praesent hendrerit mattis scelerisque. Duis mi purus, aliquam vitae sapien sit amet, tempus tempor ex. Vestibulum diam erat, porta eu massa id, hendrerit pellentesque lacus. Aenean eu tempor lectus, vel consectetur velit. Donec sed rhoncus turpis, a vehicula nunc. Nullam in sem vel elit tincidunt aliquet a a ante. Duis in sapien et velit semper porta dictum id turpis. Nunc tempor, arcu ac fringilla suscipit, neque purus rhoncus nulla, iaculis bibendum nulla magna ut eros. Morbi eu efficitur quam. Cras augue mi, iaculis id dui eget, lacinia lobortis arcu. Sed sed massa ornare, imperdiet elit a, luctus purus. Nunc vehicula nisi quis lacus laoreet luctus.

Integer id odio eget ex sagittis laoreet et eu dui. Nam ac metus enim. Integer placerat erat sed leo feugiat, at vehicula quam bibendum. Phasellus nunc leo, dapibus ut iaculis a, eleifend in leo. Suspendisse commodo in libero vel suscipit. Aenean laoreet, ipsum nec pellentesque tincidunt, orci lorem faucibus nisi, sed accumsan tellus lacus id eros. Phasellus placerat commodo dignissim. Integer vestibulum quam vel vulputate pretium. Suspendisse luctus vitae est a pellentesque. Nam non convallis justo. Pellentesque non iaculis dolor. Etiam quis nibh in erat accumsan gravida eu laoreet eros.

Quisque eu nibh non nibh malesuada scelerisque. Quisque interdum tortor eu diam efficitur posuere. Donec id tincidunt libero. Mauris ornare porta lacinia. Aenean quis velit lectus. Nulla libero velit, hendrerit id sodales sit amet, rutrum tincidunt orci. Vivamus sed dui mattis, volutpat magna vel, eleifend nisl.

Fusce nec massa non ante eleifend porta non nec tortor. Nulla sed elementum nunc, sit amet accumsan urna. Donec imperdiet dictum orci, id pulvinar nisi. Aliquam venenatis euismod congue. Aenean eu neque quis lectus condimentum porttitor a finibus arcu. Sed elit massa, congue vitae viverra et, varius a sapien. Mauris vehicula libero et nibh efficitur aliquam. Etiam volutpat sapien vitae porttitor dictum.

Phasellus vitae accumsan odio. Suspendisse turpis ligula, maximus eget est sed, gravida mollis purus. Donec risus eros, suscipit nec lacinia consectetur, auctor sit amet urna. Etiam mollis consequat porta. Class aptent taciti sociosqu ad litora torquent per conubia nostra, per inceptos himenaeos. Mauris consequat elit nec dolor pulvinar, in suscipit nunc fringilla. Donec sit amet ante leo. Curabitur posuere lobortis sapien id vehicula. Donec lobortis eros erat, et cursus mi finibus eu. Sed dictum nibh quis tincidunt tempus. Praesent turpis elit, vehicula vel pharetra eu, gravida sit amet justo. Donec pellentesque nibh est, sed eleifend massa ornare vitae. Quisque enim arcu, tristique at iaculis eu, porta ut neque. Integer ultricies ex eget magna tristique pretium. Fusce in erat tincidunt, eleifend eros ac, interdum libero. Nullam finibus, magna eu bibendum iaculis, ante magna pulvinar arcu, nec cursus dolor augue et leo.

Nulla facilisi. Phasellus fringilla enim sit amet erat vestibulum, vitae tempus ex viverra. Aenean luctus posuere eros. Phasellus sed lectus porttitor, consectetur tellus eget, tristique est.

Maecenas accumsan hendrerit magna a scelerisque. Orci varius natoque penatibus et magnis dis parturient montes, nascetur ridiculus mus. Nam feugiat faucibus sem, quis condimentum erat placerat a. Aliquam ut lorem in ipsum facilisis pretium vel elementum sem. Mauris in sem eget lorem efficitur euismod.

Maecenas malesuada ante magna, euismod varius turpis tincidunt eget. Sed non dui id nunc bibendum cursus. Sed leo elit, mollis pharetra ipsum sit amet, accumsan aliquam metus. Class aptent taciti sociosqu ad litora torquent per conubia nostra, per inceptos himenaeos. Mauris a turpis at ipsum mollis accumsan in a sapien. Nulla dictum risus ipsum, nec iaculis orci dignissim vel. Nulla scelerisque odio ut sagittis pretium. Sed magna ex, eleifend ut metus vitae, luctus pulvinar nibh. Curabitur ac euismod sapien. Duis ultrices nunc nec commodo tincidunt. Maecenas vel dictum arcu, a tincidunt tortor. Vestibulum aliquet magna purus, eget fringilla elit blandit quis. Sed auctor, elit vel efficitur tincidunt, mauris augue tempus massa, vel tristique elit risus eu diam. Quisque sit amet sapien arcu.

Maecenas sapien magna, lacinia ac orci et, ornare placerat quam. Quisque blandit hendrerit elit id luctus. Duis ut viverra erat. Praesent vel venenatis odio, in dapibus metus. Etiam metus libero, sodales id purus ac, commodo dignissim nisi. Fusce pellentesque convallis risus. Ut vel fermentum odio, vitae venenatis turpis. Nunc blandit ornare orci. Proin fermentum nisl elementum, ullamcorper nisi sollicitudin, faucibus mauris. Nunc accumsan interdum ex vitae congue. Lorem ipsum dolor sit amet, consectetur adipiscing elit. Nunc scelerisque dapibus ultricies.

Pellentesque vitae libero ante. Nullam blandit non tortor in hendrerit. Aenean ultricies et metus pulvinar fringilla. Donec vehicula diam vel iaculis faucibus. In sed magna semper, venenatis magna vitae, viverra erat. Morbi metus sem, tempor eget pellentesque sit amet, porttitor non erat. Donec facilisis tellus sit amet maximus facilisis. Morbi eleifend, erat et tempor sodales, risus eros ultricies leo, et congue metus diam ac magna. Phasellus varius blandit pharetra. Nulla facilisi.

Maecenas id tortor et mauris faucibus faucibus sit amet id velit. Vivamus nunc massa, posuere quis dui eget, commodo pellentesque odio. Cras malesuada rutrum magna et consectetur. Curabitur a nibh porttitor sem sagittis ultricies sit amet et mi. Sed pharetra, urna eu accumsan suscipit, diam nunc pulvinar lacus, non porttitor ante enim in neque. Aliquam tristique, justo non tristique viverra, ligula purus iaculis augue, at placerat ante quam ultricies ex. Aliquam efficitur blandit dolor, viverra pharetra tortor sagittis a. Mauris efficitur nunc sed ex tempor, sit amet venenatis odio vulputate. Sed tristique lacus suscipit, iaculis ipsum pharetra, molestie massa.

Duis sed commodo mi. Suspendisse porttitor iaculis ullamcorper. Vestibulum semper sem quis dolor molestie, sit amet porttitor est lobortis. Quisque ornare enim urna, ac cursus massa pellentesque a. Cras interdum blandit nunc vitae tristique. Fusce sit amet lectus porta, ultricies velit a, malesuada augue. Curabitur odio ipsum, bibendum nec euismod commodo, tincidunt ut metus. Aliquam consectetur nec metus quis ornare. Curabitur sit amet tortor tortor. In hac habitasse platea dictumst.

Donec placerat finibus erat at ullamcorper. Sed sagittis purus dui, sed mattis ante viverra hendrerit. Quisque mattis auctor arcu id blandit. Suspendisse vitae lectus ac augue fermentum ultrices. Curabitur tempor mattis lobortis. Aliquam ac dui velit. Proin pellentesque lacus ac neque ullamcorper accumsan. Curabitur turpis velit, molestie at quam ut, ultrices tincidunt mi. Fusce sodales nisl sit amet nunc rutrum, eu sagittis ipsum sodales. Nullam et efficitur ex, ut facilisis urna. Curabitur vitae vestibulum orci. Nulla tincidunt, quam sed scelerisque suscipit, justo nibh convallis enim, ac dignissim lorem est eget metus. Nulla dictum turpis a massa fringilla dictum. Duis egestas eros ac dignissim consectetur.

Morbi vestibulum libero non rutrum auctor. Maecenas tristique magna velit, eu congue erat feugiat et. Donec egestas erat tempor elementum tempus. Proin non placerat ipsum. Curabitur placerat purus ornare orci tincidunt, vel lobortis elit pellentesque. Curabitur iaculis ex non orci vehicula, a aliquet odio gravida. Quisque leo urna, pharetra vitae odio nec, egestas rutrum libero. Nunc malesuada pulvinar est. Pellentesque habitant morbi tristique senectus et netus et malesuada fames ac turpis egestas. Lorem ipsum dolor sit amet, consectetur adipiscing elit. Curabitur interdum iaculis tellus, in finibus urna. Donec mollis porta turpis, et ultricies nunc egestas in. Pellentesque elit enim, egestas at neque quis, interdum tincidunt justo.

In tellus risus, vestibulum in gravida blandit, rutrum eu metus. Maecenas nec tempor quam, id ultrices nisi. Fusce nisi leo, eleifend ut porttitor sit amet, blandit in turpis. Phasellus semper elit augue, nec molestie lectus egestas ac. Aenean eu pulvinar arcu. Curabitur libero urna, eleifend in malesuada in, lobortis sed lectus. Fusce dui ex, ultricies a condimentum a, luctus a nibh. Duis fringilla dignissim scelerisque. Cras ante diam, imperdiet quis mattis cursus, lacinia quis quam. Aliquam molestie tortor lorem, nec venenatis dui pretium sollicitudin. In id molestie felis. Nunc pharetra a nulla in facilisis. Fusce efficitur a lacus quis malesuada. Cras vitae suscipit felis. Morbi efficitur, velit sit amet faucibus luctus, purus libero dictum purus, eu dictum felis magna sed mauris.

Curabitur bibendum commodo porta. Curabitur feugiat metus enim, non lacinia augue accumsan tincidunt. Mauris convallis nisl eget tortor rhoncus commodo. Donec eleifend velit metus, nec luctus elit sodales sed. Phasellus lectus nunc, ultrices at aliquet volutpat, finibus sed sapien. Proin hendrerit eget erat sit amet vehicula. Suspendisse potenti. Nunc nec quam venenatis, fringilla lectus a, ultrices lorem. Ut convallis, urna ac sollicitudin molestie, tortor nisl ullamcorper libero, quis vehicula metus diam viverra dolor. Cras lobortis, velit ac rhoncus vehicula, lorem ipsum ullamcorper est, id facilisis nisi nibh a felis. Mauris in nisl eu sem interdum vehicula.

Sed eu diam dictum, ultricies elit eget, rhoncus nibh. Donec at iaculis mauris. Duis hendrerit vestibulum dignissim. In nec libero neque. Phasellus vitae metus lectus. Sed convallis risus vitae cursus tristique. Proin ultricies mollis eros quis facilisis. Donec tincidunt dolor nisi, nec gravida mauris placerat non. In placerat, massa nec posuere ultrices, velit orci commodo justo, nec volutpat lacus augue sed libero.

Duis tempor pharetra quam, a posuere mi interdum eget. Nunc at posuere mi. Integer tortor diam, placerat vel venenatis in, accumsan auctor arcu. Sed at imperdiet sem. Sed congue tortor magna, sed venenatis sem volutpat et. Suspendisse tincidunt, velit vitae tempor commodo, magna est malesuada elit, vel convallis enim odio sit amet erat. Mauris ac felis vehicula, dignissim nisl sed, mattis metus. Sed finibus turpis nec nisi ultrices, nec scelerisque orci pretium. Proin egestas euismod sem, vitae tempor mauris accumsan eget. Class aptent taciti sociosqu ad litora torquent per conubia nostra, per inceptos himenaeos. Curabitur lectus dolor, elementum eu purus eget, tincidunt convallis leo. Phasellus venenatis viverra luctus. Vestibulum egestas posuere tortor a facilisis.

Suspendisse eget tellus massa. Sed vel dui id diam viverra rutrum nec a est. Nullam iaculis volutpat sodales. Sed eu massa congue, sodales sem at, dapibus ex. Donec viverra gravida metus, at volutpat justo ornare a. Cras rutrum lorem vitae ipsum mattis, nec viverra elit dignissim. Phasellus ligula arcu, hendrerit ac rhoncus id, auctor id massa. Suspendisse potenti. Aenean a congue nisi, eu consectetur augue. Nulla aliquam libero quis mauris interdum auctor. Ut id nunc et justo lobortis sagittis id ac sapien. Praesent dapibus elementum ornare.

Nam venenatis tortor eu risus ornare commodo. Etiam scelerisque libero dapibus, ultricies ante eu, fermentum lectus. Pellentesque vestibulum odio eget ex eleifend consectetur. Suspendisse ut sollicitudin augue. Nam mollis metus vitae lacus commodo volutpat. Sed auctor dolor ac nunc ultricies pellentesque. Proin cursus, dolor a euismod tempor, nunc orci tristique leo, nec posuere lectus libero ac tortor. Ut fermentum velit posuere purus finibus, eu placerat erat maximus. Integer at porttitor lorem. Orci varius natoque penatibus et magnis dis parturient montes, nascetur ridiculus mus.

Fusce a tempor orci. Morbi posuere nunc et lectus hendrerit, sed malesuada nunc suscipit. Sed pellentesque urna ultricies placerat consectetur. Proin pharetra lectus elit, eget eleifend nunc rhoncus et. Interdum et malesuada fames ac ante ipsum primis in faucibus. Quisque consequat condimentum nisl at tempor. Ut vehicula pharetra efficitur. Interdum et malesuada fames ac ante ipsum primis in faucibus. Mauris quis eleifend eros. Vivamus efficitur commodo felis, ac ullamcorper ante auctor sed.

Phasellus ullamcorper tincidunt consequat. Suspendisse potenti. Maecenas euismod, enim in fermentum elementum, massa leo aliquam ipsum, et posuere turpis turpis eu diam. Suspendisse malesuada tristique velit sit amet consequat. Duis non orci tortor. Suspendisse fermentum mollis orci dictum tristique. Nullam faucibus dignissim nisi, in blandit est dapibus vitae.

Nunc in consectetur mi. Aliquam eu neque sed lectus hendrerit fringilla id vitae urna. Curabitur sed ligula elementum, euismod massa vitae, tincidunt quam. Orci varius natoque penatibus et magnis dis parturient montes, nascetur ridiculus mus. Aliquam dictum velit sit amet neque placerat, non ultrices nisi bibendum. Morbi quis metus ullamcorper, vestibulum ligula in, malesuada tellus. Nunc tempus nunc sed neque egestas tempor. Maecenas bibendum sapien sed sapien viverra ultrices. Donec imperdiet erat tellus, a tincidunt sem tristique nec. Curabitur posuere, tortor et commodo convallis, mi felis porta justo, sit amet mollis ante sapien eget justo. Ut leo lorem, sagittis nec felis nec, lobortis molestie magna. Sed malesuada ex ut orci condimentum, non ultricies lacus hendrerit. Sed semper pellentesque enim vel aliquet.

Pellentesque eu faucibus elit. Quisque blandit convallis dolor vel venenatis. Vivamus ac urna vehicula, cursus augue scelerisque, ullamcorper mauris. In quam urna, laoreet eget volutpat eget, sagittis non quam. Aenean mollis, velit id scelerisque scelerisque, lacus sapien convallis est, euismod hendrerit orci ligula et augue. Ut in elit auctor, rhoncus lectus vel, sollicitudin orci. Vestibulum vitae augue mauris. Aliquam vulputate, neque eget pulvinar semper, eros lorem ornare libero, eget facilisis enim libero sit amet libero. Phasellus non viverra ipsum, et finibus erat. Etiam consequat lobortis odio, pretium placerat libero laoreet condimentum. Phasellus et volutpat ante.

In at accumsan arcu. Sed nec nulla ultricies, pharetra enim at, maximus justo. Mauris nulla erat, auctor at vulputate eu, ultrices ut ipsum. Nunc ac erat a neque pharetra efficitur. Mauris quis aliquam neque, quis consequat nibh. Ut ut hendrerit felis. Curabitur vel accumsan sapien, nec convallis ligula. Proin imperdiet lectus et tempor convallis. Suspendisse rutrum diam rhoncus congue ullamcorper. Maecenas maximus diam diam, sit amet laoreet arcu tristique eu. Curabitur egestas sapien a nisi mattis, et commodo orci tincidunt. Pellentesque a ante non est imperdiet ullamcorper. Aliquam vitae imperdiet erat. Ut nec viverra enim. Cras et massa vitae velit venenatis condimentum eget in lorem. Nullam id ornare felis, nec consequat lacus.

Mauris ac ipsum tincidunt, pretium est vel, suscipit quam. Donec pellentesque erat eget tempor interdum. Phasellus urna turpis, viverra vitae leo a, commodo cursus erat. Ut erat ligula, volutpat eget orci vel, consectetur facilisis mi. Maecenas sit amet tincidunt dui, vitae tincidunt nisl. Quisque nec orci in massa luctus bibendum in et metus. Lorem ipsum dolor sit amet, consectetur adipiscing elit. Pellentesque sit amet justo et velit consectetur tempor. Donec lacinia augue sed purus posuere, vitae tempus turpis ultrices. Nulla dignissim, lacus vitae vulputate ullamcorper, massa quam porttitor felis, non feugiat elit libero ac sem. Nam bibendum sem et ligula rhoncus congue.

Morbi vitae mattis neque. Aenean dignissim pellentesque dui, et porta enim rhoncus ac. Sed at risus id turpis vestibulum viverra. In magna sem, sagittis id tincidunt non, tincidunt sollicitudin nisi. Sed enim metus, elementum id posuere at, dapibus et sapien. Morbi rhoncus congue bibendum. Sed nec ex neque. Sed lacinia, ex eu ornare ullamcorper, diam enim imperdiet lorem, eget porta nibh dui et nulla. Aliquam metus sapien, mattis a molestie sit amet, tempor in velit. Integer commodo leo ut eros consequat dignissim. In vitae lobortis dolor. Mauris vel lacus lacus. Mauris massa leo, accumsan in imperdiet id, ultrices eu nisi.

Maecenas et malesuada ipsum, at imperdiet magna. Integer nisi lectus, posuere ut augue id, congue rhoncus quam. Sed vitae mattis nibh. Etiam tincidunt libero in eleifend sollicitudin. Sed efficitur tellus lectus, eget efficitur nulla mattis rutrum. Integer a diam nec enim facilisis feugiat. Maecenas ullamcorper auctor blandit. Suspendisse scelerisque egestas dolor. Vivamus metus quam, lobortis et massa sed, placerat hendrerit ante. Proin aliquam, metus non tempus vehicula, risus dui vulputate tellus, eu accumsan dolor nisi vitae sapien. Sed nec augue a mi aliquam tincidunt a sed lectus. Nullam sollicitudin massa sodales varius pellentesque.

In tempus erat mauris, ac faucibus arcu bibendum vitae. Pellentesque habitant morbi tristique senectus et netus et malesuada fames ac turpis egestas. Sed vel auctor massa, non volutpat elit. Nunc vitae quam sed lectus commodo laoreet. Donec luctus dolor nisi, id malesuada quam fringilla ac. Duis quis neque maximus, blandit mauris a, congue mauris. Integer convallis ultricies gravida. Etiam quis nunc quis urna feugiat dictum ac ut lorem. Donec urna nisi, euismod id facilisis sed, scelerisque suscipit dolor. Nulla tortor urna, vulputate a ornare in, rhoncus a justo.

Curabitur sed blandit elit, quis euismod lacus. Proin dignissim erat in congue tempor. Fusce vel porta nibh. Mauris pellentesque lectus eu mattis fringilla. Morbi imperdiet magna a elit suscipit, sit amet placerat tortor faucibus. Aliquam erat volutpat. Nam metus lorem, feugiat in malesuada ut, molestie aliquet enim. Proin imperdiet felis ac lorem scelerisque molestie. Nunc consectetur mauris vitae euismod mollis. In pharetra diam nec facilisis placerat. Quisque tempus eros id arcu dignissim, quis accumsan justo gravida. Suspendisse dui elit, maximus eget fermentum ac, egestas vel odio.